U0502593

Grand Strategy in 10 Words: A Guide to Great Power Politics in the 21st Century by Sven Biscop
© Bristol University Press 2021
First published in Great Britain in 2021 by Bristol University Press.
The simplified Chinese translation rights arranged through Rightol Media（本书中文简体版权经由锐拓传媒取得 Email:copyright@rightol.com）
Simplified Chinese translation copyright © 2023 by China Science and Technology Press Co., Ltd.

北京市版权局著作权合同登记　图字：01-2021-7531

图书在版编目（CIP）数据

　　大国战略：探究 21 世纪大国关系 /（比）斯文·毕斯科普（Sven Biscop）著；王宏禹，张维懿译 . — 北京：中国科学技术出版社，2023.6（2023.8 重印）
　　书名原文：Grand Strategy in 10 Words: A Guide to Great Power Politics in the 21st Century
　　ISBN 978-7-5236-0264-5

　　Ⅰ . ①大… Ⅱ . ①斯… ②王… ③张… Ⅲ . ①国际关系 – 研究 Ⅳ . ① D8

中国国家版本馆 CIP 数据核字（2023）第 084436 号

策划编辑	杜凡如　陆存月	责任编辑	刘　畅
封面设计	马筱琨	版式设计	蚂蚁设计
责任校对	张晓莉	责任印制	李晓霖

出　　版	中国科学技术出版社
发　　行	中国科学技术出版社有限公司发行部
地　　址	北京市海淀区中关村南大街 16 号
邮　　编	100081
发行电话	010-62173865
传　　真	010-62173081
网　　址	http://www.cspbooks.com.cn

开　　本	880mm×1230mm　1/32
字　　数	197 千字
印　　张	11.25
版　　次	2023 年 6 月第 1 版
印　　次	2023 年 8 月第 2 次印刷
印　　刷	河北鹏润印刷有限公司
书　　号	ISBN 978-7-5236-0264-5/D·128
定　　价	89.00 元

谨以此书，献给林升鸿先生。

前言

　　关于制订计划和决策的灵感之源：我相信，没有哪个指挥官敢发誓说某个计划或构想完全源于自己的大脑。对命令进行思考需要全神贯注，而在命令发布后，让人说出一个伟大计划的最初灵感是来自自己的大脑还是来自外界的提示，这是不可能的。[1]

　　我只是个大学老师，工作压力比统帅军队小得多。但和艾森豪威尔将军一样，我不敢说本书中的每个概念都是我的独创。我同时在根特大学和比利时皇家国际事务研究所（the Egmont-Royal Institute for International Relations in Brussels）任职。布鲁塞尔是欧洲的外交事务中心，我的工作岗位给了我很大的便利，我总是能接触到许多有趣的人：本校和其他学校的学生和教师，欧洲各国、美国和亚洲各国智库的同行，军官，外交官，欧盟、北大西洋公约组织及其成员国和在布鲁塞尔有代表处的国家的官员。我与他们中的很多人结下了友谊，他们分享的见解也让我获益良多。我们总是在不停地讨论，这有助于我产生新的创意，并使我的思维更加敏锐。最令人兴奋的讨论时光，往往是在共饮或聚餐时。"晚餐吃得好，报告才写得好。"我们比利时人对拿破仑的外交大臣塔列朗的这句名言从来都深信不疑。[2]

　　虽然身处这个总能给人以启发的群体中，增强了我的自信，但以大国战略和美国、中国、俄罗斯、欧盟之间的关系为主题写一本书，仍然是一个冒险的行为。当然，我不会假装自己是个了解这些国家及其政策的专家。因为我不会说中文和俄语。尽管这两个国家的国家安全战略等重要文档都有英文版，但我也只能从两国学者发表在英文出版物上的文章中学到一些皮毛。但幸运的是"条条大路通布鲁塞尔（欧盟总部所在地）"，所有的智库都会定期派代表访问欧洲，我有很多机会向这些优秀的访客请教。同时，我每年都会到位于北京的中国人民大学讲授一门暑期课程，到莫斯科参加俄罗斯科学院欧洲研究所的年度讨论会，这让我有机会与中国和俄罗斯的学者直接交流。2020年，因为新冠疫情，这两个项目都中断了，虽然我也会通过网络开展交流或进行集体讨论，但面对面的现场交流是不可替代的。我与欧盟、美国和英国学者的接触，是很充分的。此外，在条件允许的情况下，我也一直在搜集其他语种的资料。在引用它们时，是我亲自翻译的。

不过，这些工作并不足以让我成为一个经济学家或一个气候变化专家，也不能让我深入理解人工智能和量子计算知识。我是一个政治学家，必然把注意力放在我最熟悉的国际政治方面：外交和防御。我认为一个国家，只有在国内经济发展良好、政治稳定的前提下，才能在国际政治中发挥积极作用。阿拉斯代尔·罗伯茨（Alasdair Roberts）也建议，应该将一个国家的国内战略和国际战略放在一起研究，因为"如果分为国际、国内两个大战略，哪一个都不可能是真正的大战略"。[3]写作这样一本书，一个人不能只精通国内事务。

本书的主要内容，并不是分析在一个国家内部怎样构建力量基础，而是一个国家在国内基础稳定的情况下，怎样在国际政治中运用自己的力量。我的目标是让每个对国际政治感兴趣的人，都能读懂这本书。因此，我遵循伟大的历史学家休·特雷弗-罗珀（Hugh Trevor-Roper）的教诲："生命短暂，如果不愿意努力把文章写清楚，就不要期待有人会去读它们。"[4]我认为，政治学家的责任并不是创作只有其他政治学家才能理解的专业论文。和麦克尔·格林（Michael Green）一样，我期待"在一个社会科学不会被令人费解的理论方法或晦涩不明的后现代主义评论束缚的年代，历史和当代事件的面纱能够以新的方式被揭开，为政策制定提供有益的见解"。[5] 我以政治学的概念和理论为工具，展示出不同议题之间的关系。我使用了很多历史上的案例，不仅仅是为了满足自己对历史学的热爱，还因为如果对过去一无所知，人们很难充分理解今天的国际政治，而且以史为鉴，能让我们将问题看得更加透彻。

"我是一个专业的外交官，而他们是历史学教授。因为虚荣，我们之间产生了可笑的冲突。"[6] 在 1919 年巴黎和会上，哈罗德·尼科尔森（Harold Nicolson）作为英国代表团的成员，与美国代表团的非外交官人员会面后，发出了这样的感慨。作为学者，我一直是个观察者，有时候也会建言献策，但我并没有任何越俎代庖的打算，所以类似哈罗德·尼科尔森遇到的情况，就可以避免了。教授的一部分职责是研究各种思想，得出客观结论。他们做出的优秀研究成果，会被纳入国家智库，供决策者作为决策依据。

"把高度专业的学术文章、学位论文和易守难攻的'小型堡垒'（关于地区局部问题的课题）作为避风港，是着眼于创作大场面著作时常见的错误，但堆积如山的细节和我对同事高度警觉性的敬畏，极大地降低了我犯错的可能。"[7] 与大部分学者一样，我也经常会躲进这样的避风港。比如，我曾写过关于欧洲防务合作技术性细节的论文。当然，从各个方面讲，欧洲的防务问题都是一个"小型堡垒"。然而，只有了解了大局，才能理解细节。我在本书中试图描述这样的大局问题，并愿意承担所有错误带来的风险和责任。

致谢

过去这些年，很多学者和政治家的智慧都曾给我以启迪，我无法一一列出他们的名字。但是，我要特别感谢其中的一些人：以大战略的十个特征作为全书的结构，这一创意来自我在皇家国际事务研究所的同事托马斯·雷纳德（Thomas Renard）。而最开始，我的计划只是将它们全部放在一个介绍性章节中。感谢我的导师，已经荣休的里克·库赛特（Rik Coolsaet）教授，没有他我也不会开始我的创作生涯。我们的定期聚餐对本书的写作也有很大帮助。

在交流过程中，简·乔尔·安德森（Jan Joel Andersson）、布鲁诺·安热莱（Bruno Angelet）、瓦莱丽·阿诺德（Valerie Arnould）、伊拉娜·贝特－埃尔（Ilana Bet-El）、乔·科尔蒙特（Jo Coelmont）、巴特·德胜（Bart Dessein）、杰弗里·爱德华兹（Geoffrey Edwards）、冯仲平、丹尼尔·菲奥特（Daniel Fiott）、马克·弗兰考（Marc Franco）、托拜厄斯·格尔克（Tobias Gehrke）、巴斯蒂安·格里希（Bastian Giegerich）、伊娃·格

罗斯（Eva Gross）、朱迪斯·海曼（Judith Heimann）、巧丽恩·豪沃斯（Jolyon Howorth）、保罗·惠能（Paul Huynen）、埃米尔·柯克纳（Emil Kirchner）、海因茨·科瑞博（Heinz Krieb）、塔妮娅·拉蒂茨（Tania Latici）、亚历山大·麦特雷尔（Alexander Mattelaer）、克斯坦萨·穆苏（Costanza Musu）、马克·奥特（Marc Otte）、巴里·波森（Barry Posen）、拉尔斯·舒曼（Lars Schümann）、路易斯·西蒙（Luis Simón）、鲁伯特·史密斯（Rupert Smith）、马克·泰斯（Marc Thys）、纳塔莉·托奇（Nathalie Tocci）、塞尔日·范·坎普（Serge Van Camp）、约翰·韦贝克（Johan Verbeke）、伯特·弗斯梅森（Bert Versmessen）、理查德·惠特曼（Richard Whitman）、尼娜·威尔伦（Nina Wilén）、帕特里克·沃特斯（Patrick Wouters）、于静和张睿，对我的想法都给予了很大帮助。一如既往地，衷心感谢我的两个工作单位，皇家国际事务研究所和根特大学，感谢它们给了我追寻个人兴趣的自由，并为我支付薪水。比利时外交部能为像皇家国际事务研究所这样的独立智库提供资金，很值得赞扬。非常感谢在 2020 年上任的外交大臣乌格斯·钱特里（Hugues Chantry），感谢他的信任和幽默。布里斯托大学出版社的斯蒂芬·韦纳姆（Stephen Wenham）从一开始就对这个项目表现出极大的热情，我非常感谢他的鼓励。

最后，感谢林升鸿先生。与我相比，他总是有着无穷的耐心。我把这本书献给他。

斯文·毕斯科普

2021 年 5 月 1 日于布鲁塞尔

目录

引言

为什么大战略和大国依然重要

2020年上半年，新冠疫情席卷全球，世界各国接连失守，纷纷发布命令，社会和经济一度停摆。这样的第一反应是可以理解的。对于富裕国家的中产阶级来说，新冠疫情暴发是第二次世界大战（后文简称"二战"）以来对他们的生活影响最大的事件。在疫情期间，我和家人的活动范围被局限于布鲁塞尔的公寓里，并尽量不参加在线会议，因此突然间有了很多时间去写作。实际上，除了写作也没有其他事情可做。这本关于大战略与大国的书，我已经构思了很多年。但在写作之前，我也踌躇了一阵子，不知道写这样的内容是否还有意义。但是，我很快就意识到，恰恰因为新冠疫情对世界各国都有影响，所以对国际政治和国际关系的影响有可能并不大。因此，我静下心来开始写作本书。

如果世界大国中仅有几个遭到新冠病毒的袭击，而其他国家几乎毫发无伤，那么新冠病毒就会"改变游戏规则"，为那些逃过此劫的国家提供机会——在他国遭受损失时，增加本国的财富和影响力。但是没有哪个国家躲过了新冠病毒。新冠疫情造成了无差别的危机：任何人都可能感染病毒。一个国家解决问题的能力首先取决于该国的实力：卫生基础设施的韧性、应对危机的速度和决心、一揽子经济复苏计划的规模。而面对这次疫情，有些国家的领导人，不仅反应迟钝，还摆出了漫不经心或无所不能的样子，这让他们的国家陷入了危险之中。他们行动越晚，死亡人数就越多；经济和社会越混乱，恢复的难度也就越大。同时，很多小国几乎没有保护国民的能力。因此，新冠疫情造成的长期后果是不平衡的，唯一的原因就是穷人和贫困国家最后会变得更穷，而富人和富裕国家则保住了自己的财富。

相对于其他国家，作为 21 世纪的世界大国，美国、中国、俄罗斯和欧盟①可以调动更多的资源。如果应对得当，新冠疫情并不能击垮一个大国，只有它们自己在国内犯错误才能做到这一点。面对疫情，有些国家坚持错误道路的时间更长一些：到了 2020 年秋天，当中国经济已经开始复苏时，其他国家又遭到了第二轮疫情的重创。尽管都采取了有效措施，疫情对这四个国家的国内局势和经济稳定仍造成了冲击。但是，这四个国家都有足够的复原能力，并能保持自己的实力。

---

① 欧盟作为当今世界重要的一体化组织，一体化程度最高，本书将欧盟视为一个"国家"分析。——编者注

初期应对疫情不利，确实在一些国家内部引发了党派间的辩论，但是俄罗斯和中国的政权依然十分稳固。在欧盟内部，与疫情的斗争让各国政府和位于布鲁塞尔的欧盟总部逐渐找回了自信和管理的正统性。美国仍然按照原计划于 2020 年 11 月 3 日进行了美国总统大选。尽管特朗普一再否认疫情的严重性（甚至在他本人确诊感染新冠病毒之后仍然如此：他认为自己被治愈了，其他所有美国人的问题也就解决了），他在普选中也仅仅是以微弱的差距输给了拜登。

大国之间并没有明显的赢家和输家，基本保持了原有的力量平衡。它们之间关系的性质也没有发生改变。这场疫情本可以促成一次伟大的合作，如此一来，会让这些大国更快地渡过危机，也能更早地为其他国家提供更加有效的援助。不过遗憾的是，自世纪之交以来，大国之间的对抗一直在升级。鉴于新冠病毒没有削弱"四个大国"的力量，没有改变它们之间的平衡状态，也没有促成联合的人道主义援助行动，大国之间的对抗并未有丝毫减弱。疫情不仅没有扭转大国间对抗的趋势，反而给对抗提供了新的舞台。

然而，写作本书的目的之一就是想要说明大国之间的政治关系可以不仅仅是对抗。形势发生变化，大国的战略也在不断发展。本书一开始就说明了，尽管"四个大国"及其他国家之间存在矛盾，但国际政治形势在很大程度上仍由大国决定。简单来说，对大国的准确定义是：拥有做出决策的雄心和采取行动的资源，从而影响全球的国家。21世纪早期，它们是老牌强国美国、经济低迷的俄罗斯、正在崛起的中国，以及还不知道是否愿意成为一个"国家"的欧盟。它们彼此之间以及它们与世界的互动方式，将决定21世纪上半叶国际关系的走向。因此，如果想理解当下这个世界，理解这些大国的大战略十分关键，而这正是本书的研究目标。

战略由目标、方法和资源组成。大战略是一个国家为了保障其选择的生活方式而必须实现的重要目标。为实现这一目标，在必要时它将调动所有可动用的方法和资源。那么，对于美欧中俄来说，它们的目标是互斥的，还是可以共存的呢？它们会以对抗的方式，还是合作的方式来实现它们的目标呢？它们的资源能够支持它们的初心吗？它们会维持一种它们都能遵守的、以规则为基础的秩序吗？本书尝试对当今大国之间的竞争与合作进行细致入微的分析。作为比利时和欧盟的一名公民，我不得不从欧洲的角度来写作。但我会努力从每个大国自己的角度去理解它们的大战略：以它们对世界的理解，它们的目标是什么。在这种背景下，我将对它们的战略有效性进行评估：它们是否实现了自己的目标？

这本书分为十个章节，标题中开头的十个关键词概括出了大战略的特征：

（1）简单——一个过于复杂而无法解释的大战略将不会得到实施。

（2）竞争——对方也有战略。

（3）理性——宗教、意识形态和情感都无助于做出正确判断。

（4）结盟——你需要盟友，但并不总能自由选择盟友。

（5）全面——你需要政治、经济和军事等多方面的实力。

（6）创新——战略是一门艺术，也是一门科学。

（7）灵活——不能快速适应变化的战略将会变得不具有战略性。

（8）勇敢——根据利益需求，敢于去争取或放弃。

（9）肮脏——你必须遵从这个世界的规则。

（10）主动——没有人会为你去维护你的利益。

这十个特征相互依存，共同发挥作用。一个有效的战略一般会包含其中的大部分。世界各个大国的重要对外政策，都脱不开这十个特征。

最后是总结，我采用了一种更加符合智库规范的视角，为制定一个低对抗性的大战略提出了四条建议，以保持一个和平稳定的世界秩序。这也许有点不够谦虚，因为这些建议是针对四个大国的，而通常情况下，我只能说自己对欧盟还算了解。

★ ★ ★ ★

将大国政治描述得非黑即白，是个很有诱惑力的想法。大国之间只能相互为敌吗？中国崛起就一定会想要统治世界，俄罗斯衰落就一定在酝酿着报仇雪恨吗？一个国家的国力无论是在增强还是在减弱，都会被视作一个威胁，很容易受到诋毁。因此，俄罗斯作为一个比其他国家承受了更多痛苦的国家，必须受到密切监视，这样的想法甚嚣尘上。[1]同样，世界其他地区的人们认为美国总是在酝酿着阴谋，而英国将会不惜一切代价保住其优势地位。欧洲各国要么是美国的傀儡，要么就是举着崇高价值观的大旗、搭着美国军事力量的便车、只为自己谋求经济利益的犬儒主义者。

有时候，人们会为其他大国杜撰虚构的计划。白邦瑞（Michael Pillsbury）的"百年马拉松"无疑是这类计划中的一个。[2]20世纪50年代，当时中华人民共和国刚刚成立，他声称中国制订了一个秘密计划，要在100年内赶超美国，并以之为论点写成了一本畅销书。这当然也不会是级别多高的秘密，否则他也没有能力将其揭露出来。经江忆恩（Alastair

Iain Johnston）考证，白邦瑞这本书是基于一位中国上校的著作写成的。白邦瑞不仅没有正确理解书中的内容，甚至没有直接引用原文。³从学术角度来看，这种曲解是不幸的，也是危险的，因为危言耸听无助于人们制定更好的策略。虚构的阴谋只会把水搅得更浑。1865 年美国南北战争结束时，美国并没有一个到 1945 年成为超级大国的秘密计划。但"二战"结束时，美国和苏联成了世界两极，这是形势和它们所做的决策造成的。顺便说一句，关于中国究竟将如何崛起，除了一场很可能只有输家的大国战争，各种阴谋论从来没有清楚地说明过。人们认为，美国和其他大国既不会放弃自己的全球影响力，让自己处于从属地位，也不会轻易退出历史舞台。

但这些稀奇古怪的阴谋并不需要所谓的证据，就能挑起一个大国的人民对其他大国的批评和恐惧。这些证据包括但不限于：取得"我们"已经取得的成就，获得和"我们"同等的力量或者在某些领域超越"我们"（但愿不会如此）。我们受到警告，在制造业、技术和金融领域，现在中国与其他大国已经处于真正的竞争地位。⁴在人工智能、量子计算和绿色技术领域，中国甚至比美国和欧盟更具有优势（俄罗斯在创新方面有所落后）。但这一定会产生问题吗？得益于中国新创造的财富，贫困现象逐渐消失，相对富裕的新中产正在增加。当然，中国在军事力量上的投入也不会落后。中国确实获得了前所未有的行动自由，在追求自身利益时更加自信，有时甚至有些咄咄逼人。在如今的情况下，其他大国想维护自身利益，当然必须要做出更大的努力。然而，我们应该注意，不要认为其他国家的所作所为都是不合理的，每个国家都有自己的合法权益。[5]

美国前国家安全事务助理 H. R. 麦克马斯特（H. R. McMaster）将军[6]认为："中国军事和经济战略的统筹安排，对美国和其他国家来说'非常危险'。"所谓"它们"必须与"我们"有本质上的区别。然而，又有哪个大国不是在努力构建军事、经济、政治一体化的战略呢？实际上，战略的基本特征之一就是全面性。然而，其他国家经常因为完全合理合法的行动遭受指责，仅仅是因为这些行动不符合"我们"的计划。根据行为人的不同，对同样的行为是否可以做出不同的判断？2017年，中国人民解放军驻吉布提保障基地投入使用，引发很多人奔走呼号，似乎这个基地"威胁"到了世界和平。然而"为了保卫世界和平"，美国、英国、法国和很多其他国家在吉布提都建有基地。当然，美国和欧洲绝不可能鼓励中国建设更多海外军事基地。但是，只有能够公平判断其他大国的行动，我们才能制定出优秀的战略。

009

大国之间存在着很大差异，每个国家都有自己选定的生活方式。

只观察这些大国在国际上的行为，它们之间的差异似乎并没有那么大。在与美国官员或学者进行对话时，对于以任何方式将美国与其他大国归为一类的观点，他们都会做出反驳。然而，正如格雷厄姆·艾利森（Graham Allison）所说，"尽管美国和中国有许多不同，但至少在一个方面是相似的：两国都有强烈的自尊心。"[7] 我十分认同汉斯·莫尔（Hanns Maull）对美国和中国的评价：

有时候，两个国家就仿佛互为镜像。两国都有一种例外主义意识，并认为自己天然就是世界政治的中心。总体来说，两国都支持国际秩序的概念，但在细节方面有很大不同。不过，两国对于国际秩序的原则、规范和规则既适用于它们自己，也适用于其他国家这件事的态度，如果不是完全反对，也是非常模棱两可的。为确保自身重大利益，双方在这些原则上也会坚持自己的立场。[8]

俄罗斯也是如此。而对于欧盟来说，虽然并非所有成员国都能始终做到完全遵守这一秩序，但欧盟作为一个整体，在遵守以规则为基础的秩序方面十分真诚。不幸的是，许多大国为实现自身目的会绕过规则或干脆无视国际秩序。但是，一个国家的违规不能成为另一个国家违规的理由，尊重国内法律也不是违反国际法的借口。在任何情况下，我们都应该给予所有的违规行为同样的谴责。

不同的是国际环境和国家间的力量对比：自世纪之交以来，世界又一次呈现出几个大国并立的局面，这还是"二战"之后的第一次。现在没有任何一个国家有足够的力量独自主宰国际政治。在冷战结束后的一段时间里，美国似乎是唯一的世界强国，但现在情况发生了变化：在一些领域，包括一些美国人和欧洲人原以为自己将永远处于领先地位的领域，中国取得了令人难以置信的成就。俄罗斯和中国都表现得非常自信（有时甚至让他国觉得咄咄逼人）。这是自冷战以来，美国和欧盟第一次被动接受其他大国的国际战略。美欧对此难以释怀是可以理解的，但这种情绪不应该成为美国和欧盟战略规划的基础；追求在智谋上胜过美国和欧盟的满足感和国际地位，也不应成为他国的战略目的。战略是对利益的理性追求，而情绪只会妨碍这种追求。

在国际政治中，现实情况是各个大国都在使用类似的方法制定它们的大战略，每个国家的目标都是保障自己的生活方式。维护一个国家的生活方式，必须要满足一些条件：国家在政治、经济和安全领域的重要利益。每个国家都需要边境安全、市场、自然资源等。大战略的主题并不是去发现其他大国的险恶计划，而是通过换位思考，从他国的角度去理解它们的大战略，从而不断完善自己的战略。这并不容易，并且一个国家永远不可能完全了解另一个国家的战略，但只需要一点同理心，通常就能获取足够多的信息来达到自己的目的。丘吉尔有一句关于俄罗斯的名言："我没有预测俄罗斯行动的能力，这是一个隐藏在推理小说中的谜语，这本小说还被锁在了一台恩尼格玛密码机里。"但他接下来的话却很少被人引用："但也许有一把钥匙。这把钥匙就是俄罗斯的国家利益。"[9]一个国家不需要赞同另一个国家对自身利益的定义，但必须得能理解它。这需要冷静的分析，避免危言耸听和一厢情愿，以便设计出有效的战略来做出反应、进行预测，同时减少紧张局势升级的风险。

一个国家在追求自己的利益时，可能会影响另一个国家的利益，因为各个国家都在为市场、资源和影响力竞争。但是，两个国家有利益之争，并不一定就意味着对方制定了针对性战略或是在主动挑起对抗。当然，不同国家的利益也可以是一致的，其他国家也可能谋求与之合作，成为合作伙伴。每个国家都会把本国利益放在首位，问题是对这些利益的定义是广义的还是狭义的。[10]如果中国只是敌人，那么为什么欧洲人和美国人还要购买中国生产的智能手机和笔记本电脑呢？如果俄罗斯只是敌人，欧洲为什么会进口俄罗斯的能源呢？如果美国是欧洲的盟友，那么特朗普执政时期的美国为什么要对欧洲商品征收关税呢？国际政治十分复杂，无法简单地予以解释。大国之间一直在相互竞争，同时也在相互合作，这是国际政治的固有特征。但是，对抗是可以避免的，因为它是部分国家有意识选择的产物。正如欧盟对于中国的评价，大国之间的关系可以同时是合作伙伴、竞争对手和敌人。[11]

★ ★ ★ ★

大国政治并不是最重要的。如果人类不能缓解气候危机的影响，没有哪个国家能够维持自己选择的生活方式。新冠病毒暂时转移了人们对气候灾难紧迫性的注意力。在疫情蔓延的几个月中，因为工厂关闭、飞机停飞、汽车停驶（火车对气候相对友好），污染物排放量出现了短期下降。但新冠病毒造成的危机与气候危机发生了相互作用，对稀缺资源的争夺更加激烈，加剧了国家内部和国家之间的紧张，本已弱小的国家进一步崩溃。因此，因为新冠疫情，爆发战争的可能性不仅没有消失，反而增加了。面对疫情，联合国秘书长古特雷斯呼吁全球范围停火，这样做是正确的选择，但可以预

期这一呼吁基本上会被忽视。[12] 当一方发现对手因疫情的暴
发而受到削弱，自己暂时占据上风时，会发动攻击。这样的
情况很多，暴力行为实际上还有所增加。疫情期间，甚至还
爆发了新的战争，例如，2020 年亚美尼亚和阿塞拜疆在纳卡
地区爆发的新一轮冲突。对于世界富裕地区的人来说，新冠
疫情是一个巨大的冲击，颠覆了他们的日常生活。但在许多
地方，新冠疫情实际上催生了更多不堪的后果：更多的贫困、
更多的战争和更多的难民。死于饥饿还是死于新冠病毒，也
许一个欧洲学者并不需要面对这样的选择，但这是世界上很
多平民的生存现状。

在人类致力于解决气候危机、全球健康、贫困和能源短
缺问题时，很重要的一件事是大国之间的对抗不能对此造成
阻碍。在最糟糕的情况下，首先要保证没有人在大国间的对
抗中丢掉性命。此外，没有大国的积极参与，或许也可以找
到解决全球问题的办法，但可能性会小得多。鉴于大国在全
球经济（和全球污染）中的占比和对国际组织的影响力，没
有它们的积极合作，这些解决方案不太可能得到有效实施。

不仅是大国，也包括那些总体上仍然是国际政治中关键
角色的国家。只有国家有权代表其公民做出承诺，也只有国
家才能掌控那些在国际舞台上采取行动所需的工具和资源。[13]

新冠疫情让人们更加意识到，最终只有国家才有责任、有办法去保护它的国民。拥有"大政府"的国家（即政府对经济有较多干预的国家），比如中国和欧盟成员国，在疫情之后的经济和社会恢复方面比美国更具有优势。[14] 在国际政治中发挥着重要作用的国际组织都是由国家组建的。因此，这些组织是国家的工具，在其成员国授权范围内行动，预算也由成员国提供。欧盟是个例外：它是一个超国家组织，各国将特定政策领域（主要是内部政策领域，但也包括国际贸易领域）的主权汇集在了一起。在这些领域，欧盟与其他多边组织不同，它不是成员国的工具，而是独立拥有某些权力的国际事务参与者。

在国际政治中，非国家参与者也在发挥着作用，包括企业、非政府组织、慈善基金会，以及私人保安公司、非常规部队和恐怖组织。但是非国家参与者作用的提升，并不意味着世界已经实现了"无极化"，就像有些人宣称的那样，在这样一个世界里不再有所谓的"极点"或大国。[15] 实际上，只有在国家允许的范围内，或者国家无力进行阻止时，非国家参与者才能开展工作。例如，信息技术领域的大公司拥有巨大的影响力，这只是因为政府没有更加严格地去规范它们的经营行为（也没有适当地对它们征税）。与许多人的认知相反，[16] 网络空间的出现并没有改变国家的主导地位：在网络空间中，战术发生了变化，但战略的本质和国家之间关系的本质没有变。人类相继征服了海洋、天空和太空，这给各个国家带来了新的机会，同时也暴露了它们的新弱点，这些新的疆域也立即成为国家间合作和竞争的舞台。在网络空间中，个人或组织都可以造成很多破坏。但在这个领域，国家仍然是主要参与者，要么直接行动，要么允许私人公司在自己国家的领地上行动。一些国家试图通过提升网络能力来弥补自己在其他领域实力的不足。[17] 但是相对其他国家，在当今世界大国手中，网络已经成为强大的工具和武器。

一些国家，包括莫尔所说的"某些超国家组织"（即欧盟），拥有比其他国家更大的力量。[18] 这些大国的决定和行动，能够对全球产生影响。美国和中国当然有这样的能力。相比之下，俄罗斯就没那么强大，只对周边国家有较大影响，远不及解体前的苏联。俄罗斯对委内瑞拉或者中非共和国的介入给美国和欧盟造成了不少困扰，但因为缺乏经济手段，它与大多数拉丁美洲和非洲国家关系并不紧密；而在亚洲，俄罗斯会尽量避免给中国制造麻烦。然而，由于其军事力量和在多边体系中的位置，以及其对于获得与沙俄和苏联同等国际地位的热望，我们必须要将俄罗斯作为一个大国来加以考虑。相比之下，欧盟虽然将自己定义为一个全球参与者，却并不强势。欧盟当然具有全球经济影响力和一定的政治影响力，并且从整体上看，其成员国的军事实力（尽管不是一个整体，且因此影响力较弱）仅次于美国。所以，欧盟也必须算作"大国"之一。日本、印度，也许还有巴西这样的国家，其全球地位可能会逐渐提高，但从中期来看，它们中间目前还没有哪个国家或组织能同时获得跻身大国行列所需的雄心和资源。

★ ★ ★ ★

我联想起历史上相似的阶段。例如，在 19 世纪末，欧洲列强控制着全世界，[19] 当时的情况与当今数个具有全球影响力的强国并存的情况在很多方面都很相似。今天与两次世界大战之间那段时间也有相似之处，当时美国和日本作为非欧洲大国登上了世界舞台，并首次尝试通过联合国的前身——国际联盟来建立国际政治秩序。我赞同迈克尔·霍华德（Michael Howard）在《信仰自白》（"Confession of Faith"）中的说法："不研究国际政治的历史，就无法理解国际政治的当下。"[20] 同时，我们必须谨记休·斯特罗恩（Hew Strachan）的警告："历史不仅仅是一个我们可以从中挑选出历久弥新的真理的宝库。"[21] 哈罗德·尼科尔森的表述甚至更进一步："那些研究过历史的人，如果认为自己在当时自然会表现得更好，这种思维习惯非常危险。"[22] 在本书中，我将会引用国际政治史上的一些例子，来说明大战略在过去是如何成功或失败的。这样做不是为了现在和将来汲取直接的教训或经验，而是为了加深我们的理解。

历史是漫长而复杂的，所以人们如果想证明点什么，总能在历史上找到例证。但或许历史能够提供的最具普世价值的教训就是"凡事皆可避免"。国际环境可能会使其中某个选择看上去更有希望，但政府和人民必须自己做出选择。有些人依据历史经验，坚信一个国家的崛起必然导致与已有大国的战争（这被称为"修昔底德陷阱"），自然不会去探索保持和平的新方式。[23] 格雷厄姆·艾利森向世界推广了"修昔底德陷阱"这一概念，但是他本人却断然否定这种必然性——"战争，真正的、血腥的战争，是不可避免的吗？不是。再强调一次，不是不可避免的。"[24] 问题在于，"修昔底德陷阱"这个现在被广泛使用的概念，其根本假设是每一个崛起的大国都会挑战现有的世界秩序。[25] 这是符合逻辑的。正如阎学通所言，"占主导地位的国家的利益是维护其在世界上的地位，而正在崛起的国家的主要目标是获得更多的国际影响力。"[26] 但这并不必然意味着后者意欲推翻前者或推翻现有的世界秩序。在当前的国际框架内，一个正在崛起的国家也可以获得更大的影响力。当然，一个大国可能不会永远与其他大国保持友好关系，大国关系因此通常会涉及一定程度的对抗，但对抗并不一定是主流。

★ ★ ★ ★

在 1945 年，或者至少是我们在柏林时，美国人还认为如果国家之间能够互相尊重对方的权利、领土完整、信仰，一种制度体系不以任何公开或秘密的方式去损害另一种体系的完整性，苏联的政治体系和西方盟国采用的民主体系没有什么理由不能共存……是什么造成了这一变化呢？……可能没有人能清楚了解其中的原因。[27]

1948 年，美苏之间的冷战刚开始不久，艾森豪威尔将军回首往事，感到有些困惑。他的观点后来得到了朱可夫元帅的呼应："很多人发自内心地表达了希望反法西斯联盟国家之间友谊长存的愿望，其中有苏联将军，有美国人，也有法国人和英国人，我们相信这愿望能够成真。"[28]

美国和中国之间，是否正在形成一场新的冷战？有些人宣称"中美冷战"已经开始，并在积极营造一种"恐慌情绪"。[29] 当前危险委员会的路线，产生于冷战时期，如今在特朗普政府时期首席战略师斯蒂芬·班农（Stephen Bannon）的煽动下再次"还魂"。他说："和苏联一样，中国的存在及其意识形态威胁到了美国和自由主义思想。"[30] 还有如哈尔·布兰兹（Hal Brands）等人，甚至惊讶于"新冷战"尚未开始，因为他认为"霸权国家不可能容忍，更不可能协助挑战者的崛起。它们会使用激烈的，甚至是暴力的手段来阻止这种崛起。"[31] 这位作者甚至认为，美国会重新开始计划类似"在冷战期间力图破坏或推翻不友好的政权"的秘密行动。[32] 与他们相反，乔舒亚·希夫林森（Joshua Shifrinson）认为，人们不应自动为新兴国家设想最坏的情况，而应考虑他们面临的限制和机遇。[33] 但与美苏关系不同，中美经济的紧密交织，阻止了"新冷战"的发生。如果美国和中国之间的紧张关系升级为一种全方位的系统性对抗，将会带来巨大的破坏性，因为这会切断两国在贸易、投资、科学、教育和其他许多领域的紧密联系。如此一来，全球经济将会陷入严重衰退，这远比新冠疫情造成的后果严重。并且，因为双方届时都会使其他国家站队，一定会造成国际政治秩序的混乱。"新冷战"是否真的符合中美两国的利益？答案并不肯定，但"新冷战"肯定对欧盟和俄罗斯都不利。因为在两极对抗中，它们只能沦为次要角色。对于斯蒂芬·沃尔特（Stephen Walt）"未来欧洲将会成为中国的敌人"的观点，欧盟绝不会苟同。[34]

发动一场"新冷战"很容易，困难的是如何避免它发生。这需要抛开情感，运用理性。实际上，美国、欧盟、中国或俄罗斯的民众为什么会害怕其他大国呢？因为大国既会用合法的方式施加影响，也会用非法的方式破坏对方的策略。但没有哪个大国想要与另一个大国开战，因为正如劳伦斯·弗里德曼（Lawrence Freedman）写道，"（战事）一旦升级到可能使用核武器的程度，人们会慎之又慎，所有类型的冲突都将冷静下来。"[35]大国有不同的政治制度，但并没有哪个国家致力于让对方的生活方式变得和自己国家的一样。经济竞争可能很激烈，但竞争是我们经济体系中的固有特征，因此不具破坏性。我们可以追求技术优势，但技术不可能只掌握在发明人手中，最终还是会扩散开来。[36]核武器就是一个很好的例子：美国在 1945 年制造出第一枚原子弹后，曾预期能保持多年的核垄断地位。但仅仅四年后，苏联就成功进行了原子弹试验。

四十多岁的时候，我坐在布鲁塞尔的办公室，觉得自己肯定能够平静地度过这一生。这种笃定，产生的不是自满，而是乐观——相信某个目标可以实现，是任何积极战略的起点。

第1章

简单：但并不容易

　　具有说服力的大战略往往很简单。大战略是使命宣言，不是操作手册。其核心是在国际政治中对国家角色的认知，是国家的奋斗目标，以及对目标实现路径的概述。依据大战略制定的地缘战略和专题战略，才需要完善细节。尽管并没有几个国家做到过，但仅需稍稍用心，就可以用几页的篇幅，将一个大战略简练地表述出来。"我来不及写一封短信，所以写了一封长信"，这句常常被认为是马克·吐温说的话，同样适用于战略制定者（尽管学者也没有什么资格来批评他人文章写得太长）。

　　可以肯定地说，大战略看上去简单，但并不意味着它们易于实施。参加过拿破仑战争的克劳塞维茨（Clausewitz）说过，"战争中的一切都很简单，但最简单的事也最困难"，以此来说明战略实施之难。[1] 参加过"二战"的德国陆军元帅埃里希·冯·曼施坦因（Erich von Manstein），也有过类似的总结。他说："在战争中经常会发现，最简单的事才是最困难的。与决策的难度相比，将决策不折不扣地执行下去更为艰难。"[2] 无论是在战争时期还是在和平时期，这些说法都适用于大战略。如果一个大战略过于复杂，无法让战略执行人员清晰理解，那么它就不是一个好的战略，并且很可能永远不会如预想的那样得到实施。与之相反，如果一个战略理念简单、用语直白，能够被很好地传达，那么它将会对执行者产生激励作用，赋予他们使命感和实现目标的决心。戴高乐总统总结他在"二战"中的策略时说："强大而简单的理念，才能催生行动。"[3]

大战略不仅需要绝妙的想法，还要有清晰的表述。劳伦斯·弗里德曼曾强调，表达不清的战略是没有意义的。他说："战略需要写下来，这样他人才能有所遵循。不仅如此，战略还要能通过感染他人来发挥作用。这是一个关于说服力的问题，关系到是否能够让他人坚定地跟随你一起工作，关系到是否能让持怀疑态度的反对者理解这一战略的重要性。"[4]在一篇著名的战时演讲中，丘吉尔提到过一件事。他因为文件的措辞训斥了一个军官，他让这个军官好好想一想"我们将会在沿海地区采取军事行动"是不是要比"我们应该在海边开战"更好。[5]

实际上，说到简单而成功的大战略，"二战"时同盟国采取的战略就是一个上佳案例。[6]美国于1941年宣布参战，成为英国的盟友。之后，双方共同制定了一个大战略。这一战略可以概括为"德国优先"。因为日本不会威胁到美国和英国本土，所以它们的对日战略以遏制为主，在需要时甚至可以让日本在战场上继续推进。但德国威胁到了英国本土。一旦英国被占领，同盟国就失去了解放西欧的基地。因此，同盟国在打败德国之后，才会对日本发起攻击。1943 年，英美两国举行了卡萨布兰卡会议，美国总统罗斯福和英国首相丘吉尔在"德国优先"的基础上增加了"无条件投降"。这让日德两国明白了同盟国将会在何时结束这场战争。为实施这项大战略，美国和英国还创造出了一种简单明了的指挥结构。战争期间，联军参谋长将两国陆海空三军的作战参谋集合在一起，直接接受美国总统和英国首相的领导。这项大战略不仅提供了清晰的目标，还具有充分的灵活性——"因为具有明确的主题和对环境的理解，这一结构有利于发现新的情况和新的机会"。[7]

不过，一个看似简单的大战略可以有多种诠释方式。在冷战期间，美国的对苏战略可以归纳为一个词：遏制。在美国外交官乔治·凯南（George Kennan）提出这个说法后不久，决策者就开始以不同的方式来理解这一战略。遏制，可以理解为主要通过政治和经济手段，抵制苏联在重要的工业中心（西欧、日本和美国自己）的扩张政策。对这个词还另有一种极端的理解，那就是反击——在全世界范围内压制苏联势力，为此甚至可以动用军事力量。前一种理解更接近乔治·凯南的本意；后一种理解的代表人物为保罗·尼采（Paul Nitze），他后来成为美国国务院智库的领导者，是《美国国家安全委员会第 68 号文件》（明确了在全球范围遏制苏联的计划）的发起人。[8] 不过，灵活性是大战略的必要特征，并且不论后果如何，遏制战略确实影响了美国之后数十年的政策走向。"遏制"，毫无疑问是一个简单但有力的战略。

★ ★ ★ ★

制定一个大战略是如此简单，正如爱德华·勒特韦克（Edward Luttwak）所说，不管它们自己是否意识到了，每个国家都有一个大战略。[9] 从某种意义上说，大战略是指国家间互动层面的战略，而所有国家都与其他国家有联系。每个国家都力求保护自己选择的生活方式——这是大战略的终极目的，国家可以为之调动所有资源。为了实现这个目的，每个国家都必须维护自己的核心利益，即那些保证其生活方式的利益。科林·格雷（Colin Gray）说过，"不可一日无战略"。[10]有些国家会对自己的大战略进行模糊处理，因此可能不会让它出现在高级别的公开文件中。这在勒特韦克看来是"一个非常流行但相当可疑的习惯"。有些国家甚至从未对战略进行过深入思考，因此可能根本就没有明确的战略概念。但是，随着时间推移，每个国家都会形成自己的习惯和做法——它看待世界和处理与其他国家关系的大体方式。

然而，勒特韦克公正地补充说，"所有国家都有一个大战略，但不是所有的大战略都是平等的。"战略概念发展不足的国家在面对目的性更强的国家时，捍卫自身利益的能力就会稍显不足，因为后者对自己想要实现的目标有明确的认识。不进行战略思考也是一种战略选择，因此，出现这种情况也是自食其果。正如阿拉斯代尔·罗伯茨所说，"就像一个糟糕的作家也是作家一样，一个无能的战略家仍然是战略家。"[11]一个国家的大战略越不成熟，在发展道路上遇到的阻力就越大。有雄心主导事件发生和发展的国家，需要根据目标明确定义自己的大战略，然后选择将其部分或全部公布。大战略具有三个功能：解读世界并对其做出反应、在世界范围开展行动和与世界交流。

首先，大战略能够帮助一个国家对未来做出反应。当我为国际关系专业人士，如外交官和学者讲课时，几乎每次听众中都会有人站起来说战略是无用的，因为不可预见的事件永远在迫使你改变战略。一些作者宣称大战略已经穷途末路，因为他们认为战略"在可预测的领域最有效"，而在当今快速发展的世界中，这样的领域已不复存在了。[12]然而，未来从来都是无法预测的，战略的作用也并不是预测未来。重要的是预见能力：必须有能力从过去的趋势中推断和评估其他参与者的意图和能力，以便了解自身的战略环境。[13]但最后我要说的是，正如格雷一直强调的那样，未来是不可预见的。[14]

　　世界上总是在不停地发生各种事情。关键问题是，对自己来说什么事是重要的？一个拥有清晰的战略愿景、知道自己的目标和利益的国家，都有一张解读世界关系的网络。这些国家可以更轻松、更迅速地判定新的事件和发展是否会影响到自己，从而确定是否需要做出反应，以及如何做出反应。因此，有人可能会说，越是不可预测的领域，战略就越重要。[15]显然，战略的假设基础如果被新的事件完全推翻，人们必须对战略进行调整。但是，并非每件事都能让一个国家偏离其选定的行动路线。此外，当情况需要时，这种敏捷性与没有事先考虑目的、方式和手段的即兴制定政策是不同的。即兴制定政策通常需要更多的时间，因为每次都要从零开始，这意味着要在毫无准备的情况下冒险。但也有人认为，"一事一议的政策，至少与从大战略中衍生出的政策一样好，甚至可能会更好"。[16]在一个人总是很幸运，或者其他参与者的战略更加糟糕的情况下，这当然是有可能的。希特勒的

战略就非常鲁莽，以至于从一开始就注定失败——他违反了
《凡尔赛和约》，重新引入征兵制（1935 年），并派兵重新占
据了莱茵兰（1936）。德国的将军一直警告他不要冒这么大的
风险。但这一战略在当时却成功了，原因是其他大国表现得
太温顺了。"他很优秀，但是他幸运吗？"据说拿破仑曾这样
问过他的将军们。[17] 可是没有人会一直交好运，所以在战略
的基础上行动，即使是不完美的战略，也总比没有战略更明
智。格雷指出："使用战略，不能被认为是追求完美。"与其
他参与者相比，一个国家只需要有"足够好的战略表现"就
够了。[18]

其次，大战略能够帮助国家塑造未来。战略决定了行动
的日程。大战略并不一定意味着有伟大的目标。一个国力较
弱的国家的目标可能不会非常高远，它们还可能会选择曲线
救国，通过与国家或组织联盟来实现目标。在面临严重威胁
时，即使是国力强盛的国家也可能会把精力集中在防止局势
进一步恶化上。就像弗里德曼指出的那样，"说到底，大战略
最简单的目标是生存。"[19] 然而，大国是有雄心和资源在全球
采取行动的国家，因此需要去捍卫自己的全球利益。但这并
不意味着每一个大国都会去追求革命性的目标，有的大国也
能接受发展性的目标和渐进性的行动方式。弗里德曼解释说：

"最好能谨慎地去理解战略, 因为现实问题是进入'下一个阶段', 而不是走向一个确定的和永久的结论。下一个阶段, 是在现实中从现阶段可以达到的位置。"他还说, "这并不意味着在一个没有理想的终结状态下更容易操作。如果不知道这段旅程应该走向何方, 就很难对其他结果进行评估。"没有清晰的目的性, 一个国家就永远只能被动反应, 这对一个想要捍卫自身利益的大国来说, 是远远不够的。因此, 大国通常既有中期目标, 又有相对开放的长期目标。事实上, 弗里德曼将战略描述为"一种从短期观察和细枝末节中看到长期趋势和事物本质的能力, 会去治疗病因而不是症状, 能看到森林而不只是树木"。[20] 对此, 理查德·贝茨(Richard Betts)的说法更为恰当, 人们应该"认识到那些事关长期发展的或至少超越某一特定事件的战略才是大战略"。[21]

再次, 大战略能够向公众、盟友和对手传达一个国家的目标(尽管勒特韦克对此心存疑虑)。每个国家都需要在国内获得合法性和民众支持, 因此都会向民众解释其大战略。公众会想要知道国家的税收被花在了什么地方, 在不满意的情况下可能会投票让政府下台。不过, 除非是在严重的国际危机时期, 国际政治很少能决定一个国家的选举结果。议会希望能对行政部门施加控制, 因此需要说服它们相信这一战略。

即使是集权国家，也需要一定程度的公众支持，而且可能会被强烈的公众舆论左右。大战略还是一个国家向盟友和合作伙伴发出的信号，告诉它们可以期待在哪些领域进行怎样的合作，以及在哪些领域不会进行投入，以免产生错误的期望。最后，公开的大战略也是对潜在对手的一个警告，表明对方一旦越过红线就会引发行动。当然，一个国家从来不会公开全部战略细节，为了不使计划外泄，有些部分始终都是机密。特别是在战争时期，战略大都是保密的。但即使在战时，一个国家也会向公众和敌人表明自己的作战目标。对于那些研究过希特勒的《我的奋斗》的人来说，应该不会对他的大战略感到惊奇吧。[22]

★★★★

如果说大战略应该是简单的，那么制定战略的第一个建议也很简单，那就是"认识你自己"。鉴于大战略的最终目的是维护一个国家的生活方式，那么对于这种生活方式的本质，必须形成强烈的内部共识。接下来，一个国家还必须对本国在国际政治中的角色达成共识——为了维护自己的生活方式，希望自己成为什么样的参与者？本国大战略的主要模式是什么？一个国家可以是偏向被动或相当主动的；它可以满足于做一个更大国家的忠实盟友，也可以努力成为一个强大的独立角色；它可以视自己为多边合作的调解者和中介人，也可以立志成为主导周边政治的地区大国。一个国家既可以在自己具有特殊专长和强烈兴趣的几个特定政策领域集中发力，也可以实施 360 度全面出击的战略。只有有限的几个国家认为自己是拥有全球利益和野心的大国。

各个国家应该有这样一个概念——宏观目标。明确这一概念，经过长时间的发展，它们的重大利益就和它们看待世界及与他国交往的总体方式融为一体了。这可以被称为是一个国家的战略文化，格雷将其定义为"在社会中具有持续（虽然不是永恒的）迁延性的思想、态度、传统、思维习惯和偏爱的操作方法，且在一定程度上为某个安全共同体特有。该共同体一般具有特别的地理基础，且必然有独特的历史经验。"[23] 公众也有途径去了解一个国家的"宏观目标"，但它主要在一个国家的战略机构内部传播。一个国家的战略机构，指的是那些准备、决定和实施战略的政治家、外交官、军人和公务员，以及为战略辩论作出贡献的专业学者和记者。这些不同的参与者也许对他们所在国家的战略传统非常敏感并会积极地讨论它，或者也有可能的是，他们很少思考这些东西。每个国家都有自己的战略文化，但并不是每个国家的战略文化都很强大。一个国内政治动荡分裂、战略机构缺乏凝聚力、外交和军事能力薄弱的国家孕育出的战略文化将会十分脆弱，无法催生具有前瞻性的大战略。

美国拥有强大的战略文化，但是在特朗普任期（2017—2021 年）的前两年，美国的战略机构给了世界一个四分五裂的印象，对俄问题上更是如此。2018 年 7 月，两国元首在赫尔辛基会面时，特朗普公开表示支持普京，否定了他自己的情报团队，并否认俄罗斯曾干预了 2016 年美国总统大选，引发了美国战略机构中很多人的公开抗议，其中一些抗议甚至来自他所在的共和党内部。随着美国国务卿、国防部长和国家安全顾问（数次）被替换，特朗普的观点得到了更多响应。在一些与特朗普观点相左的官员辞职或被解雇后，政府管理职位出现了很多空缺。即便如此，在极端反俄的战略文化中成长起来的战略机构的意见与总统更为乐观的观点，仍然十分对立。

战略文化是由历史塑造的。一些国家对历史的贡献主要是为大国提供了战场，比如我的祖国比利时。在这种领土上建立的国家对自身和世界的看法，当然会与幸运地逃过了冲突的国家不同。比如瑞典，自拿破仑时代以来就没有卷入过战争。它的地理条件起到了一定的作用，因为一个国家的地理位置意味着特殊的机会和弱点，这些会影响该国的观点——这就是地缘政治。历史和地理对战略文化产生了影响，但并不是决定因素，因为相同的历史经历或地理位置可以产生不同的战略选择。一个国家在遭到侵略之后，既可以寻求建立军事联盟，也可以选择中立。如果感觉自己的本土是安全的，一个国家可以视其为一种机会——退出国际政治舞台，发展出一种孤立主义的文化，比如第一次世界大战（后文简称"一战"）之前美国的做法（美国加入"一战"后仍然如此），或者也可以将其视为在其他大洲实施干预战略的机会，美国在"二战"之后就逐渐形成了这样的路线。几个世纪以来，英国的战略一直在深度参与欧洲大陆事务和专注海外帝国建设之间来回波动。2016年，英国决定退出欧盟，标志着英国将回归远离欧洲大陆政治舞台的状态。但在一个由大国主导的世界中，英国想要捍卫自身利益，可能会不得不重新与欧洲大陆建立联系。"全球英国"（"Global Britain"，现任保守党政府的口号）与作为欧洲一部分的英国并存于英国的战略文化之中。

美国自南北战争（1861—1865年的内战）以来，其本土从未发生过战争；自第二次独立战争以来（1812年英美战争，英国军队烧毁了白宫），美国本土再没有遭到过外国入侵。从这个意义上讲，美国在大国中是独一无二的。这或许可以解释为什么 2001 年对华盛顿和纽约的恐怖袭击会让美国的战略机构和广大公众如此震惊。这也有助于理解美国和欧盟战略文化之间的一些差异。简而言之，在美国的经验中，战争总是发生在别的国度，美国会派遣军队，击败其中一方势力。而在大多数欧盟成员国的经验中，战争会发生在自己的领土上，造成山河凋敝、生灵涂炭，胜利者不一定比失败者损失更小。这就导致了相对于美国，欧洲的战略文化对使用武力更加谨慎。

因为战略文化是逐渐发展起来的，所以除非有严重的内部或外部冲击使得一个国家突然发生变化，否则战略文化的演变速度将十分缓慢。战争威胁、市场崩溃或自然资源枯竭可能会使一个国家现有的定位不再适用。一场革命可能会带来一个完全不同的政权，而新政权对国家在国际政治中扮演的角色可能有全新的认识。

欧盟与其他大国不同，因为它不是国家，而是一个由 27 个成员国组成的联合体，每个成员国都有自己的战略文化。欧盟虽然不是一个国家，但也不只是一个由多国家组成的组织。它介于两者之间，是一个类似国家的组织。这是因为与其他国际组织不同，欧盟是一个超国家联盟，汇集了成员国的主权。伊恩·莫里斯（Ian Morris）将其描述为"政治家最无趣、也最大胆的尝试"。[24] 一个国家加入欧盟可以比作一个人搬进了一栋公寓。在自己的公寓里，只要不过分打扰邻居，人们在一定的规则范围内可以做自己喜欢做的事。然而，对于整个公寓建筑，虽然人们仍然有决定权，但需要全体业主集体做出决定。比如，某一个业主不能自行决定更换电梯或翻新屋顶，如果你决定搬出去，相应的也就不能再使用公寓的电梯或屋顶，就像英国脱欧后才发现的那样。不管会议多么乏味，一个人也应该尽可能参会，因为由多数人做出的决策对没有参会的人具有同样的约束力。因为集合了成员国全部或部分主权，欧盟在某些政策领域是拥有自己权力的参与者，它与成员国之间是代替或合作的关系。由此可见，欧盟也在发展自己的战略文化。对于战略文化建设，欧盟表现得很积极，创建了欧洲安全与防务学院（ESDC），为来自所有成员国的外交官、军官等提供教育课程。

挑战在于欧盟"不了解自己"。其成员国不仅对欧盟应该在国际政治中扮演什么样的角色持有非常不同的观点，对欧盟的未来也有不同的看法。一些人希望欧盟发展成为一个联邦制国家，即"欧洲合众国"；[25] 其他人则认为欧盟根本上是一个市场，而不是一个政治参与者。然而，关键在于有了欧盟，欧洲各国有史以来第一次自愿联合了起来。过去所有武力统一欧洲的努力（路易十四、拿破仑、威廉二世）都失败了。甚至有人认为，正是由于西罗马帝国灭亡之后再没有出现能统治整个欧洲的帝国，由此引发的国家间的竞争，才促进了欧洲的崛起。[26] 然而，今天的欧盟已经是一个类似国家的组织。欧盟仍在演变，虽然其最终状态尚不清楚，但它不会在短时间内分崩离析，就像美国不会在短时间内崩溃一样。

★ ★ ★ ★

每个国家都有战略文化，但并不是所有国家都清楚地考虑过战略问题或制定了大战略。不管一个国家的战略目标多么微小，它至少都应该通过监测自身所处的环境来确定是什么形成了对其利益的威胁和挑战（尽管有些国家甚至可能不会以任何有效方式这样做）。威胁暗示了存在可能演变成暴力行为（内战、入侵）的风险，因此可能需要通过使用威胁或武力来避免这些风险。挑战也可能是致命的，但不涉及使用武力，因此也不能通过武装力量来解决。气候变化、流行病、贫困、脆弱的国家结构都可以成为挑战。

如果一个国家确实想要扮演一个积极的角色，并决定制定一个明确的大战略，那么必须要对环境进行更深刻的分析，以制订切实可行的行动方案。在一个明确的大战略中，一个国家将会设定更具体的目标，并确定用于实现这些目标的宏观方法。在此基础上，才可以分配必要的资源。当然，一个国家在确定战略目标时，就应该考虑到可以合理取用哪些资源。这一过程包含了一种平衡：超越资源的目标永远不会实现。但是，如果一个国家不能保证最起码的投入，目标也就无法实现。从大战略出发，针对具体的地缘和专题政策领域制定更详细的战略，然后才能付诸行动。行动的结果必须以效益和效率来评估，即国家在多大程度上实现了其设定的目标？付出了什么代价？这必须是一个不断的循环，各国应根据其成果，不断调整、变更或放弃某些具体的地缘和专题战略。

制定一个明确的大战略，然后将其全部或部分地公布，并不能保证它能转化为一个国家的行动。不过，像理查德·贝茨所说的，"大战略不过是观察人士强加在政治家履历上的一种描述，是对一个政府实际上没有追求过的目标的概念性说明……或者是一种后见之明，而不是政府在实际行动之前就有的、有意识的、连贯的计划"，[27] 就有些言过其实了。有时候，一个国家确实会觉得有必要提出一个自己也不太相信的公共战略。一次，我接到欧盟内某大国的外交部政策规划主管打来的电话，他说，"你将会看到我国政府刚刚发表的公开声明，声明上说欧盟需要一个新的战略。现在我们必须确定我们为什么要采取这个立场。"我会愿意参加他在外交部组织的头脑风暴来讨论这个问题吗？我当然愿意。因此，一切都取决于一个国家的领导层及其行政机构。政治、外交和军事领导层是否制定了自己的战略？它是否已纳入行政当局和武装部队的工作指令和程序？职责是否描述清晰，是否有合理的汇报体系？这表明一个国家仅仅拥有一个大战略是不够的，它必须有能力组织并予以实施。

在这一点上，欧盟作为一个类似国家的组织，面临的挑战比其他大国更大。欧盟成员国已将主权集中在特定的国际政策领域，尤其是贸易领域。但在外交政策和国防方面，欧盟本身不是行为体，所有决定都需要得到全体成员国一致同意。因此，决定战略和组织实施战略都很复杂。到目前为止，欧盟成员国大多对欧盟战略的认同感不强，或者根本就不认同，因此欧盟的战略并不能推动成员国外交政策的转变。即使在欧盟内部机构，也不是每个部门都会言听计从。因此，在将大战略转化为更详细的子战略、政策和行动时，随意性是难以避免的。而且成员国也会倾向于独立行动，而不是以联盟的形象出现。然而，现实情况是，单个成员国的主权越来越受到限制。主权意味着有能力做出自己的决定并执行这些决定。欧盟成员国中已经没有哪一个有充足的资源在全球舞台上独自行动了，在其他主要参与者都是幅员辽阔的大国时更是如此。欧盟成员国保留的大多是否决权，即可以完全自由地决定不做某事。只有成员国将某一方面的主权集中在欧盟，从而达到与大国相同的规模，它们才有能力采取行动。19世纪末期开始的帝国主义全盛时期，事实就已经很清楚了，"要成为一个真正的大国，大陆的规模至关重要"。[28] 正如欧盟高级代表何塞普·博雷利（Josep Borrell）在提及中美关系时所说的，"在经济方面汇集主权，比在国防和外交事务上汇集主权要容易得多……但是今天我们必须得这么做，因为我们生活在一个新的'两极体系'中了。"[29]

　　如果随之而来的策略和行动没有成功，再好的大战略也将失败。或者用军事术语来说，如果行动和战术是错误的，大战略也不会取得预期结果。反之亦然，如果大战略是错误的，那之后一系列的政策和行动即使本身是成功的，也很少会产生持久的结果。知道如何做某事不等于你知道自己正在做什么。正如阿瑟·施莱辛格（Arthur Schlesinger）在观察了美国在越南战争中的表现后指出的那样，如果问题出在战略上，那么解决方案就不能是在实施层面上的"技术性"改进，而必须是战略上的改进。[30] 亚瑟·哈里斯（Arthur Harris，"二战"时期皇家空军轰炸机部队负责人）在他的回忆录中尖锐地写道：

德国人从来不会犯小错误，因为他们的士兵手册警告他们不能犯任何小错误，在没有参考的情况下，他们很少去做任何事情。但他们总是会犯一个人可以想象到的所有重大、灾难性的错误，以及许多只有德国人才能想出的错误。[31]

因此，他们输掉了战争。大战略具有乘数效应：如果将同样的工具和资源用于执行合理的战略，那么可以实现更多的目标；但如果一个国家做出了错误的战略选择，损失则会更大。

与一个国家的战略文化的总体定位不同，在广义上，一个具体的大战略可以，而且确实会变化得更快、更频繁。政权的更迭会带来战略的改变。事实上，许多国家会对每一个立法机构的大战略进行系统性复审。战略复审至少每 4 年或 5 年就要进行一次，以保证重大战略被列入政治议程，对环境的评估得到更新，目标的有效性得到检验。新的事件和新的变化有时可能要求战略必须在短时间内做出调整，但因为大战略的目标很少能立即实现，所以至少要有 4 年或 5 年的时间跨度。许多国家战略的时间跨度都不会超过下一届选举之后，因为如果目标变得太遥远、太抽象，它们可能会完全失去对实际政策制定的指导意义。但与此同时，长远的眼光可以增强使命感，从而增强长期坚持走正确道路的决心。在著名的富尔顿演说中，丘吉尔呼吁"要坚定意志、坚持目标、敢于决策"。[32]

现在，各个大国会定期发布重大战略报告。在美国，法律规定总统在每个任期都必须向国会提交一份《国家安全战略报告》。自世纪之交以来，这些篇幅较短且可读性很强的报告已成为强大的沟通工具，既有动员作用，也能挑起敌意。例如，2002年版的美国《国家安全战略报告》，是乔治·W.布什政府在其第一个任期提交的报告。报告中曾提到将先发制人的军事打击作为关键手段，而2003年美国在伊拉克正是这样做的。美国入侵伊拉克的理由（后来被证明是虚构的）是这个国家正在发展大规模杀伤性武器，构成了迫在眉睫的威胁。中国会在五年一次的党代会上发布战略报告。俄罗斯则没有一定之规，该国分别在2000年、2009年和2015年发布过《国家安全战略》。2003年，欧盟首次发布了大战略报告，尽管一些成员国多次试图将报告复审列入议程，但直到2016年欧盟才发布了第二版战略报告。虽然人们普遍感到两份战略报告之间间隔时间太长，但目前仍然没有制度来保证定期进行战略复审。

★ ★ ★ ★

毫无疑问，当前大国制定大战略依据的核心"理念"就是竞争。合作和竞争在大国之间同时存在，但自 21 世纪第一个十年以来，美国、欧盟、俄罗斯和中国的竞争越来越激烈。这些国家逐渐开始更加强调大国关系的竞争层面。在 21 世纪初，欧盟几乎完全专注于合作，这至今仍是其大战略的主要模式，但它也同样朝着竞争的方向前进。对抗性的增强是当下大国政治的发展趋势。

最早，是俄罗斯的战略体现了这一趋势。在 2007 年的慕尼黑安全会议（每年召开一次，汇聚了美国和欧洲的战略机构）上，普京对美国进行了强烈谴责，指责美国试图创造一个单极世界——"一个权力中心，一个力量中心，一个决策中心"。普京称，美国及其盟友"不受控制地过度使用武力"导致了一个"没有人感到安全"的世界，"这样的政策当然会刺激军备竞赛"。普京还对北约扩张及美国军队在其新盟国建立基地的行为进行了谴责。[33] 尽管普京没有透露任何具体的应对措施，但这次演讲普遍被视为是一个转折点，标志着俄罗斯与美国及其欧洲盟友之间或多或少尚具建设性的关系结束了。

第二年，即 2008 年，俄罗斯和格鲁吉亚之间爆发了战争。对于美国的战略机构来说，这证实了俄罗斯走上了对抗的道路。[34] 然而，欧洲各国意见并不统一。特别是在西欧，许多人认为格鲁吉亚总统萨卡什维利挑衅俄罗斯的行为毫无必要。欧盟和俄罗斯的关系很快就恢复了正常。德国马歇尔基金会（一个美国智库）布鲁塞尔办公室派发的带有格鲁吉亚国旗的贴纸，基本没有人去领。

2014 年，乌克兰危机爆发，迫使欧洲人不得不重新审视自己的立场。欧盟和俄罗斯都曾向乌克兰提出了建立更紧密联系的建议（欧盟和俄罗斯提出的建议中都将另一方排除在外）。欧盟提出的是一项全面深化的自由贸易协定（欧乌自贸区协定，DCFTA），俄罗斯提出将乌克兰吸纳为欧亚经济联盟的成员。乌克兰最终陷入了一种进退维谷的局面。这个总是摇摆不定的国家，被迫去做一个本不必做的选择。在俄罗斯的压力下，乌克兰违背了之前与欧盟签署欧乌自贸协定的诺言，引发了广泛抗议。欧盟与反对派达成了一项协议。随后，俄罗斯占领了克里米亚，并在乌克兰东部施加影响。事件至此陷入僵局。

这是自"二战"以来第一次一个欧洲国家试图用武力改变另一个欧洲国家的边界，理所当然引起了巨大的恐慌。美国不止一次地宣称，这种赤裸裸的侵略在 21 世纪没有立足之地。然而在非美国人听来，这种说法毫无说服力，因为美国非法入侵伊拉克，也发生在 21 世纪，尽管不是发生在欧洲。无论如何，欧洲人确实过去一直（现在也一样）对俄罗斯持有戒心，于是与美国一道持续在俄罗斯边境部署军队，以起到威慑作用（北约"强化前沿存在"）。自 2014 年以来，欧洲的国防开支一直在上升。美国和欧盟也维持着对俄罗斯的经济制裁和签证限制。然而，欧盟也从未完全放弃与俄罗斯的合作。在欧盟 2016 年的重大战略报告《欧盟全球战略》中，欧盟提出了"选择性接触"，即"与俄罗斯接触，讨论分歧，并在双方利益有重叠时进行合作"。[35] 这种对两国关系进行分类处理的方式，即在一件事情上存在分歧而在另一件事情上进行合作，有助于防止事态进一步升级。

2015 年，俄罗斯在《国家安全战略》中公布了其战略展望。[36] 该文件中的大部分内容实际上是针对俄罗斯民众面临的内部挑战，如健康、人口和生活水平问题等；该文件还强调了保护"传统的俄罗斯精神和道德价值观"。在国际政治领域有两个突出目标：第一个是"在一个多中心的世界，巩固俄罗斯联邦作为世界主要大国的地位"。俄罗斯认为，随着一个有多个大国（或多极化）的世界的出现，"全球和地区的不稳定性在增加"。第二个突出目标是与前苏联加盟共和国共同

"对区域和次区域一体化合作潜力进行开发"。如果将俄罗斯和格鲁吉亚的战争及乌克兰危机两件事一起解读，可以将这两个目标解读为重现创造一个影响力辐射范围，即一个只有俄罗斯可以作为外部力量进行干预的区域。与俄罗斯结成紧密同盟应该成为防止"推翻合法政权、引发国家内部不稳定和冲突的做法"的保证，这是指西方对格鲁吉亚和乌克兰的"颜色革命"的支持。这些"颜色革命"为格鲁吉亚和乌克兰更迭了政权。因此，我们可以看出俄罗斯希望能建立一个由俄罗斯主导的缓冲区，以应对北约的军事扩张。该战略报告明确指出，北约的军事扩张"对国家安全造成了威胁"。

现在呈现出来的情况是，俄罗斯在信心满满、雄心勃勃的同时，感到自身受到了威胁。[37] 尽管国内政治发生了巨大变化，俄罗斯看待世界的方式与苏联时代（甚至是沙俄时代）并没有什么区别。俄罗斯"一直自认为是一个总是陷在重重包围中的国家。因此，它在边境线上的高度警惕，可能会让邻国高度敏感"。[38] 可以说，在冷战结束后最初的 20 年里，俄罗斯的战略文化是处于休眠状态的。如今，战略机构重新开始进行具体的战略思考，并再次形成了积极主动的大战略。在其目的和方式上，这一战略延续了罗曼诺夫王朝和苏联时期大战略的基本方向，但资源则相对有限得多。20 年的战略休眠，让俄罗斯的国家实力严重下降，现在它正在努力重塑辉煌。

俄罗斯的大战略将注意力放在了美国这个主要竞争对手上。然而，由于中国的迅速崛起，美国在应对俄罗斯的同时，将大战略的主要焦点转向了中国。奥巴马在两届任期内（2009—2017 年）完成了这一转变。奥巴马试图减少美国在伊拉克和阿富汗的军事存在。在 2011 年的一篇文章中，国务卿希拉里·克林顿让奥巴马政府的战略——"转向亚洲"（Pivot to Asia）一词广为人知，该战略想在合作和竞争之间找到一种平衡。[39] 美国加强了与亚洲盟友的双边军事关系，并力图将它们纳入一个新的区域自由贸易区——跨太平洋伙伴关系协定（TPP），并对中国发出了邀请。特朗普入主白宫后，风向发生了变化。2017 年发布的美国《国家安全战略报告》[40]，几乎将大国关系完全定义为竞争关系。该报告在开头就认定"中国和俄罗斯对美国的权力、影响力和利益形成了挑战，试图侵蚀美国的安全和繁荣"，"与竞争对手接触，让它们加入国际机构、参与全球贸易，会让它们变成行为良好、值得信赖的合作伙伴"这一前提被视为"是错误的"，美国改变了路线："让美国在竞争中胜出，是防止冲突的最好方法。"为了保证美国的竞争力，美国必须"确保美国长久地保持军事优势"。美国与中国的关系变得越来越紧张：2018年，美国开始对中国输美商品加征关税。

长期以来，美国的战略文化中都包含了"美国例外论"。按照斯蒂芬·沃尔特的定义，"美国例外论"即"认为美国的价值观、政治体制和历史是独一无二的、值得全世界钦佩的"，因此美国"有资格并且注定要在世界舞台上发挥独特和积极的作用"。[41] 特朗普补充说，他感觉美国被其对手和盟友利用了，国际组织被其他国家利用了，他甚至说美国在安全方面投入不足，虽然2019年美国军费占了全球军费总额的38%。[42] 在奥巴马政府执政的最后几年，美国已经开始谈论大国竞争，但在特朗普领导下，美国的战略焦点加速转向中国和国际政治的竞争层面。[43] 其区别在于，美国自身在应对大国竞争时变得更加激进，有时甚至持敌对情绪，但同时也减少了在其他国际政治领域，特别是多边主义领域的参与度，比如阻止世界贸易组织行动，退出了世界卫生组织和跨太平洋伙伴关系协定。关注中国并将其视为一个敌人（而不仅仅是竞争对手），可以算是美国国内两党达成的强烈共识。如果说一个民主党政府很可能会带来表述方式或战术的变化，那么美国大战略能在多大程度上发生实质性的改变就不那么肯定了。

当然，美国战略的演变是对中国迅速崛起的回应。对许多观察家来说，从事后看来，2001 年最重要的事件不是针对美国的"9·11"恐怖袭击，而是中国加入世界贸易组织。2008 年的国际金融危机是另一个重要事件。金融危机重创了美国和欧盟，相比之下中国近乎毫发无伤，而且还在全球经济重启方面发挥了关键作用。可以肯定地说，这对中国采用更加积极主动的大战略起到了催化作用。中国在国际政治舞台上日益增强的自信和魄力，体现在了对互通互联的大规模投资上，"一带一路"倡议也延伸到了欧洲。

中国的宏伟战略构想是到 2050 年，全面实现社会主义现代化。在国际政治中，其目标是成为综合国力和国际影响力领先的国家。与俄罗斯不同，中国认为世界多极化只是国家之间"国力对比越来越均衡"，多极化是机遇之源，而不是威胁。在军事领域，到 21 世纪中叶把人民军队全面建成世界一流军队。这个大战略并不将美国视作一个威胁，但却激怒了美国。

在中国经历国内政治动荡的过程中，其战略文化也发生过很大变化（比俄罗斯的变化大得多）。1912 年，中华民国成立，随后建立起了一种防御性的战略文化。中华人民共和国成立后基本沿袭了这一战略文化。邓小平在 20 世纪 80 年代末提出了"冷静观察、稳住阵脚、沉着应付"的方针。现在，中国已经以惊人的速度恢复了大国地位，已经开始实施非常积极的大战略，其中捍卫国家主权和领土完整，仍然是其战略文化的显著特点，毕竟这种战略文化的形成已经超过一百年了。

如果中国实施的积极的大战略被证明是成功的，在资源保持同步的情况下，中国的战略机构可能会发展出一种更加积极的战略文化。或者，中国的战略文化可能恰恰起到了防止战略野心过于膨胀的作用，而野心过大的战略可能引发其他大国与中国之间激烈的对抗，这是中国人不想看到的。

与其他三个大国相比，欧盟仍然只是试图通过让其成员国参与联合行动（边做边发展），通过编写单一的大战略（以思想为根），来创造一种共同的战略文化。与此同时，日益加剧的大国竞争也迫使欧盟重新调整战略思维。欧盟的前身欧洲共同体是一个国际经济的参与者，在政治领域作用有限，在军事领域则毫无作为。欧洲共同体发展出了一种模糊的战略文化，核心是防止冲突及与其他国家和组织合作。这一点，加上对冷战结束十年后认为大国对抗的时代已经结束的看法，奠定了欧盟第一个重大战略报告——2003 年的《一个更美好世界中的安全欧洲：欧洲安全战略》（以下简称《欧洲安全战略》）的总基调。[44]它的标题体现了这一报告的理想主义倾向，其基本理念是"对自身安全的最佳保护是一个由管理良好的国家组成的世界"。欧盟希望通过与邻国建立紧密的联系来换取改革，加强"有效的多边主义"，与全球舞台上的关键参与者建立"战略伙伴关系"，从而加强和稳定欧洲的安全。

直到 2016 年，欧盟才正式通过第二版大战略——《欧盟全球战略》。"阿拉伯之春"的失败、乌克兰危机、中国的迅速崛起，一系列事件迫使欧盟不得不更多地去思考国际政治的竞争维度，却不能将自己定位为其他大国的对手。欧盟宣称"以规则为基础的全球秩序"是其重要利益之一，并提出"促进共同协商，遏制强权政治，为一个和平、公平和繁荣的世界作出贡献"。在其优先事项中，这一战略确实包括了保护欧洲本身，在防务上"战略自主"，以及建立"合作性区域秩序"和"有效的全球治理"。欧盟称这种做法为"有原则的实用主义"，2017 年美国将其战略称为"有原则的现实主义"，但相似的术语代表了非常不同的大战略。

★ ★ ★ ★

美国想要维持其在国际政治中最强大国的地位。复兴的中国，渴望获得与其不断增长的实力相称的国际地位。俄罗斯始终在为其被削弱的大国地位寻求补偿。欧盟则试图扮演一个不与其他大国对抗的独特角色。在未来的许多年里，这些"简单"的目标很可能仍然是四个大国大战略的目标。现在的趋势是，欧盟以外的大国为了实现它们的目标，会采用更具竞争性的方式，甚至可能会相互主动攻击。不过，对抗升级不是不可避免，这些"简单"目标不应掩盖这样一个事实，即在追求这些目标的方式上，尚需做出复杂的选择。

大国仍然可以选择更具合作性的方式。美国可以通过遏制中国、招募盟友对抗中国来维持自己的地位，也可以通过在有效的全球治理条款上加大投入，让自己再次成为众多国家的领袖。中国可以通过架空和反抗国际法和国际组织，也可以通过为它们作出更大的贡献，来提高自己的地位。一直以来，俄罗斯主要通过武力和破坏其他国家的项目来获取补偿，但它可以将注意力放在自己的项目上，增加它们的吸引力。一切都取决于大国应对彼此的方式。但也不得不指出的是，即使简单的大战略也不容易实施，主要原因是对方也有一个大战略——大战略确实是具有竞争性的。

第2章

竞争：每个国家都有自己的战略

如果一个国家实施的战略，只是为了增加国内就业或减少国内污染，并不会招致敌意。当然，其国内某些民众、企业主、工会或能够对政府施加压力的组织可能会有不同意见，并阻挠政府的计划。一个国家的政府是其国内政治的主宰者。如果其他国家试图干涉他国内政，那就构成了颠覆行为，很可能招致报复。

相比之下，国际政治本质上是竞争关系。在同样的地理区域、国际组织和专题政策领域里，每个国家都在借助本国的大战略追求自身利益。竞争性可能是大战略最明显的特征，但人们往往会忘记其他参与者也有自己的战略，或者低估了别国的战略。丘吉尔在"二战"时说过一句话，"要永远记住，无论你多么确信自己可以轻松取胜，但如果对方认为它自己没有获胜机会，就不会发生战争。"[1] 在制定和平时期的大战略时，这句话同样适用。无论是大国还是小国，在制定战略时不仅要考虑自身资源的限制和环境的约束，还要考虑到其他国家也可能会奉行积极主动的大战略。1943 年，在盟军登陆西西里岛之前，因为对计划感到失望，蒙哥马利将军给亚历山大将军写了一封信，信中说到："我接到了命令，要求 8 月 30 日对欧洲大陆发起进攻。因为没有关于对手的情报，我必须得为敌人的抵抗做好准备。"[2]

因为各国在同一国家和组织中争取影响力、合作伙伴、市场和资源，国家之间注定是竞争关系。这种竞争是很自然的，并且经济竞争也是市场经济的固有特征。然而，如果一个国家察觉到另一个国家的不正当行为，正常的竞争可能会转变为对抗。一个国家如果违反互利互惠原则、不遵守各国共同遵守的规则，或试图独占市场和资源，就可能引发竞争对手的对抗。当然，一个国家也可能会主动挑起争端，通过颠覆和侵略来追求自己的利益。对抗，指的是国家之间以阻止对方战略目标的实现为目标，主动发起的攻击。最终，这种对抗可能升级为战争。不过，自然竞争也可以在不削弱其他国家的情况下，激励一个国家自我提升。事实上，国家间既有利益冲突也有利益一致性，当合作比对抗更有利于国家利益时，国家间也可以结成伙伴关系。伙伴关系可以进一步升级为联盟关系，即在一方遭到侵略时向其提供援助的承诺。实现大战略的目标不是只能通过零和博弈，国家间也可以创造双赢的局面。

★ ★ ★ ★

回顾国际政治史，大国之间的竞争往往发生在多极化背景下。几乎在历史上的任何时候，在众多国家中都有少数几个具有全球影响力的大国（并始终尽可能地影响全球）。通常情况下，因为没有一个大国能强大到足以支配其他国家，所以会出现一种在合作、竞争和对抗之间不断变化的模式。在这样一个多极的世界中，几个极点，或者说是几个大国间的合作或对抗，构成了国际政治的常态。冷战期间，美国和苏联这两个实力远超其他国家的"超级大国"之间的竞争主导了国际政治。但这样只有两个极点的世界是一种特殊情况。

还有一种情况更加罕见——世界上只有一个大国而没有其他竞争对手，即单极世界。在公元 476 年西罗马帝国灭亡前的几个世纪里，罗马帝国一直是欧洲唯一的强国，事实上也是唯一的国家。不过，即使是罗马人，在他们的亚洲边界上也有强大的对手在虎视眈眈，比如帕提亚人（公元前247—224 年）和萨珊王朝（224—651 年）。[3] 在罗马人的统治下，这个横跨欧洲的帝国虽然保持了内部和平，但也少不了对不断发生的起义进行残酷镇压。罗马历史学家塔西佗（Tacitus）就曾引用过与罗马为敌的苏格兰首领卡尔加库斯（Calgacus）的话，"他们制造了一片沙漠，并称之为和平。"

从公元 476 年到"二战"结束，欧洲的历史为我们提供了无穷无尽的多极竞争和对抗的例子。大英帝国的鼎盛时期（从 19 世纪中期至 20 世纪中期）通常被描述为"不列颠治下的和平"（Pax Britannica），但是英国只是当时的几个大国之一，几乎没有一年不需要派遣远征队去惩罚帝国内部的叛乱分子或对付来自帝国外部的入侵者。这是一个炮舰外交的时代，但它显然是多极化的。在历史上的大部分时间里，中国中原王朝都面对着来自北方游牧民族的威胁。在近代历史上，清朝统治的前两个世纪或许可以被描述为亚洲的单极时代，到欧洲列强与中国展开直接竞争和对抗时，这一时代就结束了。

1989 年柏林墙倒塌，1991 年苏联解体，这意味着冷战的结束和两极并立时代的终结。对很多人来说，"历史"似乎也终结了。弗朗西斯·福山（Francis Fukuyama）认为将会有越来越多的国家去效仿西欧和北美国家的生活方式。[4] 有人进一步阐释，苏联的解体意味着国际政治的单极化的到来，美国成为唯一的超级大国。[5]

然而结果证明，这完全是一种错觉。在苏联解体后混乱的过渡期间，俄罗斯在国际政治上的雄心受到了限制。但尘埃落定之后，俄罗斯作为一个从未真正衰落过的大国，重新出现在全球舞台上。此外，俄罗斯虽然接受了资本主义，但并没有拥抱民主：在抛弃共产主义之后，俄罗斯成了一个威权国家。在同一时期，中国作为一个大国迅速崛起（从长期的历史角度来看，也许应该说是重新崛起）。而欧洲共同体逐渐演变为欧盟。欧盟很快就开始在国际政治中寻求扮演自己的独特角色。因此，不仅"西方"的生活方式没有成为世界其他地区的模板，而且随着多极化的重新确立，国际政治也迅速恢复正常。所谓单极世界只是昙花一现而已。

事实上，如果从军事、政治和经济这三个方面来进行评估，世界呈现多极化的时间还要更长，甚至在冷战后期的几十年就已经如此了。从军事方面讲，冷战是一个两极时代，没有任何其他国家能够挑战两个超级大国，更不用说阻止它们计划中的行动。由于超级大国说服或迫使许多其他国家与它们结盟，只留下一些不结盟国家在奉行独立的道路，所以从政治角度来说，那个时代也是两极化的。然而，在经济方面，美国和苏联最终失去了对其他国家的领先地位。保罗·肯尼迪（Paul Kennedy）在其 1988 年出版的关于大国的经典著作中指出："如果只衡量经济指数，世界早就已经多极化了。"在书中，肯尼迪引用了美国总统理查德·尼克松在 1971 年的讲话，讲话大意为：

世界现在有五个主要经济体——西欧、日本和中国，还有苏联和美国。这五个经济体将决定世界经济的未来，并且因为经济实力是获得其他实力的关键，它们也将决定世界的未来。[6]

从经济角度看，国际政治自 20 世纪 70 年代以来一直是多极化的。从更综合的角度看，世界多极化则开始于 20 世纪 90 年代。因此，正如人们常说的那样，21 世纪的世界多极化事实上并不是"回归"，而是因为随着俄罗斯和中国（在较小程度上还有欧盟）开始更加坚定地追求自己的利益，多极化变得更加明显了。这导致了更加激烈的竞争，并最终造成了对抗。

★ ★ ★ ★

面对俄罗斯在其周边地区的影响力增强，中国在重创欧美的金融危机中全身而退后影响力激增，以及美国对中国和俄罗斯的行为只能谴责却无力阻止的现实，从 2008 年开始，世界多极化已经无法被否认。在那之前，国际政治多极化的本质之所以没有立刻显现出来，原因之一是美国的战略机构拒绝使用这一名词。单极化当然十分符合美国的利益，美国一些战略家甚至推动世界单极化（以美国为极点），因为在他们看来，多极世界要危险得多。[7]不过不管战略家对单极化的概念多么恋恋不舍，否认世界多极化的现实也是很不明智的。一个国家可以期待世界是单极的，但将国家战略建立在这样一个一厢情愿的想法上则会非常冒险。美国之所以这样做，部分原因是为了应对俄罗斯的行为。俄罗斯方面经常公开表示，多极化或多中心的世界是其大战略的目标之一（比如上一章提到过的普京在 2007 年的演讲中就曾有过这样的表达）。可能是仅仅提一提"多极化"这个词就能刺激到美国，让俄罗斯觉得很有趣。在特朗普执政期间，美国变换了风向，多极化成了美国大战略中具有推动作用的概念。对特朗普来说，想要从战略词典中删除的新术语不是多极，而是多边主义，即一个国家可以通过促进国家之间的合作来应对多极世界的概念，因为特朗普倾向于把注意力放在竞争上。但实际上，民主党中有很多人也主要是从竞争和敌对的角度来看待美国与俄罗斯和中国的关系的，并且对于多边主义，民主党也开始更多地采取更具交易性的方式。

事实是，"极化"只是对现实的真实描述，不包含任何道德判断。国际政治是单极化或多极化的，就像一个国家军队规模的大小一样，没有好坏之分。而大国（单个或多个）如何使用其权力，以及一个国家如何使用其武装力量，则可以从道德或结果的角度加以判断。因此，创建一个多极世界不能作为国家大战略的目标，因为虽然国家可以帮助另一个国家崛起，但它必须自己先发展起来。一个大国创造不出第二个大国。在一个真正的单极世界中，唯一的大国可以把维护自己的地位作为其大战略的目标，并阻止其他国家崛起。但在多极世界中，创造单极的尝试只会导致战争，因为没有一个大国愿意放弃自己现有的权力和地位。

人们常常预测，21世纪的国际政治将再次变得两极化，甚至直接预言中国会成为第二极。然而，我们应该记住，世界两极化的出现，是因为在"二战"中，无论是作为战胜国还是战败国，欧洲各国和中国都消耗过高。彼时，它们无法去扮演全球角色（尽管这并没有阻止法国和英国做出尝试，希望通过徒劳的战争来保持它们的殖民帝国）。这些都是特殊情况。到了21世纪，世界经济、军事和政治力量的分布变得更加均衡了。

美国正在衰落的观点现在流传甚广，但世界银行的数据并不足以支持这一观点——美国和欧盟的经济仍在持续增长，只是比中国的增速慢一些。[8]从世界银行的数据中可以得出一个重要结论，即从经济角度来看，与其他国家相比，显然有三个大国属于同一个级别，它们拥有足够的资源来制定和实施真正具有全球影响力的大战略。未来，美国、欧盟和中国之间相对的经济实力对比可能会发生改变，但届时它们仍将是全球最大的三个经济体。三个国家的经济都面临着不同挑战，而新冠疫情进一步加剧了这些挑战。不过，考虑到它们能够调动的资源，并没有发生经济崩溃的可能。虽然俄罗斯相比之下稍显落后，但也没有衰弱到无力支撑一个积极的大战略的程度。

从政治角度看，世界并未向着两极化的方向发展。两极化意味着仅发生在中美之间的互动会以某种方式决定国际政治的大部分或全部议程，而大多数国家将与这两个国家或其中一个保持战略一致（取决于美国和中国在某个问题上是合作还是竞争关系）。[9]欧盟当然更亲近美国，而不是中国或俄罗斯；而相比美国和欧盟，俄罗斯当然会更亲近中国（但没有欧洲和美国那么近）；但从根本上说，这四个大国的大战略都是各具特色、独立自主的。此外，巴西、印度和日本等地区强国，实施区域战略的同时，在特定的地理区域或主题上也有自己的全球战略。美国和中国几乎在世界上每个国家都有利益，但欧盟也一样（在某些领域，俄罗斯也如此）。美国和中国在世界不同地区的许多紧张局势和冲突中都有利害关系，但在大多数情况下，这些紧张局势和冲突并不是由两国之间的对抗引发的，并且两个国家也没有将其作为（牟利或对抗的）工具。例如，高加索地区、北非、非洲之角、中东地区和海湾国家的紧张和冲突都是区域竞争或内部斗争的结果。对于其中的很多问题，美国进行了干预，但中国迄今只发挥了很有限的作用，中美之间的对抗几乎不存在。因此，有关"G2"（类比"G7"，一个由 7 个主要工业化国家组成的组织）或"战略两分制"塑造世界的说法是不准确的，中国自己也驳斥了这一说法。[10]

★ ★ ★ ★

如果美国和中国之间的竞争升级为新的冷战，这种局面可能会发生改变。当然，前提是美国和中国两国经济脱钩，系统性地破坏彼此的战略。幸运的是，拜登的当选使得这种担忧成为现实的可能性变得很小。而且即使这种情况发生了，这场冷战与美苏之间的冷战也不一样，因为国际政治在实质上更有可能保持多极化，而不是变成两极。另外两个大国，欧盟和俄罗斯也并不支持形成两极对抗的局面，因为那样一来，它们将沦落成为中美的配角。欧洲各国之前有过类似的经历，所以欧盟极力避免重蹈覆辙："对于经过 30 年的过渡期，中美两极取代苏美两极成为世界运转的中心的理念，我们欧洲人不能接受。因为这将造成欧洲实际上的分裂。"欧盟高级代表何塞普·博雷利在 2019 年年底上任后不久这样说道。[11]欧盟及其成员国受到了来自美国和中国两方的压力，双方都要求它们与自己的战略保持一致，但大多数国家都不愿意做出选择。欧盟在经济上与中美两国均联系紧密，欧盟希望能在与两国保持经贸往来的基础上，维护自身经济主权。[12] 俄罗斯则渴望建立一个多极世界，并将自己视为共同主导世界的大国之一。[13] 在乌克兰危机和与美欧发生龃龉之后，俄罗斯确实与中国走得更近了，但对俄罗斯的战略机构来说，最终成为中国附属国的假设也是不可能的。

美国在亚洲的盟友，尽管对中国的领土主张和中国追求自身利益的方式感到不满，但依然选择保持中立，不愿意卷入中美竞争。这些国家虽然会借助深化与美国的安全关系来避免受到中国的影响，但它们也不希望与中国发生冲突，因为中国是其中许多国家最大的贸易伙伴。[14] 正如新加坡总理所说，"中国就在我们的家门口"。[15] 无论是美国还是中国，都不应指望盟友会迅速站到自己这边。因为对于其他国家来说，与所有大国保持开放的全球贸易和投资关系，事关自身重大利益，所以它们不会采取任何可能让"新冷战"更进一步的行动。因此，人们一定会得出和阎学通一样的结论——美国如果想要像对苏联那样，对中国采取遏制战略，是不可能成功的，因为中国已经深度融入了全球政治和经济关系之中。[16] 而强迫盟友和潜在伙伴做出选择将会让它们与你离心离德。[17]

任何国家都不愿意在中美竞争中站队。因此，中美之间可能发生的冷战也会不同于美苏冷战，因为它不会是两种意识形态的对抗。毫无疑问，美国和中国选择了各自的生活方式，政治制度也截然不同。然而，正如我们将在下一章讲到的那样，中国并没有输出其意识形态。[18]事实上，美国输出意识形态的愿望更加强烈。"美国例外论"中总是带有很强的意识形态色彩，即美国不仅是其他国家效仿的榜样，而且经常积极地输出自己的模式。但即便是美国的战略机构（如果不是在夸夸其谈的话）也可能已经意识到，美国对中国的意识形态几乎没有实际影响力。正如阎学通所言，中美竞争不是意识形态之争，而是利益之争，虽然可能会极其激烈，但并不会直接关系到政权的存亡。[19]从更普遍的意义上来说，与冷战时期相比，意识形态的动员力总体上已经大大减弱，"世界观作为大国冲突动力源和推动力的时代已经结束了"。[20]

总而言之，大多数国家更倾向于世界多极化，因为多极化能提供更大的灵活性。与必须在大国中选择站位，或者试图保持不结盟相比，挑动四个大国相互竞争，能让一个国家拥有更多选择。事实上，中国作为一个大国，其国内战略机构中的很多人也持有同样的观点。每当我问中国学者"是否认为如果没有欧盟，中国会过得更好？"他们总是会隐晦地表达相反的观点。这并不是因为他们很喜欢欧盟，而是因为他们更喜欢额外的选择，即有三个（算上俄罗斯，是四个）参与者，而不是只有中美两个同级别竞争对手的比赛。这对欧盟来说也不完全是好消息，因为这并不妨碍中国在符合自身利益的情况下，鼓励欧盟成员国之间的相互竞争。同时，欧盟也不希望中国只是将双方关系视为制衡美国的工具，那不是一种有益的关系。[21] 但这确实表明，在一个多极世界中，大国的命运在某种程度上是彼此相关的。

★ ★ ★ ★

多极化作为一种大国竞争格局并不是什么新鲜事，全球化（世界相互联系）也不是什么新鲜事。

伦敦的居民在床上喝着早茶，就可以通过电话订购全球产品，数量随意，并可以送货上门。与此同时，他们还可以通过电话对世界上任何地区的自然资源和新企业进行风险投资，毫不费力地分享潜在的成果和利益。

这段话是约翰·梅纳德·凯恩斯（John Maynard Keynes）在 1920 年写的。[22] 如果把文中的"电话"换成是"手机"，这简直就是在描述当今世界。当然，不同之处在于，相对两次世界大战之间拥有电话的国家和人口，现在能够使用手机的国家和人口大大增加了。从古至今，国际联系一直在影响着人们的生活——例如，在中国发现了罗马时期的硬币。但现在，更多人直接参与到这些联系中来是为了教育、工作和娱乐等，而不仅是为了购物和投资。尽管如此，仍有许多人被排除在全球化的利益之外，他们对那些非人力造成的结果心存怨恨是可以理解的，而且往往是合理的。

全球化不仅意味着相互联系，它也产生了更多的相互依赖，特别是在大国之间，并因此对它们的关系产生了影响。2020年，中国首次成为欧盟的第一大贸易伙伴，美国则降为欧盟的第二大贸易伙伴，而欧盟和美国之间拥有全球规模最大的贸易和投资关系。欧盟排在中国之前，是俄罗斯的第一大贸易伙伴，而俄罗斯在欧盟贸易伙伴中排名第五。这也与冷战时期存在巨大区别。当时，美国和苏联几乎是完全隔离的。"从经济上讲，苏联不需要被遏制，因为它拒绝拥抱世界经济，就是在遏制自己"，这是奥德·阿恩·韦斯塔（Odd Arne Westad）的见解。[23] 相比之下，今天的中国是世界经济不可分割的一部分。美国在某些武器关键部件上都要依赖中国供应商。[24] 这种情况催生了美国增强国防工业自主能力的动力，但也说明了大国之间经济相互交织的程度。显然，如果中美一方愿意，双方脱钩是可能的，但这只会给它们自己和全球经济带来巨大的甚至是毁灭性的伤害。各个经济部门复杂的全球供应链涉及很多国家，因此中美脱钩将立即对全球每个国家产生灾难性影响。

吉奥瓦尼·格雷维（Giovanni Grevi）为这种情况创造了"互联多极"这个词，即一个由高度相互依赖的大国组成的多极世界。[25] 在新冠疫情暴发后，所有大国都遭遇经济衰退时，一些国家无疑希望比其他国家更早走出衰退，从而获得一些优势。但总体来说，所有大国都能从其他国家的复苏中获得好处。考虑到大国彼此间进出口贸易的重要性，他国经济不能好转，本国经济也就很难重启。2020 年 10 月举行的中国共产党第十九届中央委员会第五次全体会议上提到"十四五规划"（2021—2025 年）的一个重点是构建"国内国际双循环"新发展格局，虽然其目的是扩大内需，但这也充分证明了中国仍然非常依赖出口。"互联多极"不仅存在于经济领域，在解决其他全球性挑战方面，比如解决新冠疫情、气候危机及其后果等问题，大国也要依靠彼此间的积极合作。

这些不同层面的相互依赖可能会抑制竞争和对抗，并促进大国之间的合作。但历史表明，"互联多极"并不能保证竞争不会演变为对抗或升级为战争。在 1914 年，诺曼·安吉尔（Norman Angell）的观点"战争是一种巨大的幻觉"遭到了广泛批评，结果证明这一观点才是一种幻觉。与他的乐观设想相反，经济上的相互依赖并没有阻止战争发生。事实上，正如安吉尔自己担心的那样，"利益、信念、偏见和激情的力量"占据了上风。[26] 不过，"一战"并非不可避免。当时大国之间的利益冲突，本可以像 1914 年之前一样和平解决，但太多大国的战略机构成员认为战争才是最好的解决办法，于是"一战"发生了。

★ ★ ★ ★

现在，所有大国都逐渐认识到，21 世纪的国际政治是多极化的。但几十年来，它们的战略思维一直受到"两极世界"的影响。虽然正式的"两极化"已经随着冷战的结束而结束，世界的很多方面在 20 年前就已经多极化了，但到了 21 世纪 20 年代，战略机构仍在适应这种变化。

在所有大国中，欧盟必须做出最大的调整。"二战"后，欧洲国家开始寻求建立自己的联盟，最初的目的是防止德国卷土重来，后来随着冷战的开始，目的又变成了反对苏联。一开始，美国对在欧洲大陆保持永久军事存在的承诺态度谨慎，所以大力支持欧洲开展防务合作。美国曾极力推动建立欧洲防务共同体，将比利时、法国、意大利、卢森堡、荷兰和联邦德国六个国家的武装力量整编为一支欧洲军，从而在不重建德军（在"二战"结束后不久，重建德国军队仍然是非常敏感的问题）的情况下让德国获得防卫力量。1954 年该计划失败后，美国将重点转向了 1949 年成立的北约。由此，美国最终通过北约获得了欧洲防务的主导权。欧洲一体化主要是通过欧洲经济共同体实现的。作为北约的盟友，西欧国家在美国的大战略中的角色是设定好的。欧洲人没有必要（美国也不鼓励）进行明确的战略思考，只要将北约的指导方针转化为自己的国防计划就足够了。加入华沙条约组织的中东欧国家，情况也大致如此。欧洲共同体也发展出了一种战略文化（如果可以称为战略文化的话），以科技为中心同其他国家缔结贸易和合作协定。在欧洲经济共同体（而不是作为其机构设置的一部分）之外，它的成员国在 1970 年健全了欧洲政治合作，在外交政策上相互协商，但作为一种纯粹的非正式机制，其影响力十分有限。

1993 年，欧盟最终将欧洲在对外贸易、外交政策和国防政策等领域的合作统一起来。自此，欧盟不得不几乎从零开始创建一体化的欧洲战略思维。正如在前一章中看到的，欧盟的战略文化还有很长的路要走。在某种程度上，是欧盟的成功阻碍了这一进程。由于欧洲实现了一体化，欧盟成员国之间虽然仍存在竞争，就像一个国家的各个省为补贴、合同、投资等而竞争，但它们很少会主动地互相攻击。欧盟成员国之间实际上已经不可能发生战争，因为向同处欧元区市场，由同一个政治当局管理的另一个成员国开战，就等于向自己开战。或许更重要的是，欧盟内部战争已经变得不可想象了。在欧盟内部，一个成员国能否说服其他国家接受一项提议，并不取决于它能投入多少辆坦克，所以军事力量起不到任何作用（比利时的情况也一样，因为比利时最后一辆坦克早就存放在皇家陆军博物馆，人们花很少的钱就可以在那儿看到它）。欧盟的内部政治已经不再是外交政策，而像是一种国内政治。欧盟成员国之间的关系，更类似于一个国家组成部分之间的关系，而不是主权国家之间的关系。

然而，这造成的结果是欧盟各国失去了外交实践的机会，已经忘记了如何对国家力量及其用途进行战略思考。然而在欧盟周边，国与国之间的敌对仍然很普遍，一些国家为追求自身利益，会毫不犹豫地动用军事力量。此外，由于欧盟内部政治更接近于一个国家形成的过程，而不是国际政治，它不太可能激励其他国家启动类似的影响深远的项目。欧盟模式的存在并没有像许多人曾希望的那样对其他国家产生影响。北非战争、中东战争、海湾战争和乌克兰危机，以及美国和中国之间日益紧张的关系，迫使欧盟开始迅速适应，因为欧盟别无选择。欧盟很高兴冷战已经结束，并一直在尽力阻止中美之间发生新的冷战。此时，它不可能指望美国表现得和冷战时期一样，来替自己解决欧洲的安全问题。但将一个复合体打造为一个坚定的战略参与者，必然需要很长时间。进入 21 世纪 20 年代，欧盟多个战略机构的重心仍然放在成员国首都，欧盟对世界多极化的适应还远未完成。

就连美国也不得不去适应世界多极化。有一段时间，在美国的战略机构看来，整个世界都是美国的势力范围。[27] 在第一次海湾战争和科索沃战争中，快速的作战节奏和精准打击，充分展示了美国军队远超所有对手的实力。[28] 这种关于单极世界和美国无敌的幻觉，产生了一种被约瑟夫·奈（Joseph Nye）称为"狂妄自大"的心理，导致美国过度扩张。2003 年，在阿富汗战争尚未结束的情况下，美军入侵了伊拉克。[29] 两个国家的政府很快就被击败了，但战争并没有取得胜利，最初的军事成功导致的政治和军事僵局一直持续到现在。事实证明，仅凭军事优势不足以实现美国的战略目标（在两场战争中，美国的战略目标从一开始就不明确）。与此同时，美国在伊拉克肆无忌惮地非法使用军事力量，引发了其他许多国家的不满，既包括竞争对手，也有合作伙伴。

2014 年，克里米亚事件向美国证明，俄罗斯不需要成为和美国具有同等地位的竞争对手，就能行使大量权力。但是，中国的迅速崛起让美国猛然醒悟，意识到了世界多极化的现实。中国不同于俄罗斯，它已经成为与美国旗鼓相当的竞争对手，在全球政治和经济影响力方面基本与美国持平。即使在军事领域，尽管迄今为止美国仍拥有最强大的军队，但其相对于其他大国的技术优势已明显下降。其他大国也获得了精准打击能力，建立了所谓的反介入 / 区域阻止（A2/AD）区域，例如在俄罗斯飞地加里宁格勒或中国南海，两国部署的先进的武器系统使美国进行军事渗透的代价变得十分高昂。[30] 反介入 / 区域阻止是对一种古老防御战略的新称呼：大国总是寻求建造防御工程来威慑敌人，同时使自己能够从城堡中发动进攻，从沃邦为路易十四建造的要塞，到两次大战之间沿着法德边界修建的马奇诺防线都是这样的防御工程。反介入 / 区域阻止的新颖之处在于，它推翻了美国的假设，即美国的技术优势大到竞争对手永远无法赶上的假设。历史表明，每一种新的攻击性武器都会产生相应的防御手段，这是一个致命的永无休止的循环。

在大战略层面上，中国的崛起迫使美国寻找新的出路。除非他们将竞争和对抗作为目标，否则美国必须正视哈尔·布兰兹和扎克·库珀（Zack Cooper）提出的问题："面对中国，美国到底想要实现什么目标？美国领导人对中国地缘政治影响力的遏制应该永远持续下去吗？要强迫中国在脱钩和妥协之间进行选择吗？要与中国进行重大谈判吗？"[31]美国共和党和民主党的战略机构在 21 世纪 20 年代初达成了共识，中国是美国优先考虑的国家，但相应战略目标和路径还远未成熟。

★★★★

中国的快速崛起可能让美国感觉自己受到了挑战，但在团结和自信的表面之下，中国的战略机构中也有许多人感觉到了挑战。在中华人民共和国成立之初，其大战略大多是含蓄的。"他们拥有一种直觉，一种他们想在哪里'收拍'以及如何'收拍'的感觉。"苏尔曼·汗（Sulmaan Wasif Khan）这样写道。但当中国成为世界三大经济体之一后，世界大国的地位不可避免地愈加凸显。随着中国获得了全球利益，也就开始被卷入全球问题。它在任何危机中保持中立，以维护自身经济利益的传统做法变得难以为继。

自 2008 年金融危机以来，中国的战略调整与其说是为了适应世界多极化，不如说是为了适应自己的大国地位。中国发现，国力增强不仅会带来对其他国家的吸引力，还会引来其他国家的贪念（尽管贪念可以很好地被利用）、恐惧和抵制。进入 21 世纪 20 年代，中国的实际战略不再完全与过去发展起来的防御性战略文化相一致。无论是战略文化为中国的现有战略"减速"，还是战略实践最终会改变战略文化，在适应大国地位的过程中，中国仍将面临抉择。

在所有大国中，也许只有俄罗斯在适应世界多极化方面没有遇到任何困难，因为它从来都是从竞争和对抗的角度来看待世界的。21 世纪的国际政治可以被看作是对俄罗斯自我画像的证明："永远是侵略的目标，永远被困在外国掠夺的循环中，和平只有下一场风暴来临前的平静"[32]。但是，正如之前看到的那样，俄罗斯在感到威胁的同时也充满自信。对此，德米特里·特列宁（Dmitri Trenin）是这样说的：

俄罗斯是孤立的，但它行动自由。其地理位置位于欧亚大陆的北部和中部，使它能够也不得不 360 度观察自己的周边地区——从挪威到朝鲜，从摩尔曼斯克到孟买。欧亚大陆的两大经济体，欧盟和中国都与它直接相邻，所以它也不必在两者之间做出选择。[33]

然而，面对中国日益强大的现实和自身与其他大国相比有限的经济实力，俄罗斯也不可能对未来毫不担忧。

★ ★ ★ ★

在当今的大国中，只有美国在地缘政治方面是安全的。东西是大西洋和太平洋，南北分别为墨西哥和加拿大，在能源上实现了自给后，其领土和与外界的沟通就不会受到任何直接威胁。相比之下，欧盟的东面是俄罗斯，很多欧盟成员国都担心它可能会威胁欧盟本土或欧盟的对外通道。在南方，从摩洛哥到伊朗构成了一道不稳定的弧线，它们的负面溢出效应对欧盟的对外通道和领土都形成了威胁。由于北约和欧盟的东扩，俄罗斯看到其西方传统缓冲区的作用正在减弱，并从中看到了美国的影子。就像欧盟一样，俄罗斯以南的地区也不稳定。更糟糕的是，尽管俄罗斯很少谈论这一问题，但中国在俄罗斯远东地区以及中亚和高加索地区的前苏联加盟共和国的存在感正在不断增强。中国认为其东部沿海和海上交通容易受到美国封锁，通往印度洋和欧洲的陆上通道则要经过不稳定的地区。

中国、俄罗斯和欧盟脆弱的地缘政治地位会让人们对威胁更加敏感，并引发竞争和对抗，尤其是与其他大国之间的竞争和对抗。美国可以将其安全的地缘政治地位作为参与此类对抗的基础。由于大战略本质上是竞争性的，夸大其他国家对自身利益构成的威胁，这种危险一直都存在。防止正常的竞争升级为对抗需要冷静的头脑，抛开情感和偏见，冷静地计算自己的利益需求——大战略是理性的。

第3章

理性：理性高于意识形态和情感

制定战略是一个理性的过程：对一个国家的国力、竞争对手和敌人的国力进行理性分析，然后确定可行的目标。当然，战略家也会犯错。他们对环境的评估可能是错误的，可能会误读其他参与者的战略，低估或高估了他们的资源，他们也可能无法投入所需的资源并执行自己的决定。或者，他们会败给另一个国家的战略家。如果一项战略的前提被证明是错误的，或者竞争对手、敌人更为成功，则必须通过同样的理性过程对其加以修正。但政府和人民并不总是能做出理性的决定。有时他们会做出疯狂的决定，或者是一群人控制和强迫所有人服从他们的决定，并协助他们做蠢事。[1] 历史上有很多这样的例子，国家的领导者将宗教、意识形态或情感凌驾于理性之上，不自量力，然后失败了。

信奉天主教的腓力二世（1556 至 1598 年担任西班牙国王）相信神的旨意。他的谋臣警告说，国家资源不足以支持同时对信奉新教的英格兰、荷兰反叛的新教省份和"异教徒"奥斯曼帝国发动战争。但他置若罔闻，一意孤行。这种不自量力的结果是戏剧性的。派去攻打英国的西班牙无敌舰队在英吉利海峡沉没了（1588 年）。尼德兰北部地区七省成为一个独立而强大的共和国（尼德兰七省联合共和国），并在之后进入了"黄金时代"。而奥斯曼帝国的征服之旅也仅仅是被短暂地延迟了而已。[2]

"二战"时，希特勒在攻占英国失败后，决定入侵苏联，这一决定的结果是灾难性的。发动"巴巴罗萨行动"（1941年6月22日）符合希特勒的意识形态决定的世界观，自1925年《我的奋斗》出版以来，摧毁布尔什维克主义一直是他公开宣称的目标。[3]但考虑到两线战争的现实和德国资源的限制，这个决定是非理性的。然而同年12月，在日本偷袭了珍珠港之后，希特勒甚至对美国宣战。纳粹德国在战争中获胜的可能性越小，他们就越无视力量不平衡的现实，并鼓吹"狂热的意志"才是胜利之路。之后数百万人战死，红色的旗帜插在了德国国会大厦上。

日本决定与美国开战，是一个更好的非理性战略案例。[4]日本实际上已经得出了对美战争不可能获胜的结论。但是，它说服自己无视证据，继续前进，徒劳地希望对美国舰队的突袭能一锤定音。结果，德国和日本不仅在军事上被打败了，国家也都遭受了近乎彻底的破坏。资源无法作假，有就是有，没有就是没有。引用戴高乐的话来说，"乐观主义适合那些有办法的人。"[5]

为追求意识形态目标而制定理性的战略并非是不可能的。但是，目标越超凡脱俗，在现实限制了目标的可实现性时，宣布目标的人就越不可能做出妥协。在美国总统林登·约翰逊执政期间，错误的决策导致越南战争从 1963 年到 1965 年不断升级，最终将近有 50 万美国士兵被投入战场。[6]美国并不缺乏资源，但美国的意识形态视角让它只是将越南共产党看作苏联的追随者。它没有意识到，越南共产党的目标是建立一个独立和统一的越南，这对美国几乎不构成任何威胁。因此，这场战争实际上与美国没有利害关系，而美国最终不得不放弃了这场目标错误的战争。[7]极端主义会如何产生非理性的结果，ISIS 试图在中东建立一个"伊斯兰国"是发生在 21 世纪的案例。[8]2014 年，该组织宣称其目标是推翻该地区现有国家，建立"哈里发国"，同时对欧洲发动恐怖袭击。然而，ISIS 成功促成了一个广泛而强大的反 ISIS 联盟。因为镇压和谋杀那些它认为不忠于 ISIS 伊斯兰教义的教徒，使它失去了公众的支持，其中也包括很多潜在的支持者。希特勒宁肯让德国给他陪葬，也不愿意投降。2019 年，ISIS 遭遇灭顶之灾，结束了它对伊拉克和叙利亚领土的占领。这对 ISIS 领导人来说，同样是胜利之外唯一可接受的选择。它的胆大妄为给该地区造成了一场浩劫，尽管很多国家进行了谴责，但击败 ISIS 确实是一项艰巨的任务。这证明了丘吉尔关于理性的另一句名言："疯狂是一种折磨，然而，在战争中它可能会带来出其不意的优势。"[9]

各个国家应该警示自己：如果一项战略一开始就不是基于理性的，并且无视国家的实际情况，那么如果这个战略没有失败，要么是这个国家自己非常幸运，要么是它的竞争对手非常无能。

★ ★ ★ ★

俄罗斯目前在前苏联加盟共和国建立势力范围的大战略是有其历史依据的，不仅因为这些国家曾经是沙俄帝国和前苏联的一部分，[10] 还因为没有明显的防御屏障，俄罗斯一直以来只要有机会就向西扩张，以创建一个足够大的缓冲区，来承受来自另一个欧洲大国的侵略。瑞典的查理十二世（1709 年），拿破仑（1812 年）和希特勒都是深入俄国领土之后才被击败的。正是因为这一战略纵深，没有哪支军队有足够的军力，能够在如此绵长的战线上成功发动一场战役，并在远离基地的地方维持下去。但是纳粹的入侵震惊了苏联。"二战"后，苏联在被红军解放的国家中以波罗的海三国建立了卫星国，就是为了防止自己再次面临这样的威胁。冷战结束之后，中欧和东欧国家选择加入北约，也包括波罗的海三国，俄罗斯失去了大部分缓冲地带。这一结果不符合俄罗斯战略思想的基本原则。

俄罗斯知道阻止欧盟和北约的扩大并不现实，但它确实在尝试通过分而治之的策略来削弱它们的凝聚力。俄罗斯一边向部分北约成员国政府施压，一边讨好其他成员国（特别是依赖俄罗斯能源供应的国家）。俄罗斯方面确实很想阻止欧盟和北约东扩，它积极劝阻东欧和高加索地区的其他前苏联加盟共和国与北约或欧盟建立密切关系或加入其中。如果有更多国家选择脱离俄罗斯认为的势力范围，其风险是难以想象的。2006 年到 2008 年，美国曾主张格鲁吉亚和乌克兰加入北约，遭到了其欧洲盟国的反对。俄罗斯在格鲁吉亚和乌克兰领土上的军事存在现在有效地阻止了它们加入北约或欧盟，因为两个组织都不会吸纳一个不能完全控制其领土的成员国。自 1992 年以来，俄罗斯在德涅斯特河沿岸一直有军队驻扎，保留了大约 1500 名士兵。最初，这些部队是在与摩尔多瓦的协议框架内作为维和人员部署的，但 1994 年结束军事行动的协议并未得到俄罗斯批准。亚美尼亚与阿塞拜疆在外交政策上的主要问题是关于纳戈尔诺－卡拉巴赫地区的领土争端，为此它们曾在 1991 年到 1994 年打了一仗。2020 年 9 月，两国围绕这块飞地爆发了第二次战争。同年 11 月，俄罗斯促成两国达成了停火协议，俄罗斯部署了军队来保障协议的实施。成为欧盟或北约成员国显然不会出现在这两个国家的议事日程上了。最后说一说白俄罗斯。自独立以来，白俄罗斯的国家战略始终与俄罗斯保持密切一致，一直是一个稳定的同行者。北约和欧盟都很清楚，任何邀请白俄罗斯加入的暗示都只会使其处境更加复杂。

　　俄罗斯并不担心北约或欧盟为了在军事上对抗俄罗斯而加强力量和招募新成员。北约自称是一个防御联盟，对俄罗斯没有任何企图，欧盟也没有，因为这不符合欧洲人的战略文化。俄罗斯感受到的威胁更多来自意识形态方面，前卫星国家和格鲁吉亚、摩尔多瓦、乌克兰等前苏联加盟共和国的民主转型可能会激励俄罗斯本国公民去逼迫俄罗斯进行民主化改革。从文化角度讲，俄罗斯实际上是一个欧洲国家。在莫斯科的画廊、剧院和音乐厅里，来自欧洲都市的游客会立刻产生宾至如归的感觉。而也许正是因为这种亲缘关系，俄罗斯政权才特别害怕来自欧洲的影响。

　　与冷战时期的共产主义意识形态对全世界都具有吸引力不同，俄罗斯的当代叙事可能影响西方国家的人们对它的看法，但不太可能说服他们放弃民主，转而采用俄罗斯模式。

相反，根据劳伦斯·弗里德曼的评估，俄罗斯在欧洲进行虚假宣传的结果是"俄罗斯官员说什么都没人相信了，即使他们说的是实话"。[11] 以乌克兰为例，俄罗斯为阻止其进一步民主化及与欧盟建立更密切的关系，甚至对其发动了军事行动。但是，这是一次失败的行动：虽然乌克兰因此一段时期内不可能成为北约或欧盟成员国，但同样让该国大部分民众对俄罗斯充满了敌意。

从欧盟或美国的角度来看，在它们没有任何敌对意图的情况下，俄罗斯采取对抗姿态的代价似乎有些高昂。但对于俄罗斯方面来说，与欧盟和美国的紧张关系、经济制裁，以及用于军事干预的（相对有限的）资源，都无法衡量这一战略在其国内带来的好处。在很大程度上，普京通过将自己塑造为能够让俄罗斯的西方"对手"惊慌失措的强势领导者，巩固了国内的政治稳定。[12] 在发展经济方面，俄罗斯政府无法向其公民承诺太多，于是将注意力放在了"俄罗斯"价值观、民族主义和对抗性外交政策（尤其是对欧盟）上。

普京将美国和欧洲描述为俄罗斯的敌人，采取了强硬的外交政策，以此来巩固自己在国内的权力。他采取了一些聪明的战术行动，但战略目的却并不十分明确。出于国内煽动竞争的需要，将战术上的灵活性转变为教条的对抗——而教条是不受理性影响的。俄罗斯似乎会抓住一切机会挫败美国或欧洲的计划，即使从长期成本效益来看似乎对它本身并没有好处。直接消耗的资源可能很有限，但由于教条的对抗减少了可用的战略选择，造成了很高的机会成本。成为所有其他国家都敬而远之的政权的唯一伙伴，这样的结果很难为俄罗斯发挥全球影响力提供坚实基础。

★ ★ ★ ★

美国无疑认为自己是一个理性和务实的参与者，但现实是，美国自 21 世纪以来的所作所为表现出它是大国中最以意识形态为先的国家。美国曾两次因意识形态而非理性原因宣布一个国家为敌人。2003 年，美国入侵伊拉克，主要是因为乔治·W. 布什总统周围的战略人士想要推翻萨达姆·侯赛因总统。在 1991 年的第一次海湾战争中，老布什总统击败了萨达姆，但仍然保留了他在伊拉克的统治权。这些所谓的"新保守主义者"把"美国例外论"推向了极端，把推翻萨达姆统治看作把民主带到中东的第一步。在老布什总统任期内，他们中的很多人就已经身处高位。但他们选择性地忘记了美国在 1991 年有意识地决定让萨达姆继续统治伊拉克，是为了防止出现权力真空，破坏地区平衡。2003 年萨达姆政权被推翻后，造成了巨大的破坏，以至于到了 21 世纪 20 年代，中东地区和海湾国家仍未从中恢复过来。2001 年，美国入侵阿富汗，之后又将注意力从阿富汗转移到伊拉克。此外，美国故意欺骗国际社会，谎称伊拉克拥有大规模杀伤性武器，以此为借口入侵伊拉克。而其情报机构却知道事实并非如此，这降低了大国之间的信任度，也让很多盟友和伙伴疏远了美国。

按照意识形态进行决策的另一个例子，是 2018 年美国退出了《联合全面行动计划》（JCPOA，即伊核协议）。该计划是 2015 年由美国、欧盟、俄罗斯、中国、法国、德国和英国与伊朗共同制定的，目的是限制伊朗发展核能力。特朗普政府谎称伊朗方面违背了协议，欧盟否定了美国的说法，认为破坏伊核协议会破坏海湾地区的稳定、影响欧洲的安全。美国退出该计划的真正原因是它对伊朗在该地区（包括在叙利亚和伊拉克）的影响力日益增强感到失望，希望支持其盟友沙特阿拉伯与伊朗争夺地区主导地位。但伊朗的地区影响力上升本身就是美国入侵伊拉克产生的结果。不过，这一切背后是美国战略机构中被意识形态驱动的鹰派人物，他们渴望推翻现在的伊朗政权。因此，美国对欧盟支持伊核协议意见置若罔闻，因为美国一旦认定了伊朗是敌人，理由是否合理就已经不再重要了。美国再次让自己的许多盟友和伙伴感到了不安，它们担心美国会再次发动一场事与愿违的战争。

这些可能只是个例，但事实是，在21世纪的头20年里，美国罔顾真实情况，两次基于意识形态在战争与和平之间做出了战争选择，极大地破坏了它表面上代表的基于规则的国际秩序。最终，美国的盟友和伙伴不可避免地对美国"永不犯错"失去了信心。

然而，同样是这些美国的盟友，被美国裹挟，同意了北约的进一步扩张，这其中也包含了意识形态的成分。现在有些人提出了异议，认为冷战结束后邀请从前敌对的《华沙条约》成员国进入北约的决定并不明智，并认为北约的快速扩张是导致俄罗斯产生敌意的原因。不过，我们不应忘记，中欧和东欧国家是需求方，它们正在设法保全它们刚刚恢复的独立。即使事后看来，当初北约的扩张保障了欧洲从冷战到新时代的和平过渡，也为之后的欧盟扩大铺平了道路。然而，随着时间的推移，这种战略已经变成了一种永久的"门户开放"政策，在接纳新盟友时根本没有对成本和收益进行彻底讨论——变成了为了扩大而扩大。[13]正如上文提到过的，美国推动格鲁吉亚和乌克兰加入北约，却没有深入思考俄罗斯会如何看待这一地缘政治挑战。当然，俄罗斯对北约扩张没有否决权，但如果北约采取可能导致严重争端的措施，那在行动之前就要充分意识到行动的结果和风险，而不应该是懵然无知的状态。北约吸纳了阿尔巴尼亚、克罗地亚（2009年）、黑山（2017年）和北马其顿（2020年），所以它现在有30个成员国①。这种持续扩大背后的总体思路似乎不是新盟国能对北约作出什么贡献，也不是哪些安全挑战需要它们加入，而只是一种在欧洲地图上涂色的愿望。

欧盟扩大在某种程度上变成了一种类似由意识形态决定的行为，而不是一项战略计划。在没有制度调整的情况下，欧盟成员国从1995年的15个增加到2013年的28个。虽然2009年，《里斯本条约》生效，欧盟进行了制度调整，但该版本并没有取消在外交和国防政策上需要得到成员国一致同意的规定。2004年以中欧和东欧国家为主的北约首次扩大是一个重大战略选择，通过将这些国家纳入政治和经济联盟，巩固了北约的安全保障能力。但当时和后来都有这样的观点，认为某些国家在政治和经济发展方面还没有做好加入欧盟的准备。就像在北约一样，扩大本身成了一个目标，结果它对联盟的运作和公众支持产生了反作用。在世界其他强国国土

---

① 2023年，芬兰已正式加入北约，现北约共有31个成员国。——编者注

面积都很广阔的情况下，欧盟的扩大使得它拥有了足够的规模来维持自己的地位。但如果想发挥规模效应，欧盟还需要设法将新加入的成员国的发展提升至最发达成员国的同等水平，并保持内部团结。

具有讽刺意味的是，欧盟成立之初的动能，似乎被扩张耗尽了。2020年的前几年，为保证欧盟对欧洲东南部诸国的影响力，许诺"成为欧盟成员国"再次具有了战略重要性，因为在这一地区，中国和俄罗斯已经获得了坚实的立足点。但是欧盟很难在地缘政治的必要性、只接纳有能力有效执行欧盟复杂的法律和经济秩序的新成员及内部公众舆论的压力三者间找到平衡。另外，如果将来挪威或瑞士申请加入欧盟，它们无疑很快就能够成功。但是欧盟扩大的脚步可能会在那之后停滞很长一段时间。尽管土耳其早在1999年就获得了候选资格，但看起来永远不会成为正式会员。向东扩张必然会增加与俄罗斯的对抗。而且无论如何，欧盟东面的邻国将需要很长时间才能达到进入欧盟要求的发展水平。现实是，即使它们与欧盟发展密切关系，这些国家也仍将是欧盟和俄罗斯之间的缓冲区。

战略应该是理性的，但战略是由人制定的。人既是感性的，又是理性的，因此情感永远不能完全被排除在战略领域之外。感情也不应该被完全排除在外，因为人民对国家和国家追求的战略目标的情感依恋是力量的来源。乔治·奥威尔将爱国主义定义为"对一个特定的地方和一种特定的生活方式的热爱，一个人相信它们是世界上最好的，但并不会将这种相信强加于他人"，它将激励人们全力以赴。此外，爱国主义"本质上是防御性的，无论是在军事上还是在文化上"，但爱国志士会冒着生命危险为国家而战。与此相反，奥威尔说，民族主义是"将自己与一个国家或其他单元联系在一起的习惯，并将这种习惯置于善恶之上，认为自己只需对本单元的利益负责"。奥威尔还认为，"民族主义与对力量的渴望是分不开的。每个民族主义者始终不渝的目标都是为了获得更多的权力和声望，不是为了自己，而是为了他的民族或他选择在其中沉没自己个性的单元。"[14] 因此，一方面必须对目标有一定程度的情感信仰，这是动力、勇气和力量的源泉。英国陆军元帅威廉·斯利姆（William Slim）根据自己在"二战"中的经历，为士气的精神维度定义了四个基础：①必须有一个伟大而高贵的目标；②其成就必须是至关重要的；③取得成就的方式必须是积极的和具有侵略性的；④人们必须感到他是什么人和他所做的事对目标的实现有直接的关系。[15] 除了侵略性的一面，这一定义适用于任何大战略的目标。但另一方面，应始终用理性调和情感维度，以防止国家因情感因素追求不切实际甚至自我毁灭的目标。一个国家选择的方法和资源，应始终是对环境和包括自身在内的全体参与者的能力进行理性分析后的结果。

修昔底德（Thucydides）是研究伯罗奔尼撒战争的历史学家，他本人也参与了这场战争。在他著名的三部曲中，修昔底德阐述了情感的重要性：国家发动战争不仅是为了维护自己的利益，也可能是为了荣誉或出于恐惧。[16] 在当今大国看待自己在世界中的位置，尤其是在涉及它们的荣誉或地位时，这种情感成分显而易见。

对俄罗斯来说，重新获得大国地位本身就是一个目标。普京称苏联解体是 20 世纪最大的地缘政治灾难。这一言论表现出来的是俄罗斯强烈的失落感，以及对再次被世界当作大国对待的渴望。蒂莫西·斯奈德（Timothy Snyder）写道："俄罗斯外交政策的基本路线……并不是欧盟和美国是威胁之类，而是它们应该与俄罗斯平等合作。"[17] 我曾听一位俄罗斯外交部副部长说过，俄罗斯想要的是重返雅尔塔体系。这一体系指的是在 1945 年 2 月举行的雅尔塔会议上，斯大林、罗斯福和丘吉尔共同决定了战后的欧洲命运一事。俄罗斯一直在强调其对打败纳粹德国有着不可或缺的贡献。格雷戈里·卡尔顿（Gregory Carleton）认为，从俄罗斯不断提到"二战"的声音中：

> 人们听到了这个国家从苏联废墟中崛起的回声，听到了它作为全球范围内重要力量的回归，听到了它成功地对抗西方的声音，以夺取了克里米亚为高潮，震惊了它的邻国，并一直波及美国。[18]

但无论俄罗斯对"二战"的贡献有多么巨大，但现在毕竟已经不是 1945 年了。虽然俄罗斯保留了许多权力的标志，比如联合国安理会常任理事国的席位，但在经济上却落后了。可以说，20 世纪 90 年代，美国和欧盟在重塑欧洲秩序时，确实没有充分考虑到俄罗斯，然而这也是俄罗斯内部混乱造成的结果。但是，什么才能满足俄罗斯今天对于国家地位的要求呢？大国地位是一个模糊的概念。只有在其他大国的利益和目标能够得到调和的情况下，才有可能更实质性地参与到它们的议事程序中去。然而，根据纳德扎达·阿巴托娃的说法，俄罗斯的策略：

> 是一种保守的意识形态的产物，是一种优越感和自卑感交织的情结和存在于幻想中的帝国的痛苦。它认为军事政治帝国是俄罗斯唯一的国家形态。认为俄罗斯与其他大国的平

等地位，以及俄罗斯、中国和美国之间的力量平衡，比多边合作更重要。[19]

只要俄罗斯仍然坚持建立一个排他势力范围的目标，并继续使用敌对的言辞表达其外交政策，就不可能与欧盟和美国制订一个共同的计划，因为欧盟和美国不会支持任何破坏其他欧洲国家主权的行为。俄罗斯的目标是被平等对待（如果这意味着受到尊重的话），顺便说一句，值得注意的是，俄罗斯总是公开指责美国和欧盟缺乏所谓的尊重。

美国从来没有公开表示过对自己国家地位的担忧，但其战略姿态中也存在一个重要的情感维度。[20] 对此，格雷厄姆·艾利森说得很清楚：

对于在一个美国第一的世界中长大的美国人（自 1870 年以来的每一个美国人）来说，中国可能取代美国成为全球最大经济体的想法是不可想象的。许多美国人觉得美国的经济主导地位是一项不可剥夺的权利，甚至认为它已经成为美国国家身份的一部分。[21]

有人可能会补充说，不仅仅是经济主导地位。正如在前一章中提到的，美国战略机构坚持着单极世界的幻想，不再是无可争议的世界第一对美国人的冲击更大。这种对失去地位的恐惧和对中国崛起的愤怒往往转化为一种权力意识和道义上的愤慨——仿佛美国的全球领导力是自然法则，仿佛另一个大国任何可能削弱美国领导力的行动在道义上都应受到谴责。如果这种认识妨碍了美国对战略目标的清晰思考，就会产生问题。美国可能不欢迎中国重新成为世界大国，但它必须接受这一事实。它也将不得不面对这一事实，因为扼杀中国的崛起是一个不现实的目标。用克里斯托弗·R. 希尔（Christopher R. Hill）的话来说，"对中国的恐惧和厌恶无法替代应对中国所需的自信和团结……恼怒也不能替代策略"。[22] 美国必须要自我警醒，不要变得像俄罗斯反对西方那样，教条地反华。

与此相反，欧盟则缺乏情感依恋。作为一个以当前形式存在了不到 30 年的复合角色，欧盟本身不会产生任何爱国主义。欧洲战略机构依恋的是每个成员国的首都，而不是欧盟，公众的心理更是如此。在不区分爱国主义和民族主义的情况下，欧盟实际上是将这个联盟做成了一个民族项目。为反对民族主义，这种叙事方式是有意义的，因为在历史上，民族主义是一种毁灭性的力量，造成了两次世界大战在欧洲爆发。但欧盟也通过贬低爱国主义，在民族爱国主义和对欧洲计划的信仰之间制造了不必要的对立。事实上，在欧盟成员国对国家主权的依恋情感中，怀旧大于理性（对许多人来说，这是对想象中的过去的怀旧）。很多欧盟成员国国家战略机构中的成员认为自己仍然是主要演员，但实际上他们甚至连临时演员都不是了，因为他们根本就没有出现在主舞台上。然而，与其将爱国主义作为一种需要扬弃的情绪，欧盟不如在鼓励它的同时，指出其中的不足。因为在全球层面的大国竞争中，欧洲民族建立的国家已经没有了维护自身利益的手段。因此，欧洲的爱国主义中应该加上民族爱国主义。可是，建立这样一种对欧洲的情感依恋是一项长期任务。

缺乏爱国主义也是有好处的，欧盟不太容易因为他国对其地位缺乏尊重而反应过度。2018 年，美国总统特朗普向朝鲜领导人金正恩吹嘘自己的核武库，说"我们有一个更大的核按钮"。很难想象欧洲理事会或欧盟委员会的主席会说出这样的话。这让欧盟有机会将自己定位为一个不关心自身地位的大国，也让它能更容易地在心甘情愿的情况下，在其他大国之间扮演调停的角色。但这也是一个弱点。因为没有所谓的欧洲爱国主义，欧盟国家的领导人在照顾本国短期利益时心理负担会更小，并且会因此得到国内选民的回报，但他们这样做损害的是欧洲的共同事业（和他们本国的长期利益）。

每个大国都在向其公民和世界宣扬自己的"梦想"和生

活方式。其中最令人熟知的是"追求自己幸福的自由和机会"的"美国梦"。在美国的战略文化中有一个很强大的传统，即将"美国梦"看作每个人的梦想，并想要将其输出到全世界。然而，许多美国人发现自己的机会现在大大减少了。对他们来说，"美国梦"已经开始与"俄罗斯梦"（尽管俄罗斯自己不使用这个词）有些相似，人们为国家的力量及其在世界上的地位感到自豪，尽管国家的伟大并没有转化为个人的幸福和发展。中国领导人在 2012 年提出"中国梦"的理念。"欧洲计划"或"联邦主义"（通常被这样称呼）是一个和平计划：在持续了几个世纪的自相残杀后，这是欧洲一体化的强大驱动力。但到了今天，当法国和德国之间的战争就像得克萨斯州和俄亥俄州之间的战争一样不可想象时，这个"主义"的动力作用已经消耗殆尽，欧盟不得不去寻找一个"欧洲梦"。新冠病毒造成的危机再一次强调了社会保障和社会福利的重要性，这或许能成为新一轮动员的核心。托尼·朱特（Tony Judt）的说法很恰当，毕竟是"欧洲的社会模式"让欧盟成员国脱颖而出。[23]

重要的是不要贬低其他国家的"梦想"。如何组织自己的生活方式是一种意识形态的选择，是由其国内政治的结果决定的。这种意识形态不应被带入国际政治，也不应转化为说服或强迫其他国家放弃其生活方式的愿望，不管这些生活方式在某些方面多么令人反感。例如，"中国梦"可能对一个美国人没有什么吸引力，但它得到了中国人民的广泛认可，外界对它的攻击只能起到反作用。一个人喜欢什么样的国家关系规则是由他的意识形态决定的，但意识形态在国际政治中的作用应该止步于此，绝不应扩大到以自己的意识形态去改变其他国家国内政治的地步。

★ ★ ★ ★

哈罗德·尼科尔森写道，英国前首相亚瑟·贝尔福（Arthur Balfour）曾教导他，"在政治中，情感主义总是错误的：情感主义和犬儒主义之间存在某种难以获得的东西，但凭借智慧，也可以部分暂时地实现。"[24] 也许这个"东西"可以是带有一丝讽刺意味的理性，一种能够看到事物相关性的能力，这种能力能让一个人在不损害自己重要利益的情况下做出妥协。这种思维方式使得大国能够分门别类地看待它们的关系：在一个问题上存在分歧，而在另一个问题上进行合作，因此，不是一有分歧就会导致完全决裂。这是预防冲突的一个重要机制，但只有在理性战胜了意识形态和情感的情况下，它才能发挥作用。因为意识形态和情感倾向于以绝对的方式处理问题，而理性会寻找在当前环境和资源条件下切

实可行的办法。因此，当利益一致时，应该用理性引导大国
之间，以及与其他国家之间相互合作。即使是一个大国，靠
自己也无法实现大战略的所有目标。大国也需要盟友。

第4章

结盟：一个国家需要盟友，
但并不总是能自由选择

"只有一件事比与盟友作战更糟糕，那就是单打独斗"，丘吉尔在"二战"接近尾声时这样说道。[1]严格来讲，联盟的含义是指国家之间在战争中相互支持的承诺。欧洲人和美国人会立即想到北约——在某一成员国受到侵略时，其他成员国提供保护的一个即使不是永久的，也是长期的联盟。但联盟也可以为了特定的短期目标而缔结，甚至可以以发动战争为目标。然而，不仅在军事领域，大国在国际政治的各个方面都需要盟友和伙伴。它们寻找志同道合的伙伴，将对世界秩序的独特观点付诸实践。例如，通过在现有的国际组织中与它们一起投票、共同创建的新的多边机制，同步调整经济实践等。

如果一个国家是某个联盟的一员，遇事必须与盟友协商，共同做出决定，并在联盟的目标受到威胁时共同采取行动，这不可避免地要比单独行动花费更多的时间，并可能产生折中的决定。但盟友会带来额外的资源，也能为一国的行动增加合法性——一项战略从其他国家获得的支持越多，它就越能为国内外所接受。

正式的盟友并不一定总是有效的伙伴。盟友也可以同时是竞争对手，特别是在经济领域。在与联盟的主要目的没有直接关系的特定问题上，盟友间甚至可能是主动互相攻击的敌手。比如2018年，为迫使欧盟与美国一道宣布退出伊核协议，特朗普对与伊朗做生意的欧洲公司实施了惩罚性制裁措施。然而欧盟坚持了立场，支持伊核协议。并且在欧盟看来，该协议已经实现了阻止伊朗获得核武器的目标。另一个例子是美国的盟友巴基斯坦，它为美国正在打击的叛乱分子提供资金和武器。[2] 另外，"事实上的"盟友（不是联盟的正式成员，但与联盟成员面临着同样威胁，因此可能有兴趣合作的国家），却并不会这样做。例如，ISIS对位于该地区的国家构成了重大威胁，而没有威胁到欧洲或美国。没有一个欧洲国家能够被ISIS的恐怖主义行径推翻，美国也不会，但它可以推翻中东国家。当ISIS刚出现在叙利亚时，土耳其（北约成员国）和沙特阿拉伯等国都是支持它的，认为它是对抗阿萨德政权最有效的战斗力量。它们希望看到阿萨德政权被推翻。只是后来在美国的压力下，它们才撤回支持，加入全球联盟。

这说明了一个国家并不总是能自己选择自己的盟友。1918年到1920年，英国和美国联合其他外国势力，介入了十月革命后的俄罗斯内战。它们站在"白俄"一边，试图打倒"俄罗斯红军"（或者说是布尔什维克）。英国最终在 1924 年承认了苏联，美国也只拖到了 1933 年。在"二战"期间，因德国入侵苏联自动终止了《苏德互不侵犯条约》（苏联和德国自 1939 年以来一直在合作）之后，英国和美国发现它们与苏联结成了对抗纳粹德国的同盟。然而，"三巨头"之间几乎没有真正的信任，联盟在战争结束后迅速瓦解，取而代之的是强烈的相互猜疑，并由此导致了冷战的发生。冷战期间，西方与许多威权政权结成了同盟。甚至北约一开始也不完全由民主国家组成。在其 1949 年成立时，在安东尼奥·萨拉查独裁统治下的葡萄牙是创始成员国之一。吸收西班牙加入的原因，是英国和美国认为它们在战争期间开始使用的亚速尔群岛上的军事基地对联盟至关重要。如果只选择西方国家作为盟友或伙伴，美国和欧盟的选择就太少了。就像俾斯麦说的那样，"如果 64 个方格中有 16 个不能落子，国际象棋就没法下了"。[3] 美国和欧盟一直在与非西方国家合作，不过始终对此耿耿于怀。

将历史再往前推，很值得一提的是在俄罗斯革命之前，俄罗斯是欧洲的重要力量。从七年战争（1756—1763 年）到法国大革命和拿破仑战争，再到 1848 年欧洲革命，当然还有"一战",一系列的联盟都希望俄罗斯能够加入。在过去的几个世纪里,俄罗斯和其他欧洲大国是欧洲内部自相残杀的竞争对手。今天,单个欧洲国家不再是大国,只有成员国间的战争已经停息的欧盟本身才能算是一个"大国"。欧洲的国家政治已被欧盟政治取代。俄罗斯永远不能成为欧盟的一员,因为它太过辽阔,会使欧盟失去最重要的平衡。但它仍然是一个欧洲国家,这意味着尽管俄罗斯今天看起来是欧盟和美国的敌人,但如果它改变了它的大战略,在某一天也可能会成为欧美维护欧洲大陆和平与稳定的伙伴。

★ ★ ★ ★

现在,在前苏联加盟共和国中,白俄罗斯与俄罗斯最为亲近。1999年,白俄罗斯和俄罗斯甚至签署了《建立联盟国家条约》。这在理论上创造了一个超国家的国家,但在现实中该条约几乎没有得到实施。[4]白俄罗斯一直在玩一种微妙的游戏,时不时地与俄罗斯拉开一定距离,以使欧盟相信白俄罗斯并不总是与俄罗斯完全同声同气。俄罗斯十分清楚此举会受到白俄罗斯公众的反对,因此并没有急于进行干预。其他前苏联加盟共和国在努力与俄罗斯保持良好关系的同时,也在加深与西方的联系,并且与中国的联系也越来越多。回望历史,苏联通过《华沙条约》与东欧社会主义国家结成了联盟；再看当下俄罗斯重建势力范围的大战略：各个前苏联加盟共和国对俄罗斯的恐惧似乎大于信任，这减少了它对周边潜在盟友的吸引力。俄罗斯的实际大战略再一次与它对大国地位的追求产生了矛盾。毕竟除了其他条件，团结在自己周围的盟友和伙伴的数量也是衡量大国地位的一个重要指标。而在世界其他地区，俄罗斯与叙利亚的军事联盟，以及与委内瑞拉和中非共和国等国的关系，都与当权者密切相关。就像 2014 年之前，俄罗斯与乌克兰的关系以亚努科维奇总统为中心一样。这样一来，国家政权的更迭可能会导致伙伴关系的结束。由于这些国家的国内政治非常不稳定，它们几乎不可能为稳定的联盟关系提供坚实的基础。

历史上，中国不缔结同盟，而是依靠朝贡体系，即邻国每年向中国进贡，以示对中国的臣服。这往往纯粹是象征性的，因为事实上，大多数国家都是独立的。在某些情况下，皇帝回赐的礼物和特权远超贡品价值，这意味着中国有时会从某些邻国购买和平关系。冷战期间，中国选择了不结盟、不干涉的战略，这一直是中国的正式立场。中国加强了与世界各国的军事联系，例如，在军事院校之间交换教官。不过中国从未向其他国家提供过安全保护，即使是在其周边地区也从没有过。[5] 相反，它依靠其经济实力来打造影响力。中国的不结盟政策，确实对其国际关系的深度造成了一定限制。寻求外部军事援助的国家会把目光投向别处，显而易见会投向俄罗斯或美国。

尽管许多国家加深了与中国的经济联系，但中国不与这些国家在政治上结盟。柬埔寨和老挝等国经常被视为中国的代言人，在东南亚联盟等国际组织中与中国的利益保持一致。不管怎样，亚洲和其他大陆的大多数国家都试图同时与不同的大国保持良好关系，以换取经济上的好处。事实上，正如在第 2 章中看到的，中国没有严格意义上的盟友，并不意味着如果中国与美国的对抗升级为一场新的冷战，所有国家都会站在美国一边。如果必须选择，考虑到自己的地理位置和经济依赖性，一些国家可能会选择中国。然而，对大多数国家来说，最好的选择是保持中立。在日益激烈的中美竞争中，大多数国家的政府都极力避免选边站队。

★ ★ ★ ★

21 世纪的国际政治进程中有一个关键问题，那就是："中俄是否是盟友？"从严格意义上来讲，它们不是。自 2018 年以来，中国和俄罗斯加强了军事联系，中国（以及蒙古）是除前苏联加盟共和国外最先加入俄罗斯四年一度的"东方"军事演习的国家。[6] 但中国和俄罗斯至今尚未达成共同防御协议，这件事将来也不太可能发生。

对俄罗斯使用武力在前苏联加盟共和国建立势力范围的大战略，中国持谨慎态度，因为中国坚持不干涉他国内政的原则。例如，2014 年乌克兰危机爆发，阻碍了中国在该国经济存在的发展。不过，这只是暂时的，中国现在已经成为乌克兰最重要的贸易和投资伙伴之一。此外，乌克兰在 2017 年加入了"一带一路"倡议，地缘政治地位更加重要。中国没有公开谴责，但也没有表达对俄罗斯的支持。[7] 中国当时可能是看到了一些积极的副作用，因为忙于俄罗斯和乌克兰事务，欧盟（在较小程度上也包括美国）会暂时减少对中国的关注。总的来说，中国不愿意看到俄罗斯为了国家地位和影响力，进一步在欧亚大陆发动军事行动，因为这将会对中国通过"一带一路"倡议实施的大战略的稳定性产生影响。

如果中国一个位于前苏联地区的伙伴国出现了自己无法应对的安全问题，鉴于中国不干涉他国内政的原则，那么它可能会向俄罗斯求援。俄罗斯仍是该地区的主要安全保障国。[8] 2020 年，俄罗斯对亚美尼亚和阿塞拜疆之间战争的干预就是一个很好的例子。"俄罗斯当警察，中国当企业家"，俄罗斯对这种分工是否满意则是另一个问题。也许在"失去"乌克兰之后，俄罗斯宁愿在乌克兰有经济存在的是中国而不是西方国家，[9]但俄罗斯不会将这种模式作为整个欧亚大陆的模板（得益于"一带一路"倡议，中国的经济和政治影响力一直在快速增长）。然而事实上，在俄罗斯干预另一个国家（叙利亚）时，事情基本上也是这样发展的。中国虽然保持着非常低调的姿态，但可以预期巨大的经济收益，因为如果阿萨德总统继续掌权，西方企业将被排除在叙利亚的战后重建之外。[10]这种动态的合作确实有别于传统的联盟关系，因为传统联盟将会限制中国的回旋余地，并使中国无法置身于争端之外。

乌克兰危机爆发后，俄罗斯与中国更加亲近，这在一定程度上弥补了在美国和欧盟身上损失的政治和经济机会，也向美欧传递了一种信号——俄罗斯并不像它们认为的那样需要它们、美欧强加的制裁将不会产生很大效果。在2014年年底，中俄一项被搁置多年的天然气协议谈判迅速达成，因为俄罗斯同意了大幅降价。在中国看来，如果中美关系紧张，就意味着中国无法从美国进口能源，俄罗斯作为供应商的重要性将会增加，而且中国担心通往中东的海上交通线路的安全。因此，俄罗斯和中国都有维持能源关系的强烈动机。

然而，俄罗斯战略机构中有些人认为，与中国建立更密切的关系，无法弥补与欧盟间关系的损失。另一些人认为，

与中国和欧亚大陆其他国家建立伙伴关系，能够使俄罗斯在
与欧洲就关系正常化进行协商时，获得更加有利的谈判地位。
安德烈·科尔图诺夫（Andrey Kortunov）说：

> 矛盾的是，俄罗斯回到欧洲唯一现实的道路是通过亚洲。
> 换句话说，如果俄罗斯不能在可接受的条件下独自重返欧洲，
> 那么它可能只能通过与中国、印度和其他亚洲伙伴共同创建
> 一个更大的"欧亚联盟"，从而获得与欧盟进行终极对话所需
> 的更广阔的谈判立场和更大的可能性。[11]

但是，像谢尔盖·卡拉加诺夫（Sergey Karaganov）提出
的那样，把俄罗斯和"所有非西方的欧亚大陆国家"团结成
为一个"非西方的一极"，[12] 很大程度上可以说是痴心妄想。
通过共同行动，中国和俄罗斯肯定能更好地阻止那些它们认
为会损害自身利益的美国及欧盟的具体倡议，但中国政府绝
对没有兴趣让自己与欧盟间的重要经济关系依赖于与俄罗斯
达成的一揽子协议，从而使其复杂化。俄罗斯重返欧洲还是
需要靠自己。

事实上，有其他俄罗斯学者警告说，俄罗斯的外交政策
已经变得不平衡——过于依赖中国，以至于损害了与欧洲的
关系。德米特里·特列宁说："俄罗斯需要更加小心。对俄罗
斯来说，只有在不会导致对中国单方面依赖的情况下，与中

国进一步发展合作才有意义。成为'中国主导的世界秩序'中的一部分或中国的势力范围，是绝对不能接受的。"[13] 中俄关系专家罗鲍波（Bobo Lo）补充说："俄罗斯不希望美国主导世界，同样不希望中国主导亚洲。"[14] 与中国过于亲密，也会危及俄罗斯与其他亚洲国家的关系。这些国家在经济上对中国很重要，但关系上又有颇多龃龉，如日本、韩国、东盟诸国等。[15] 这也是一个"亚欧国家集团"不太可能出现的原因。因此，许多著名的俄罗斯学者呼吁在与中国保持伙伴关系的同时，恢复与欧盟的良好关系，对俄罗斯外交政策进行"再平衡"。俄罗斯为寻求大国地位而采取的做法，使得在欧盟与中国之间不可能实现再平衡。

就像欧盟在很多方面无法摆脱美国的阴影一样，在中俄关系中，俄罗斯确实存在成为弱势一方的风险。这让俄罗斯战略人员难以释怀，因为他们是在以苏联领导为前提的战略文化中成长起来的，然而中国在经济和政治实力方面已经远远超过了俄罗斯。尽管如此，俄罗斯仍然经常表现得很强势，好像现在仍是中华人民共和国成立初期那样，这让中国心生不满——第3章中提到的国际政治从来无法剔除感情因素，这又是一个例子。我们必须记住这样一个历史背景：在冷战期间，不同的意识形态和战略观点导致了中苏分裂，最终导致了 1969 年的边界武装冲突。这两个共产主义大国避免了全面战争，但美国总统理查德·尼克松和他的国家安全顾问亨利·基辛格通过战略上的神来之笔，利用这一裂痕建立起和中国之间的关系。

这些战略关切和挥之不去的情感因素解释了中俄关系的原则，为什么是"彼此不对立，也不总是在一起"（特列宁）。[16]一个真正的联盟，在外交与国防政策的协调性和统一性方面更加系统，对行动自由的限制程度远远超过俄罗斯和中国能够接受的范围。与此同时，它们不太可能松开彼此"谨慎的拥抱"（罗鲍波），[17]因为双方都感到面对一个仍然主要由美国主导的世界秩序，它们需要彼此合作。

另外两个大国是一个联盟，但是联盟关系是间接的。美国与欧盟本身不是同盟，但通过北约与 27 个欧洲国家、土耳其（其 3% 的领土、10% 的人口在欧洲，其余在亚洲）及加拿大结盟。除了塞浦路斯，所有的欧盟成员国要么是北约的正式成员，要么是其制度性伙伴。当然，尽管美国一直坚称北约是就战略问题进行磋商的主要平台，欧盟和美国之间也有密切的双边关系，但 21 世纪以来这一跨大西洋的关系已经两次受到严重冲击，一场转变可能即将发生。

第一次冲击发生在 2003 年，美国入侵伊拉克的时候。这让它的欧洲盟友面临一个艰难的选择，该如何最好地维护自身利益——是支持美国，即使它们认为对伊拉克的战争是非法和不必要的，还是冒着激怒美国的风险，指责美国入侵他国？欧洲各国间产生了严重分歧，北约各国也一样。因为它们是按照意见一致的原则行事，所以它们无法在此次行动中发挥作用。在欧盟，美国充分利用其所谓的"旧欧洲"和"新欧洲"（老牌的西方成员国与2004年加入的东欧国家）之间的差异，积极扩大欧盟成员国之间的分歧。欧盟从中得出一个重要结论，如果欧盟内部存在分歧，根本不可能影响美国的决策。20世纪90年代，在美国最初拒绝干预南斯拉夫内战时，欧盟就已经认识到，不能指望美国来解决欧洲所有的安全问题。确实如此，欧盟本应有能力处理自己后院的这场危机。2003年，欧盟开始认识到，即使美国采取行动，也不一定是正确的——入侵伊拉克造成了中东地区多年的动荡，并严重损害了欧盟的安全利益。这正是2003年年底，欧盟实施《欧洲安全战略》背后的驱动力，目的是就欧盟的战略角色重新达成共识。

跨大西洋的欧美联盟第二次受到冲击，原因不是美国的某一个决定，而是因为2017—2020年特朗普政府在国际政治上采取的全新道路。特朗普就任美国总统后，觉得美国不仅被对手利用，而且被盟友利用，尤其是被欧盟利用。虽然特朗普收回或微妙地处理了他的许多言论，但特朗普政府的潜在态度仍然是"对欧盟的真实意图和北约的附加价值持怀疑态度，拒绝将多边组织作为处理国际关系的工具，坚持以竞争为国家安全战略的主要原则"。这是欧盟首次遇到一位反对欧洲一体化理念、公开支持违反欧盟法律的欧盟国家政府、公开鼓励其他成员国效仿英国脱欧的美国总统。此外，特朗普对欧盟持续以威胁或实施经济制裁作为解决具体政策分歧的方式。欧洲人也第一次开始担心美国可能会退出北约。2018 年，特朗普与普京在赫尔辛基会晤时，欧洲人实际上很担心美国会牺牲欧洲的利益，背着自己与俄罗斯达成协议。最重要的是，特朗普好斗的风格，美国国务卿、国防部长和其他高级官员的快速更替，以及国务院和五角大楼的许多职位空缺的事实，让欧洲人失去了明确的对话者。美国自成为大国以来，一直是欧洲（西欧）的伙伴。当然，从过去到将来，它也一直是欧洲的经济竞争对手。不论如何，美欧之间的政策分歧一般都是通过外交手段解决的。虽然美国的外交手段有时很强硬，但在特朗普之前，美国从未表现得像敌人一样主动攻击欧盟的具体政策。

有人认为，就风格和个性而言，特朗普是一个特例。对欧洲人来说，与其他所有美国总统沟通会更容易得多。但在特朗普入主白宫之前，美国大战略的主旨实质上已经发生了重大变化。他的前任奥巴马在 2012 年宣布了所谓的"重返亚洲"战略，将美国大战略的焦点重新对准了中国。"如果我可以用一个词概括我在美国学到的名词，那就是'中国'"，这是丘吉尔在 1942 年访问美国后，给韦维尔将军发的电报。这句话仍然适用于今天每一个到访美国的欧洲人。[18] 一个稳定繁荣的欧洲显然仍然是美国的重要利益所在，但是优先顺序已经改变了。如第 1 章所述，在"二战"中，欧洲战区是第一位的。冷战时期仍是这样：美国和苏联通过它们的盟友在亚洲、非洲和拉丁美洲打代理人战争，但它们对抗的重点是控制欧洲。很明显，如果到了紧要关头，柏林事务优先于西贡。自从"重返亚洲"战略实施以来，与中国的竞争和对抗成为美国优先考虑的问题，而这种对抗也主要放在了亚洲。因此，欧洲成了一个次要舞台，美国开始更多地将欧洲国家看作工具。它们仍然是值得保护的盟友，但无论是民主党还是共和党，美国战略机构中的许多人也将欧洲视为搭便车者，认为它们自身国防支出不足，应该动员它们积极支持美国，对中国采取更具对抗性的姿态，而不是把自己与中国的经济利益放在首位。

对华战略可能成为美国和欧盟之间的重大分歧。特朗普政府还看到了其他政策分歧，比如：在海湾问题上，美国支持沙特阿拉伯对抗伊朗来获得地区主导权，而欧盟保持中立；在伊核协议问题上，美国退出了该协议，而欧盟希望挽救该协议。世界贸易组织（WTO）和世界卫生组织（WHO）等国际组织也成了争论的焦点。常常是美国和欧盟就这些问题已经达成一致，但当欧盟希望通过磋商解决问题时，美国要么加以阻挠，要么干脆退出了这些组织。不同总统执政的美国政府在这些和其他一些问题上可能有不同的政策。例如，在总统竞选中，拜登宣布回归伊核协议和世界卫生组织。但在中国问题上，两党形成了强烈的共识，即美中正处于一种长期的战略竞争中。因此，这是美国与欧盟最重要的分歧，不仅因为它不太可能弥合，还因为它关系到整个世界秩序和中国在其中的位置，以及美国、欧盟和北约应该发挥的作用。

欧盟越来越意识到，面对中国日益增长的影响力，有必要维护自己的主权，但它并不像美国那样把中国视为一个全面竞争的对手。正如在前面章节中探讨的，中国的崛起对美国全球领导地位形成的挑战，造成了美国的身份危机。相比之下，欧洲各国在"二战"结束时就已经失去了主导地位。因此，对于大多数欧洲战略机构来说，中国作为一个大国重新崛起显然具有重大意义，但它本身并不会威胁到欧洲在世界上的地位。欧盟的正式立场是"中国同时是合作伙伴、竞争对手和敌人"。如果中国凭借自己的实力咄咄逼人，欧洲人无疑会向美国靠拢。但如果中国基本在世界秩序的规则范围内追求自己的利益，不以实力压迫他国，也不谋求建立一个排他的势力范围，并在尊重规则和开放市场方面表现出足够的互惠性，那么欧洲的主流观点就会是"中国是一个可以与之共存的大国"。考虑到中国的市场规模和经济实力，中国自然是一个大国。因此，对于美国，正如欧盟英国脱欧谈判代表米歇尔·巴尼耶（Michel Barnier）所说，欧盟将与其保持同盟关系，但也不是非如此不可。[19]

一般情况下，欧盟不会在中美对抗中倾向于投向美国，而是在保证自身利益的同时，寻求与双方保持建设性关系。这不是一种等距的立场，毕竟欧洲的生活方式更接近美国；但美国是一个盟友，并不意味着中国就是一个对手。欧盟当然更愿意与美国共同追求自己的利益，而不是让自己的利益屈从于美国的利益。[20]欧盟决定它与其他大国关系的根据是这些国家自身的态度，而不是美国对这些国家的认知。当利益一致时，欧盟也会保留与其他大国合作的权利。如果中美之间的紧张关系逐渐升级为一场新的冷战，欧盟和美国的利益也有可能进一步分化。当然，欧盟可能永远不会站在中国一边，但欧盟希望与中国保持开放的经济关系，并将继续寻求让中国参与多边合作。因此，欧盟和美国非常有兴趣就如何与中国打交道展开实质性对话，以处理它们之间的分歧。2019 年年底，美国成功说服其欧洲盟友将中国列入北约的议事日程，但这还不够。对欧洲各国来说，北约存在的理由仍然是威慑俄罗斯，它们不认为北约是制定对华战略的主要论坛。俄罗斯的恫吓强化了北约各国团结起来威慑俄罗斯的意识，但这一影响并没有延伸到其他问题上。在中国问题上，任何一届美国政府都必须与欧盟直接接触，是因为在许多利害攸关的政治和经济问题上，单个成员国没有决策权。最终，欧盟于 2020 年 6 月主动与美国开启了这一对话。欧盟高级代表和美国国务卿在 11 月美国大选前举行了第一次简短会面，所以在特朗普总统任期内，美欧没有对此进行实质性对话。

★ ★ ★ ★

美国最初不愿意与欧盟讨论对华战略，原因在于，美国通常倾向于通过北约开展工作——它是北约的主要成员，但它永远不可能成为欧盟的成员。但是北约作为一个纯粹的政府间组织，永远只能是其成员国的工具，而在许多政策领域，欧盟是一个有权力的参与者。自 1993 年欧盟成立以来，这种混乱一直困扰着大西洋两岸的关系。

当然，北约的成立早于欧盟。欧盟的前身欧洲共同体在外交政策和国防方面几乎或根本没有作用。因此，美国和欧洲的许多战略机构仍然认为北约第一，欧盟第二，仿佛欧盟只能在北约事先设定的战略框架内做出决策。事实上，情况恰恰相反。北约的作用是提供一种军事工具，在由其他地点确定的大战略框架内加以使用。涉及美国，这个地点就是华盛顿；涉及欧盟成员国，这个地点就是布鲁塞尔。大西洋两岸对乌克兰危机的反应体现了实际的战略"指挥线"。欧洲的反应取决于欧洲愿意为乌克兰提供什么样的关系，取决于它们愿意为此付出的代价，以及它们如何看待与俄罗斯的长期关系。当然，欧洲各国也考虑到了美国的立场，但它们只能通过欧盟共同做出这些政治和经济决定。从广义上来定义欧盟对这一问题的理解是，欧洲盟国在北约旗帜下为"增强在波罗的海和波兰的前沿存在"贡献了军事力量，同时通过欧盟对俄罗斯实施制裁。结束冲突的最高级别外交倡议大多由德国和法国实施，但它们的影响力在很大程度上也来自其欧盟成员国的身份。因为只有欧盟才能实施或终止经济和外交制裁，没有一个欧洲国家会自己对俄罗斯采取制裁和对抗措施。

在实践中，欧盟成员国之间往往存在很大分歧，无法达成一个共同的欧盟立场。但在这种情况下，如果它们涉及大战略问题，欧洲将不会产生太大影响。单凭这一点，就算是欧洲最大的国家也无法对乌克兰危机、叙利亚危机采取什么行动。如果欧盟确实采取了与美国战略相一致的战略，那么在执行战略需要采取军事行动时，欧洲人和美国人就可以求助于北约。但在欧盟没有制定战略的情况下，北约无法代为操作，因为它既没有能力也没有权力决定成员国的外交政策、贸易和投资或能源问题。

但是，即使在北约自己的防务领域，如果欧盟产生分裂，北约也就很难采取行动了。在没有欧盟战略的情况下，因为缺乏影响力，大多数欧盟成员国最多只能有一项象征性的政策，或者干脆追随美国。如果欧盟战略的缺位主要是惯性的结果，通过北约或其他基于自愿的广泛同盟，美国或许仍有能力说服多数欧洲国家追随其步伐，共同采取行动。但是，如果欧盟成员国在某一问题上存在严重分歧，美国会发现动员北约成员国或让多个欧洲国家签署临时联盟协议也将非常困难。因为如果欧洲人在欧盟会议上出现了分歧，那么从逻辑上讲，他们在北约或与美国会面时的分歧也不会太少。前面已经提到过美国入侵伊拉克的例子，由于欧盟的内部意见分成两派，美国不得不接受这样一个结果——只有几个欧洲盟友支持它。2011 年利比亚内战期间，对利比亚发动的空袭是另一个例子。表面上是正式的北约行动，但实际上是英法美领导的联盟利用北约的指挥机构开展的军事行动。只有很少的欧洲盟国参与其中，并且由于德国反对军事干预，欧盟最初投了弃权票。在这种情况下，北约就无法利用欧盟的政治、经济工具和资源（其中许多由超国家的欧盟委员会控制），至少在开始时无法获得。

如果美国和欧盟希望它们的伙伴关系以及北约顺利运行，它们最好能就各自应该发挥的具体作用达成共识。不幸的是，大西洋两岸的许多人都认为这是一场零和博弈并坚持自己的立场，欧盟如果有所得，那么北约必然有所失。这种永无休止的辩论在欧盟和美国都不会很快得出结论。

★ ★ ★ ★

相反，美国大战略的重心变化使跨大西洋防御部署更加复杂。在所有大国中，欧盟是独一无二的，因为它不是自己在承担防务责任。欧盟条约确实包含了集体防御保证，但大多数成员国将其解读为欧盟团结的象征性表达。因此，尽管并不是所有欧盟成员国都加入了北约，欧盟机构并不计划进行领土集体防御，而是将这一任务交给了北约。北约能为成员国提供的有：防御计划，设定军事目标；保卫联盟领土的应急行动计划；以及指挥此类行动的总部。北约的支柱是美国军队，美国的核保护伞是欧洲安全的终极保障。的确，人们相信北约具备威慑能力和必要时抵御侵略的能力，主要是基于美国是北约成员国这一事实。这种看法并不是完全错误的，正如在第 2 章中看到的，欧洲人可以夸耀自己的军队数量，但其作战能力有限。最重要的是，欧洲人缺乏其他大国具有的决断力。许多人认为，在紧急情况下，只有美国才能说服北约盟国采取果断行动。幸运的是，北约从未面临过攻击的考验。《华盛顿条约》第五条规定的集体防御保障只在 2001 年 9 月 11 日美国遭受恐怖袭击之后被援引过一次，不过美国礼貌地拒绝了北约的援助。这确实意味着，北约威慑的有效性，在更大程度上取决于潜在的侵略者对整个联盟尤其是美国的决心的看法。

然而，随着大战略的变化，美国调整了其国防战略，这可能对北约产生巨大影响。冷战后，美国保持了"两战标准"，即同时与地区强国打两场地区战争的能力。现在美国的国防战略已经发生了变化，变成了旨在击败另一个大国的"一战标准"，因为它没有足够的资源同时对抗两个大国。[21]对美国国防部来说，现在的主要战场是印太地区。换句话说，欧洲不再是美国的主要战场；在必要时美国准备去击败的大国，是中国。[22] 哈尔·布兰兹和埃文·蒙哥马利（Evan Montgomery）担心，"如果美军被卷入一个重大应急事件，但美国缺乏足够的军事储备来对抗其他敌人，那么其他力量可能会发现这是一个改变现状的机会窗口，并伺机利用这一窗口做出对自己有利的行动"。[23] 换句话说，如果美国在亚洲卷入了一场重大危机，这可能就会让俄罗斯有机会在欧洲采取行动。不过如此一来，俄罗斯就是在进行一场豪赌。然而，欧洲人最好考虑到，美国增援部队的到达时间可能会比他们现在设想的更晚，人数也更少。北约的第一道防线将主要由欧洲常规部队组成。在美国（和加拿大）援军登陆之前，他们能坚持多久，又在哪儿设立防线？在冷战期间，这一疑问就已经存在了。正如陆军元帅蒙哥马利所说，"在两次世界大战中，欧洲已经见识过美国在战争的前两年一直在旁观。欧洲国家不希望这种事再次发生"。[24] "'二战'的情境再次重演"，确实不是一个有吸引力的前景，因为第一仗打输了，欧洲就会一败涂地，人们不得不等待四年，期待着盟军在诺曼底登陆。

长期以来，美国一直要求欧洲盟国提高自身军事能力。但欧洲人陷入了一个自相矛盾的恶性循环。他们感到弱小，所以他们依赖北约和美国。因此，他们害怕采取任何可能被视为削弱北约或破坏与美国关系的方案。因此，对于欧洲各国政府来说，即便是在北约内部，建设更强大的欧洲第一防线的话题也是一个禁忌，更不用说在欧盟内部了，结果欧洲国家在国防上一直很脆弱。欧洲战略机构中的一些人对美国的态度已经沦落到了卑躬屈膝的程度，不过特朗普政府的反复无常让最坚定的大西洋主义者都开始怀疑自己的信念。无论如何，在任何情况下，真正的联盟都是建立在相互尊重而不是奉承的基础上的。或者，美国人和欧洲人眼里的彼此，会像人们有时说的那样，跟荷兰人和弗拉芒人的关系一样：荷兰人喜欢弗拉芒人，但不尊重他们；弗拉芒人尊重荷兰人，但不喜欢他们。可以说，除非欧洲人在继续依赖美国核保护伞的同时，有信心至少能为自己提供常规防御，否则欧盟永远不可能成为一个完全拥有主权的大国。这并不意味着欧洲人将不得不恢复他们冷战期间庞大的武装力量，他们仅需要足够的兵力来让俄罗斯明白，即使是只有欧洲国家组成的第一道防线，它也不可能速战速决。[25] 不应该认为这是一种诅咒，因为北约在 1949 年成立时的初衷即是如此：帮助欧洲人站稳脚跟，以便美国不需要在欧洲维持庞大的军队。[26] 在欧洲人获得这样的实力之前，美国就有强大的立场向他们施加压力，让他们在对中国的战略上保持一致。美国还以退出北约来威胁欧洲，不过欧洲人觉得，美国对中国的关注同样会削弱北约的实力——这是另一个悖论。

美国是否会永远接受当前的状态呢？大概不会，但美国对目前的局势也负有部分责任，因为它一直要求欧洲增加国防开支，但却不接受欧洲在防务政策上拥有更大的话语权，这不符合政治活动的规律。自冷战结束以来，美国一直面临着这一困境：它是否应该继续通过北约优先与单个欧洲盟国合作？这将使美国更容易维持领导地位，不过是在较弱的盟国中的领导地位。或者，美国是否应该支持欧洲防御一体化（包括通过欧盟），并希望这样能推进欧洲军事力量建设，减轻美国的负担，从而可以将更多的注意力放在亚洲，即使这将意味着接受欧洲拥有更大的决策权？美国的一些人走得更远。以"遏制"为主题，巴里·波森主张解散北约，以迫使欧盟建立自己的防御结构，然后在此基础上形成一个新的美欧双边联盟。[27] 另一些人则呼吁采取"最小接触战略"（minimal exposure strategy），根据轻重缓急，推动盟友自我保护。[28] 这仍然是一种不太可能发生的情况，但自从特朗普不再那么令人匪夷所思之后，也有了一些可能。欧洲人最好对此加以留意，美国战略机构中有越来越多的人赞同这一想法。波森也同样敦促美国迫使其亚洲盟友在自身防务上承担更多责任。

与俄罗斯和中国不同，美国处于全球联盟网络的中心。正如劳伦斯·弗里德曼指出的那样："没有哪个国家对其他国家的安全如此重要，正因为如此，它的一举一动一直受到盟友的关注。"[29] 由于中国的崛起，美国的亚洲盟友发现自己站在了美国战略的最前沿。可以说，美国转向亚洲取决于一个更有能力的欧洲。我们甚至可以这样认为：虽然情况并非如此，但如果美国和欧盟真的想要将它们的大战略协调起来，那么美国的印太地区战略和欧盟聚焦于欧亚大陆的战略则是一个大战略的两个分支。北约主要关心的仍然是俄罗斯。欧洲以南那些不会直接威胁到欧盟或北约领土安全的危机，越来越多地由欧洲国家主动联合处理了。美国参与了其中的一部分，但北约并没有作为一个整体出面。在亚洲，趋势是相反的。面对中国日益增长的实力，那些与美国建立了双边同盟关系的国家开始更多地联合起来。[30] 然而，就像美国的欧洲盟友一样，美国的亚洲盟友也在寻求保持一种微妙的平衡：在通过深化与美国的军事关系来防备中国的同时，努力与中国保持建设性关系。因此，为了稳住盟友，美国需要保持对自身军事实力的信心以及在必要时使用武力的意愿，还要同时向盟国保证，除非绝对必要，否则不会恢复使用武力。

★ ★ ★ ★

1848 年，时任英国外交大臣的帕默斯顿勋爵（Lord Palmerston）在英国下议院的讲话中，说出了这句名言："我们没有永远的盟友，也没有永远的敌人。永恒的只有利益，我们的职责就是追寻利益。"这并不是在呼吁放弃联盟，或以现有的盟友换取新的盟友。这更像是一个警告：即使在一个联盟内，每个国家也必须要关注自己的利益，因为不同国家的利益不会永远完全一致，最终国家利益总是第一位的。一个完全依赖盟友、不再具备自保能力的国家，会面临失去独立性的风险。这也意味着，联盟和伙伴关系多元化是有利的，而这正是大国一直在做的。

俄罗斯和中国对金砖五国寄予了很大希望。自 2010 年以来，两国与巴西、印度和南非每年都举办年度峰会。虽然只有中俄两国未来可能会成为世界大国，但这 5 个国家现在都是地区大国。更重要的是，金砖国家的利益非常多元化，并且它们之间的关系有时还会变得很紧张。2020 年 5 月到 7 月，中印边境的冲突让人想起了 1962 年的中印边境冲突。与此同时，有报道称俄罗斯推迟向中国交付 S400 防空导弹，并加快了向印度交付同型号导弹的速度。因此，金砖国家没有足够的一致性在国际政治中打造一个系统的共同目标。俄罗斯和中国也是上海合作组织的成员。在美国和北约介入阿富汗问题之后，上海合作组织对美国在中亚地区进一步扩大影响力起到了遏制作用。上海合作组织侧重于合作应对安全威胁，特别是恐怖主义，该地区国际关系的推动力已经让位给了中国的"一带一路"倡议和俄罗斯的欧亚经济联盟。

美国人和欧洲人直到最近才开始建立新的伙伴关系。美国受到中国崛起的刺激，参与了与澳大利亚、印度和日本共同举行的四方安全对话（简称 Quad）。这一对话机制曾于 2007 年到 2008 年昙花一现，在 2017 年再次恢复，并通过联合军事演习得到了巩固。2020 年 7 月，日本防卫大臣提出了加入由美国、英国、加拿大、澳大利亚和新西兰组成的"五眼联盟"（情报机构）的想法，来加强对中国的监控。当月，美国为遏制中国影响力扩大，呼吁建立广泛的"联盟"。这个想法并不新鲜，早在 2003 年就被提上了议事日程。当时，美国入侵伊拉克的计划未能获得联合国安理会的授权，于是寻求其他框架来使其干预行动合法化。对欧盟的不喜和北约不那么热情的反应，似乎同样对当时的特朗普政府起到了推动作用。一个"联盟"可能能把美国在欧洲和亚洲的盟友聚集在一起，为美国在它的中国战略上更好发挥领导作用创造更多空间。然而，欧洲人却默默无视了这个"联盟"。他们在

2019年联合国大会上宣布建立多边主义联盟，对美国无视基于规则的秩序的行为有所反应。作为法德两国（而不是欧盟）发起的倡议，多边主义联盟是一个网络而不是一个组织，它寻求在特定问题上建立临时的联盟，总体目标是维护国际规则。参加第一次会议的有加拿大、智利、加纳、墨西哥和新加坡。美国和欧盟（作为"未列举"成员）以及加拿大、法国、德国、意大利、日本、英国组成了七国集团（G7）。除了它的三个成员国，欧盟本身也参与七国集团的会议。之前的八国集团（G8）中，俄罗斯因乌克兰问题被终止了成员资格，从而使七国集团再次成为一个"西方"集团。

到目前为止，这些不同的新模式并没有导致两个"集团"的出现——一个是中俄集团，一个是欧美集团。大多数国家都想与大国保持友好关系，而大国自己之间则存在太多分歧。可以说，对国际政治最具影响力的新伙伴关系，是那些超越大国竞争、创造性地将国家聚集为新的群体的伙伴关系。有一个很好的例子可以说明这种灵活的外交方式是如何发挥作用的。2020年4月30日，欧盟、中国和其他17个世界贸易组织成员宣布共同建立多方临时上诉仲裁安排，以维持世贸组织争端解决机制在上述机构停摆期间的运转，后来遭到了美国阻挠。从这个意义上来说，多边主义联盟比"民主联盟"

更有潜力。

　　跨越现有分歧的另一种方式是美国与俄罗斯结盟来对抗中国。这是美国战略机构中一些人的想法。这一思路实际上与尼克松和基辛格的做法正好相反。特朗普曾提议邀请俄罗斯重返八国集团，但欧洲成员国阻止了这一想法。无论如何，美俄结盟似乎都是不现实的。虽然因为中国和俄罗斯的利益诉求差别太大，这两个大国很难将现有的伙伴关系变成严格意义上的联盟，但它们也不会轻易放弃伙伴关系。此外，中国已经在俄罗斯周边国家建立了大规模的经济存在，而现在美国能提供给俄罗斯的，几乎没有什么比俄罗斯与中国保持合作更符合俄罗斯的利益。更切合实际的是，如果中美关系的对抗性不断升级，不再有以任何形式合作的可能，只剩下敌对的话，中国会更加倾向俄罗斯。在这种情况下，因为回旋余地大大受限，中国可能会选择与俄罗斯建立更深入的伙伴关系。当自身红线被打破时，这种认识应该不会阻止美国和欧盟做出足够的反应。然而，虽然说服俄罗斯对抗中国的代价过于高昂，美国和欧盟还是在留心寻找机会，充分利用俄罗斯和中国之间存在的分歧，并在共同关心的具体问题上分别与俄罗斯和中国合作。

　　反之亦然，虽然特朗普政府在对中国发动贸易战的同时，对欧盟加征关税，但也可以说这是中国向欧盟靠拢的机会。例如，中欧双方迅速敲定了谈判多年的双边投资协定，从而拉开了欧盟与美国之间的距离。如果欧洲人觉得自己不敌视中国的战略是正确的，这条道路就可以说是取得了一定成功。不过，在欧洲战略机构中当然不会有人支持以与美国的联盟关系为代价换取与中国更亲近的关系。不管怎样，中国领导层都过于关注美国，甚至对欧盟也过于强硬了，因而没有考虑过采取这样的举措。当特朗普在 2020 年 11 月大选中落败时，有关投资协议的谈判仍在拖延。到了 2020 年 12 月 29 日，欧盟和中国才宣布就新的《中欧全面投资协定》（*Comprehensive Agreement on Investment*），在原则上达成了一致。

然而，美国和欧洲将不得不谨慎处理它们之间的关系。北约已经存在了 70 多年，比起突然解体，它更有可能继续存在下去。欧洲人和美国人现在是、将来也很可能仍然是彼此最亲密的盟友——在一个大国竞争日益激烈的世界里，放弃美欧同盟关系是没有道理的。但如果欧洲人视俄罗斯为威胁，而美国人视中国为威胁，该如何管理这一联盟呢？分歧是可以控制的，但目前的趋势是利益确实出现了分歧。因此，管控这一分歧需要大西洋两岸都做出更加积极主动的承诺。欧洲和美国也将不得不去关注联盟内部的力量平衡。欧洲不应该成为 21 世纪的奥匈帝国——十分宜居，应有尽有，但拥有的是权力的象征而不是真正的军事力量，它的复杂的决策系统，使它最终沦落为一个主要盟国的附庸。今天的美国和布鲁塞尔，就仿佛从前的德国与维也纳。欧洲的战略机构应该意识到，单靠北约无法保证欧洲的利益，只有欧盟才能在国际政治的各个方面维护欧洲的利益。因此，正如其他大国一样，欧盟既需要经济和政治实力，也需要军事实力。大战略应该是全面的。

第5章

全面：硬实力、软实力、巧实力
——都是国家实力

每个国家都有政治、经济和安全利益，就像国际政治中的每一个问题都有政治、经济和安全三个维度一样。因此，大战略必须是全面的，能同时应对三个方面的问题。一个只定义一个维度而忽略其他维度的战略不太可能取得持久的成果。一个不开发工具、不集合这三个方面资源的国家，很快就会陷入无法采取行动的境地。因此，一个大国必须在政治、经济和军事各个方面成为强国，才能维持其拥有全球影响力的雄心。政治实力，即一个国家生活方式的吸引力以及它在另一个国家或组织中的影响力，可以让一个国家说服别国按照自己的利益行事。经济实力既可以是胡萝卜，也可以是大棒，通过提供或拒绝贸易、投资和开发合作，或拒绝进入一国国内市场，引诱或胁迫他国。通过提供援助或威胁发动战争，军事实力也可以发挥引诱和胁迫两种作用。

胁迫、诱惑和说服，或者说是硬实力和软实力，是同时发挥作用的。最好的战略家会尽力设法说服对方，这样他们就不必再采取高压手段。但是，如果对方知道只要你愿意，你就有能力（通过经济或军事方式）强迫他们，即使"强迫"

这个选择没有公开摆在桌面上，那么说服或引诱他们也会容易得多。外交的成功并不总是需要经济和军事力量的直接支持，一个小国家作为诚实的中间人也可以相当成功。但是，实际参与谈判的各方将会思考实力是否平衡，以及如果不能达成协议将如何处理。戴高乐总结道："外交，在形式化的惯例之下，只承认现实。"[1] 反之，如果之后可以通过给对方提供政治和经济优惠，让对方接受强迫的结果，那么效果可能会更加持久。约瑟夫·奈创造了"巧实力"（Smart Power）这个词，来表达对硬实力和软实力的综合运用，[2] 但我们也可以统称为实力。因为实力是不可分割的。一个国家不可能仅仅具备软实力。一个大国在所有维度上的实力都应该很强，否则它就不能算是一个大国。

★ ★ ★ ★

当一个国家干预另一个国家时，对全面战略的需求就会变得非常明显，同样，一个国家因没有全面战略而导致的问题也会暴露出来。2003 年美国入侵伊拉克，已成为一个非全面战略的经典例子。在伊拉克军队彻底失败后，时任美国总统乔治·W.布什在"亚伯拉罕·林肯"号航空母舰上发表讲话，宣告了战争的结束。但是，尽管美国从未怀疑过自己的军事胜利，但它并没有为胜利做好准备。除了给这个国家和该地区带来民主的模糊概念，它没有明确的政治和经济目标。直到美国不得不承认没有找到发动战争时所谓的大规模杀伤性武器后，"民主"才成为美国公开宣称的目标。如果没有政治和经济战略来赢得伊拉克人民的支持，就无法创造真正的和平。在国家机构被摧毁后，伊拉克陷入了残酷的内战。对此，托马斯·里克斯（Thomas Ricks）严厉批评道："美国的努力更像是一场香蕉共和国的政变，而不是一个全面的战争计划，完全无法反映一个大国改变世界关键地区政治局面的愿望。"[3] 到了 21 世纪 20 年代，伊拉克仍然是一个非常脆弱的国家。从中得到的教训是，一个不能设法向民众提供核心公共产品（安全、繁荣和决策发言权）的国家不会得到民众的全力支持，加入（或被迫加入）其武装部队的民众不会为其冒生命危险，外部势力将很容易在已经心怀不满的民众中获得支持。

欧洲战略机构中的许多人，包括那些支持美国入侵伊拉克的人，也严厉批评了美国处理此事的方式。但在 2011 年，欧洲人在利比亚犯了完全相同的错误。法国和英国说服美国（而不是像往常一样由美国说服欧洲国家）建立联盟，干预因"阿拉伯之春"导致的利比亚内战。此时，"阿拉伯之春"已经造成了突尼斯和埃及总统下台。由联合国安理会授权，美

欧联军发动了对利比亚的空袭。正因为如此，反对总统穆阿
迈尔·卡扎菲的反对派才赢得了战争，随后欧洲和美国撤出
了利比亚。首先必须要批评利比亚反对派，他们与伊拉克人
民不同，欧美的干预是他们要求的。利比亚反对派的意见非
常分散，只在两件事上达成了一致：除掉卡扎菲，以及避免
西方地面军队进入该国。欧洲人心甘情愿地做出了让步，为
稳定该国的政治和经济制订了一套缺乏热情的方案，然后委
托给了联合国。结果，如今利比亚仍处于内战状态。

　　尽管如此，我们还是吸取了教训。利比亚反对派的胜利
迫使卡扎菲武装部队中的许多雇佣军进入马里，马里内战随
后升级。2012 年，当武装叛军威胁要占领首都巴马科并接管
国家时，欧洲人感觉自己不得不再次进行干预，以避免马里
重蹈利比亚的覆辙，成为欧洲外围一个不同派系之间的长期
斗争的国家。从那时起，法国（进行了最初的干预）、欧盟和
联合国（随后分别进行了训练和维和行动）一直在马里保持
着军事存在，现在已成为马里和该地区总体战略的一部分。[4]
全面的战略并不能保证一定能获得成功，马里的问题只能说
得到了遏制而不是得到了解决。在取得了初步进展后，马里
的政治和安全局势再次恶化，最终于 2020 年 8 月 18 日爆发
了一场由欧盟训练的军队发动的军事政变。欧盟默认了通过

政变上台的新政府。然而，一个全面的方法（或者用欧盟的话说，一个综合的方法）应该能创造一个单靠军事行动永远无法实现的成功机会。

★ ★ ★ ★

通过反复试错，美国人和欧洲人已经认识到，一个全面的战略对于成功至关重要。但他们是否会在未来的对外干预中始终记得这一教训，仍有待观察。不过，他们对俄罗斯针对乌克兰战略的全面性感到非常吃惊。俄罗斯的行动从宣传、承诺经济利益和威胁经济报复开始，到支持亲俄的政府，然后转向通过秘密运送武器和派遣军队煽动武装叛乱（很快就被外界知道了），最终吞并了克里米亚。这引起了美国、欧盟和北约对所谓的"混合战争"或"灰色地带战争"的极大警惕。[5] 然而，混合方法和综合方法是一回事，即为了实现自己的目的，在权力的各个方面综合使用各种工具——这是自古以来战略本身固有的。美国和欧洲的许多观察人士会认为，不同之处在于目标：根据国际法，俄罗斯的目的是不合法的，它采用的混合方法是走向黑暗面的综合方法。但美国入侵伊拉克也是非法的。美国人和欧洲人如此震惊的真正原因更有可能是他们不太习惯自己或自己的盟友成为另一个大国战略的目标。许多人担心，俄罗斯对乌克兰的入侵只是一场针对

北约和欧盟成员国的更广泛的"混合战争"的前奏。但他们
忘记了，在俄罗斯入侵之前，很大一部分乌克兰人对政府是
不满的，但是入侵之后，大多数人转而开始反对俄罗斯。对
北约或欧盟成员国采取类似行动将触发它们的集体防御机制。
美国和欧洲的这种危言耸听导致了一种"混合型癔症"，导致
了混乱的应对策略。

　　不分青红皂白地使用"混合战争"或"灰色地带战争"
这类术语，不能很好地区分战争局势与和平局势。然而，两
者的区别是至关重要的。战争意味着一个国家选择使用武力
来追求其目标，而被攻击的国家将使用武力进行自卫。经过
联合国安理会的授权或应其他国家的邀请，使用武力是合法
的，否则就不合法。关键是，在这两种情况下，都会使用暴
力，会有人伤亡，而另一方会以同样的方式报复，直到冲突
以某种方式解决。在和平时期，许多国家有时会通过非法手
段来达到目的，但不使用武力，而被攻击的国家也会限制自
己的反应，不会使用武力。两者之间确实存在一个"灰色地
带"，因为除了使用武力，其他手段也可以杀人。例如，对空
中交通管制系统进行网络攻击可能导致许多人员伤亡。过去，
对一个国家进行海上封锁也可以做到这一点——不使用武力
的杀戮并不是什么新鲜事。受到攻击的国家可以将此类行动

解释为战争行为，并使用武力作为回应。这样一来，两国实际上就进入了战争状态。因此，"灰色地带"只是和平与战争之间的一个过渡阶段，而一个国家只可能处于战争状态或和平状态。假装战争与和平之间不再有区别那是错误的，而且会混淆一个国家的真实目标和该状况下的合理解决方案。战争的最终目的是在军事上击败敌人，迫使他们投降或同意停火，并在关键利益上做出重大让步，也可能是为了促成政权更迭。这些目的在和平时期是不现实的，并且如果有人试图这样做，就可能引发战争。

由于国际政治本质上是全面的，并且因为每一个稍有战略意识的国家，无论在战争还是和平时期，总是采取全面行动，所以将任何一组具体的行动称为"混合"行动都只是一种无谓的重复。因此，这个词可以完全取消。与"混合"一词一样令人困惑的是贸易和投资"武器化"的概念。[6]这一概念很容易让人误解，感觉某个国家使用了一种前所未有的经济工具，但事实是这些经济工具一直在为大战略服务。此外，"武器化"有侵略的含义，但不管是战争还是和平，各个国家显然一直在利用经济手段。对此，比照地缘政治，称其为"地缘经济"更加合理，不过使用"战略经济学"一词会更准确，即除了特定的经济目标，还可以利用经济工具来追求大战略的总体目标。地理因素是使用"地缘经济"的决定因素之一，但不是唯一因素。每个学者都梦想着创造一个能够广为流传的术语，这样一来他的文章将会被更多的人引用（尽管通常没有人阅读它们）。但是，劳伦斯·弗里德曼指出，如果像"混合战争"这样可以"意味着几乎任何事情"的新概念削弱了人们辨别战争与和平的能力，[7]结果显然和术语发明者的本意相反。一个国家应该根据他国追求目标的方式（是通过战争、胁迫，还是通过非法或合法的引诱和令人信服的方式）来调整自己的战略。

每一场战争都会用新的方式来综合运用军事、经济和政治手段。纵观历史，许多政治家和军事家都会使用诡计来获得出其不意的效果。[8]一个人只要读过《伊利亚斯》中特洛伊木马的故事，就会明白这一点。俄罗斯对乌克兰的战争并没有展示出黑色的新能量，只是老战术的新用法。俄罗斯使用了同样的策略来对待那些与它和平相处的国家，通过经济和军事手段对他国进行胁迫，例如，武装部队或准军事部队侵入别国领空和领海，威胁切断能源供应、征收关税或减少旅客人数等。它也曾从事颠覆活动：以非法手段引诱和说服目标国家，降低其行使主权的能力，如传播"假新闻"、网络攻击（收集数据或搞破坏）、贿赂政客和战略人士。当然，它也会尝试以完全合法的方式获得影响力，比如通过宣传、游说、赞助、市场准入、投资，以及挑拨两个成员国间的关系（特别是在欧盟）等。而且，我们也不应该忘记，邀请学者共进午餐也是手段之一。一个国家没有义务欢迎这些在自己领土上进行的合法活动，它可以采取措施制止这些活动。重要的是，不要把这些对国家实力不同的用法放在一个"混合"的标题下，而是要针对每种用法设计一个特定的应对方式。

但是，美国、欧盟和北约都设立了专门部门，并采取了应对"混合威胁"的策略。然而，这些"威胁"只是战略工具，我们不可能针对一种工具制定战略。对抗"混合威胁"的战略就像打击恐怖主义的战争一样毫无意义，因为一个国家不可能去击败一个战术，战略应该针对使用战术的国家（或非国家行为体）。对抗"混合威胁"，显然必须采取具体的防御措施。如果一个国家害怕受到空袭，就去投资防空武器和防空洞；如果网络攻击是一个可能的威胁，就去建立自己的网络防御，类似这样的措施通常被统一归类在"韧性"的标题下。实际上，它们都是为了维护主权，确保没有任何外部势力获得非法的影响力，让国家可以继续自己做决定。其中一些措施属于安全部门和武装部队的工作范畴，但由于大战略本身是全面的，"韧性"同样需要按照大战略的要求动员全国力量，涉及政府的所有部门。例如，国家限制外国投资关键基础设施，规定禁止外国对特定部门提供补贴，力求关键资源供应多样化，支持敏感部门的本土生产能力等，其目的是防止任何外国实体获得削弱国家主权的筹码。最后，一个"有韧性"的国家是一个能够提供有效治理的国家，有能力不间断地为公民提供他们期望的所有合法的公共产品。国家也必须有效地让公民知道政府具备这种能力，以便让公民忠于自己的国家。

加强"韧性"和防御只是对胁迫、颠覆和影响的被动反应。另一个问题是，国家是否能以报复为威胁来防止他国采取这种策略，或者如果威胁失败，可以采取哪种报复手段。更困难的问题是如何对胁迫和颠覆行为进行制裁，且不造成生命损失、不会引发事件进一步升级。一种选择是应用"跨领域威慑"，即通过威胁在一个领域进行报复来威慑在另一个领域的胁迫或颠覆。[9] 例如，对于网络攻击，报复手段既可以是网络攻击，也可以是经济制裁。2020 年 7 月 30 日，欧盟首次对参与网络颠覆活动的 2 名俄罗斯人实施制裁（旅行禁令和冻结资产）。关键问题始终是哪个国家，为了什么利益，会对一个国家采取强制或颠覆措施。如果一个国家察觉到俄罗斯企图颠覆本国政府，它不仅需要一个反颠覆战略，还需要了解俄罗斯的战略。

美国人和欧洲人十分震惊，他们意识到自己也可能成为其他国家的目标。但许多人似乎忘记了，他们过去也曾以其他国家为目标，而且现在仍然如此。在冷战时期，美国人和欧洲人经常从事颠覆活动。拉丁美洲、非洲和亚洲的许多政权都被推翻了，取而代之的是他们认为更亲近西方的领导人。[10] 进入 21 世纪，美国和欧盟优先通过合法途径在其他国家获得影响力。特别是它们会为许多国家的持不同政见者、人权活动家、工会和政党提供资金，有时还利用其经济实力来提高这些国家对所谓人权和民主化的敬意。美国和欧盟强调，它们追求的是善意的目标，只使用合法的方式，但其他国家可能会认为它们的行为是颠覆或胁迫的新方式，并做出针对性回应。一个国家口中的民主化，对另一个国家则意味着政权的更迭。除了这些公开施加影响力的做法，各国也从事秘密活动。一个国家有非法行为并不意味着另一个国家也可以这样做。但我们必须意识到所有大国都在冒险从事非法活动，只是有些国家动作更为频繁。美国人和欧洲人表现出的道德义愤过于强烈，实际行动又往往与他们的表现不一致，这反而损害了他们的可信度。一个人想以身作则，就必须先成为一个好榜样。

★★★★

各个大国的实力，并不是在所有维度上都是均衡的。尽管从战术层面来看，某个特定干预行动的方法可能非常全面，但在大战略层面上有可能缺乏全面性，这确实会产生一些影响。

乌克兰危机可以被理解为俄罗斯在军事上的胜利，是综合方法在战术层面上应用的优秀案例。但从长远来看，在大战略层面上，这是否符合俄罗斯的利益呢？苏联在 1956 年和 1968 年分别对匈牙利和捷克斯洛伐克进行了武装干预，粉碎了这些国家独立的希望，对《华沙条约》的其他卫星国形成了震慑。俄罗斯在 21 世纪的干预行为，引起了大多数乌克兰人的反感，甚至让与俄罗斯最亲近的国家也产生了担忧，它们都不希望看到俄罗斯军队进入它们的领土。俄罗斯确实切断了乌克兰加入欧盟或北约的可能，但我们可以说，欧盟从中受益更多，因为它在东部边境获得了一个亲西方的缓冲国。欧盟从来没有这样描述过乌克兰，但事实是，这就是乌克兰在地缘政治上的价值。与此同时，欧盟对将乌克兰建设成一个对欧盟有用的国家产生了兴趣。但这仍然是一个艰巨的任务，因为没过多久，乌克兰就让欧盟感到了疲惫。

如果俄罗斯谋求势力范围的主要手段是军事力量，那么其建立排他性势力范围的战略目标就很难实现。俄罗斯确实有一个政治和经济项目，即欧亚经济联盟，但它没有足够的政治和经济实力来吸引目标国家。在政治领域，俄罗斯将自己定位为俄语国家的国家权利代言人。但由于俄罗斯将这种语言、文化和宗教的纽带与军事姿态联系在一起，并暗示了武力干预的可能性，引起相关国家愈加强烈的抵制。德米特里·特列宁评价说："这是俄罗斯软实力的核心，但如果是从硬实力的角度来认识它，只会将它摧毁。"[11] 俄语国家并不想受到俄罗斯的干涉。只要俄罗斯人的生活方式无法改善这些国家的现状，波罗的海国家肯定不会有这个愿望，其他地方更不会有。俄罗斯的流行文化在俄语区之外没有任何吸引力。就俄罗斯的政治影响力而言，其基础更多的是颠覆而非吸引。俄罗斯确实有经济实力，但它经常被作为一种胁迫手段，例如威胁减少能源供应。所以，经济实力也无助于增加俄罗斯的吸引力。除了能源（占俄罗斯出口的一半以上），其他自然资源和武器，俄罗斯的出口对象国基本就是邻近的几个国家。在世界各地的购物中心，几乎都找不到俄罗斯产品。

这与中国形成了巨大的对比：中国的智能手机和电脑销往世界各地，汽车等其他消费品也紧随其后。正如第 6 章将分析的那样，中国利用其经济实力以最具创造性的方式在谋求利益，并因此获得了巨大的政治影响力。中国也会毫不犹豫地利用其经济实力影响他国。然而，这也是一把双刃剑。利用经济实力"惩罚"其他国家会造成对方的不信任，并引发要求经济脱钩的呼声。此外，与俄罗斯一样，中国的政治实力及其吸引力远远逊色于其经济实力。人们购买中国产品，但对中国人的生活方式并不买账，即使是在不那么富裕的国家，很多民众也不觉得中国有什么吸引他们的地方。目前，中国流行文化在华语世界之外的地区吸引力有限。然而，由于对经济实力的巧妙运用，中国在许多国家获得了众多战略人员的垂青。

尽管中国主要依靠政治和经济实力非常有效地实现了目标，中国也开始更加果断地部署军事力量。在中国南海的天然岛屿和人工岛礁上建设军事基地、宣布防空识别区对于中国政府来说，部分代价或许是值得的，因为其海上交通线的保护力量得到大大增强。如果美国以中断这一交通线为威胁，中国已经有力量与其对峙。此外，中国可以利用其经济实力，通过胁迫和鼓励相结合的方式，减轻其军事行动的后果。例如菲律宾这个国家，在罗德里戈·杜特尔特总统的领导下，一直在中国和美国之间摇摆不定。人们再次注意到，中国在南海的动作，也不足以改变大多数国家将同时与中国和美国保持稳定关系作为首选战略。

中国有个成语叫"物极必反"，意思是当事情发展到极端时，就会发生逆转。如果过于强硬，就有可能引发其他国家更加主动地反击甚至报复，不排除使用军事手段。使用军事力量也有一种内部限制，即是否能得到公众支持。就中国而言，一场维护中国领土完整的战争肯定会得到公众的支持。越来越多的宣传已经让公众为这种可能发生的情况做好了准备。在没有感觉受到挑衅的情况下，出于其他原因使用武力，是否能够得到中国公众的支持，这一问题则值得怀疑。因为即使在战略文化上更倾向于使用武力的俄罗斯，公众对军事干预的支持也是有限的。例如，政府感到有必要模糊和隐瞒乌克兰的伤亡人数。但一国越是煽动民族主义情绪，对立国就越是会以同样的方式加以回应，也就越有可能诉诸武力。

★ ★ ★ ★

从各个维度看，美国都是世界大国中最强大的。它具有巨大的影响力，这得益于它的经济实力，但也得益于美国文化的传播和其生活方式对人们的吸引力。然而，美国经常依赖用军事姿态或实际使用武力来解决问题，到了 21 世纪仍是如此。根据理查德·贝茨的分析，美国在冷战后的军事干预行动，更多的是受到美国战略机构认为的机遇的驱动，而不是实际的威胁："美国政策以维护世界稳定、预防危险产生为目的，而不是抗击迫在眉睫的危险。"[12] 然而，美国的干涉主义非但没有预防危险，反而带来了新的风险。对政治和经济维度缺乏关注导致了美国在伊拉克的失败，在阿富汗也是如此。美国在 2001 年推翻了塔利班政府，但在 2020 年 2 月 29日又与塔利班达成了一项和平协议，条件是外国军队撤出阿富汗。就连力求结束这场被称为"永恒战争"的奥巴马总统，最开始也是先增加了驻军数量，重演了美军参与越南战争的场景。在越南战场，同样是在结束之前，战事越来越激烈。美国的干涉主义往往会削弱而不是增强其盟友和伙伴的信心。例如，在 2019 年，特朗普和金正恩发生的激烈交锋，世界各地的盟友对美国会使危机升级的担忧，超过了对朝鲜核武器计划的担忧。同样，美国的欧洲盟友也因美国对伊朗的战争威胁而深感忧虑。尽管欧盟并不认同伊朗政府，但还是不得不站出来为伊朗政权辩护，因为伊朗并没有破坏核协议。然而，主动利用其强大的军事力量是美国战略文化的宗旨之一。这一宗旨与美国例外论相结合，形成了一种主动出击的战略，并且这种战略通常会获得公众强有力的支持。对于当前或潜在的对手，它仍然是一种非常强大的威慑力量。这就解释了为什么美国前国防部长罗伯特·盖茨（Robert Gates）在一篇谴责美国外交政策"过度军事化"的文章中，也表示"强大的军队，是美国所有对外实力手段的支撑。所以，每任美国总统都必须保证美国的军队是世界上最强大、最先进的军队，有能力去应对所有国家或组织的威胁。"[13]

美国在利用其经济实力胁迫（而非引诱）其他国家方面也毫不手软。臭名昭著的是关于日本的案例。在 20 世纪 80 年代，日本经济蓬勃发展，感到威胁的美国人开始谈论"经济珍珠港"的问题。于是美国发动并赢得了一场贸易战，这直接导致了 20 世纪 80 年代中期到 90 年代中期成为日本"失去的十年"。所以，用关税来对付一个盟国并不是什么新鲜事。不过，在特朗普总统任职期间，美国对欧盟、加拿大、墨西哥及其他盟友和伙伴实施贸易限制时，还是让这些成为攻击目标的国家感到非常惊讶。美国试图迫使盟友和合作伙伴在一些具体议题上与它保持一致，比如伊朗问题、华为 5G 问题等。在华为的例子中，可以明显看出美国这样做更多是出于纯粹的经济原因，美国试图阻止欧洲人修建通往俄罗斯的北溪 2 号管道也是如此。表面上，这样做是出于安全考虑，但美国也在盯着自己对欧洲的能源出口。这个例子清楚地说明了盟友也是竞争对手。美国的一些人甚至建议将欧洲的能源供应多元化以及遵守美国的制裁机制和美国对北约的贡献联系起来。[14] 美国的制裁极大地破坏了欧洲人对美国的信任，因为一旦美国利用制裁措施阻止了欧洲人与某一个国家做生意，人们就会担心，它可能也会禁止欧洲人与其他国家开展贸易活动。

2018 年，当特朗普政府对其视为对手的中国发动贸易战时，让其他国家更加惊讶和担忧。欧盟对采取对抗的方式持谨慎态度。在某种程度上，欧盟会从美中竞争中获益。因为不愿意同时与另一个全球最大的经济体发生争端，中国对欧洲采取了一些安抚措施。然而从根本上说，贸易战让美国和中国的态度都变得更加强硬。无论如何，美国采取的措施都不可能实现其公开宣称的恢复美国工业就业的目标，因为工厂只会从中国转移到其他低成本的生产国去，而不可能搬回美国。[15] 加征关税是一种钝器。[16] 这样一来，美国和中国双方都蒙受了损失，美国消费者要面对更高的价格，中国企业出口减少，[17] 而世界其他地区则在担心进入 21 世纪 20 年代之后，中美对抗进一步升级会对全球经济造成灾难性的连锁反应。美国人（和欧洲人）抱怨中国在经济关系中有其自身立场，而从竞争转向对抗并没有给任何人带来立竿见影的好处。一位美国观察家称其为"相互间有把握的经济破坏"。[18]

★ ★ ★ ★

正如前一章所述，欧盟不仅没有独自承担领土防务责任，它的军事投送能力也很有限。在 130 多万军人中，估计最多只有 10% 可用于远征行动。鉴于部队每 4 个月轮调一次，这意味着一次只能部署 1/3，即 4 万至 5 万人。这对它们来说已经是一个相当大的数字，只有美国军队规模更大一些。由于经常部署在海外，许多欧盟成员国的军队中都有一支富有经验的核心部队，但它们的支出显然是很高的。相比之下，美国兵力总数与欧盟相当，但能够调动大约 25 万名士兵到阿富汗和伊拉克执行行动，在海外的永久基地还留守有数十万人。

然而，更重要的是，人们认为欧洲人不愿意使用武力。由于欧洲自身的血腥历史，尤其是"一战"堑壕战中的大规模屠杀和"二战"中种族灭绝的经历，使欧洲的战略文化确实已经变得不愿意再起战事。"并不是战争的恐怖吓退了雄健的年轻人，使他们厌战的是一个显而易见的事实，那就是参战与其说是英勇的冒险，还不如说是一种可笑的徒劳。"利德尔·哈特（Liddell Hart）的这一观点，至今仍然振聋发聩。[19] 这对军事冒险主义起到了有效的刹车作用，毕竟干涉主义者总是更擅长发动战争，却不擅长成功地结束战争。很长一段时间以来，欧洲战略共同体的许多人都为欧洲国家缺乏军事投送能力而欢呼，并把欧洲描绘成一个有意识地放弃使用武力的"平民大国"。但这些欧盟的成员国，一直都是北约军事联盟的成员或伙伴，所以它们显然从未放弃军事力量这一治国手段。它们只是将自己的军事管理权放在一个组织中，把经济管理权放在了另一个组织中。随着欧盟及其外交和国防政策的建立，欧洲各国开始进行全方位的合作，各个维度的力量，都聚集在了一个屋檐下。

获得军事力量并没有像一些人认为的那样削弱欧盟的政治和经济实力，[20] 相反，军事力量的缺失曾一度削弱了欧盟的影响力。正如休·斯特罗恩警告的那样，欧盟应该小心行事，不要"从孤立的角度来看待自己，认为自己包裹在一个非典型但似乎永恒安全的地区玻璃罩中，不会受到太平洋上崛起的大国对抗的影响"。[21] 如果其他国家开始相信欧洲人永远不会使用武力，即使是在重大利益直接受到威胁的情况下，它们也不会在意欧洲的红线。因此，它们可能会采取威胁欧洲安全的行动，而欧洲则不得不给予军事回应。矛盾之处在于，如果欧盟拥有更可信的军事投送能力，因为其产生的威慑作用，欧盟反而不得不减少干预行动。如果其他国家知道欧洲人会采取行动，触碰红线会引发军事行动，它们的思考方式将受到影响，也可能更容易接受欧洲处理外交和经济的方式。欧盟与其他大国一样，各个维度的力量是相互促进的。[22]

上文提到的利比亚的例子可以清楚地说明，如果欧盟的邻国忽视欧盟，将会发生什么。2011 年空袭之后，在利比亚内战中欧洲军队仅参与了一个没有实际作用的海上行动。这一行动既无法阻止难民涌向欧洲，也无助于武器禁运，如果一定要说起到了什么作用，那就是至少救起了一些在横渡地中海时溺水的人。欧盟正式支持联合国承认的位于的黎波里的民族团结政府（GNA），但与以班加西为基地的陆军元帅哈利法·哈夫塔尔（Khalifa Haftar）达成结束内战的协议和提供军事援助方面，欧盟毫无作为。其他国家填补了欧盟留下的空白，土耳其站在民族团结政府一边，俄罗斯和埃及则站在哈夫塔尔一边。事实上，欧盟本身也出现了分歧，甚至法国后来也转而支持哈夫塔尔。[23] 这个位于欧洲家门口的国家因此成了又一场代理人战争的战场。土耳其和埃及都在觊觎利比亚的能源，而俄罗斯希望除了叙利亚的塔尔图斯基地，在地中海再建立一个军事基地。

欧盟的确拥有强大的经济实力。伊恩·曼纳斯（Ian Manners）又给欧盟贴上了另一个标签，他将欧盟因其市场规模而发挥的影响力称为"规范性力量"（normative power）。[24]
由于欧盟经常在食品安全、环境影响和数据保护等领域实施
最先进的规定，如果外国生产商采用欧盟标准，它们的产品
就可以出口到标准不那么严格的其他市场。这种所谓的"布
鲁塞尔效应"（Brussels effect）不应被夸大。[25]欧盟可以在很
多技术领域行使其"规范性力量"，但在政治领域却没有类
似的影响力。和美国人的生活方式一样，欧洲人的生活方式
吸引着世界各地的人，但这种对人的吸引力并不意味着其他
国家一定会认可欧洲的标准，而经济力量也不太容易用来促
成这种认可。欧盟曾试图通过附加条件的方式推进其他国
家的民主进程。它将伙伴关系和支持政治改革联系在一起，
但目标国大多只是推行了象征性的改革，而欧盟最终通常
都没有坚持初衷，还是拨付了资金。因此，这样的"规范
性力量"无法作为全面的大战略的基础。然而，制定技术
规范和标准本身就是一个重要的影响力来源。欧盟不能认
为这是理所当然的，因为随着中国市场规模的增长，以及
在一些高科技领域超越欧盟，对"规范性力量"的争夺将
会进一步加剧。

在危机中，欧盟并不总是有能力去利用其经济实力。当
美国退出伊核协议并对任何与伊朗做生意的公司实施制裁时，

欧盟于 2019 年 1 月创建了一个特殊目的工具，即"贸易往来支持工具"（INSTEX）。这意味着绕开美元和环球银行金融电信协会（SWIFT，金融机构之间的通信网络，伊朗已被排除在外），贸易可以照常进行。然而，欧洲企业并不相信这一机制能有效地保护它们免受美国制裁。它们将保留美国市场进入权作为首选，不准备承担任何风险，并拒绝使用 INSTEX，欧洲与伊朗的贸易崩溃了。直到 2020 年 3 月，INSTEX 才第一次被启用，且只用于在新冠疫情期间向伊朗运送医疗用品。欧盟确实维持了对伊核协议的支持立场，例如，[25] 欧盟成员国拒绝参加美国于 2019 年在波斯湾部署海军以威慑伊朗的行动。相反，一些欧盟成员国加入了由法国领导的在霍尔木兹海峡执行的"欧洲海上意识"（EMASOH）行动。但仅靠欧盟无法实现与伊朗关系正常化，并消除伊朗政权对军事干预的恐惧，这正是伊朗政府试图通过核协议实现的两个目标。[26] 结果，伊朗被迫寻求与俄罗斯及中国建立更紧密的关系。俄罗斯和伊朗已经在叙利亚战争中并肩作战。中国和伊朗则在 2020 年通过谈判达成了一项为期 25 年的伙伴关系协议，其中包括军事交流——这是特朗普政府始料未及的。

★ ★ ★ ★

欧盟的实力之所以无法有效发挥作用，与它薄弱的战略文化和复合体的性质有关，这两个因素导致了犹豫不决和缺乏决心。在军事领域，一部分是因为其能力分散，还有一部分是因为欧洲国家缺乏野心。

在冷战期间，当美国的欧洲盟友专注于领土防御时，北约联合部队的基础是陆军部队，通常有 50 万至 60 万名士兵。即使是较小的盟国，如我的祖国比利时，也提供了一支自给自足的部队。该部队预定的部署位置在德国：每个国家的部队都部署在铁幕沿线，并得到北约跨国指挥结构和一些具体的跨国设施的支持，如机载空中警报控制系统等。冷战之后，欧洲战略机构的重点转移到了欧洲各地的远征行动上，直到 2014 年乌克兰危机后，才坚决地把对（扩大了的）北约国家的领土防务问题放回了议事日程。然而，21 世纪 20 年代初，欧盟的远征行动依然有增无减，尤其是在欧洲南部边缘地区。在 2014 年至 2016 年遭到 ISIS 一波恐怖袭击之后，几个欧洲国家也在国内部署了武装部队，以支持安全部门打击恐怖主义，一些国家还曾求助军队来帮助抗击新冠疫情。

进入 21 世纪 20 年代，许多欧洲国家发现自己难以协调所有责任。在欧洲，大多数国家都废除了征兵制，所有国家都缩减了职业军队的规模，所有国家都经历了长期削减国防预算的过程。因此，欧洲很多国家的军队规模很小。承担全部类型的行动和战斗需要具备陆海空三个军种的综合力量，欧洲各国的军队几乎没有一支能够独立完成。在必要时，大多数或所有部队都可以用来执行"国土安全"任务。即使是那些通常不携带步枪的人，比如信号兵或后勤人员，也可以在街道上巡逻。对于远征行动，在一个连或半个连（100~200人）不适用的情况下，大多数欧洲国家会部署一个步兵营（500~600人）。只有最大的欧洲国家才有能力向海外部署一个旅（约5000人）的兵力，而这也是只有在欧洲其他国家或美国（在大多数情况下）提供支持的情况下，才能完成部署。欧洲缺乏"战略推动因素"：使部队投送成为可能的能力，如海上和空中运输，情报（基于卫星、飞机和其他设备），指挥和控制结构等。没有这些，就无法进行大规模和高强度的军事行动。当然，大多数欧洲军队在防卫国家领土方面还是合格的。但对于大多数欧洲国家来说，军队的前沿部署实际上相当于一次远征行动，如北约在波罗的海国家和波兰"强化前沿存在"（EFP），因此也会受到同样的限制。

1999 年，欧盟创建了"共同安全与防务政策"（CSDP）。加强军事合作是解决欧洲防务力量分散问题的唯一合理答案，这一认识也得到了成员国的口头支持。然而 20 多年后，尽管已经创造了有希望的新工具，但实际进步却非常有限。这一新工具是指欧盟所有成员国中的 25 个于 2017 年签署了欧盟永久结构性合作（PESCO），并成立了欧洲防务基金（EDF），从 2021 年起每年预算为 10 亿欧元，这是防务经费首次进入欧盟委员会的预算。如果欧盟成员国认为，它们需要能够在没有其他国家支持的情况下独立远征，并需要为自己的领土防卫承担更多责任，那么唯一可行的道路似乎就是军事一体化。与其专注于来自不同国家的部队能够相互协作的能力，还不如将它们整合成永久性的多国编队。

我们以军队为例，来说明欧洲军事一体化的运作方式。可以把"国家旅"作为基本模块，因为除了极个别国家，"旅"是每个欧盟成员国都能派出的最大军队单位。但只有极少数成员国仍然拥有完整的战斗支持和战斗服务支持部队，因此在许多作战场景中，很多国家的军队都无法发挥作用。例如，一个没有防空部队的旅，几乎不可能被部署在任何远征行动中。第一，通过将"国家旅"合并为多国师和多国军团，成员国首先可以将支援单位集中起来，从而确保整个师或军团具备全部所需的支援能力。第二，未来它们可以最大限度地统一各旅之间的装备。现在，欧洲国家沿用着大量不同的武器和装备，浪费了巨额资金。第三，组成多国师或多国军团的国家可以获得共同部署所需的战略支持力量，这样它们就可以借助其他国家的装备来投送军队。以护卫舰和小型航空编队为基础，类似的方案可以轻松应用于海军和空军。参与构建这种综合能力的欧盟成员国仍然可以调遣自己的军队，如以北约、联合国、欧盟本身或者是其他自愿的临时联盟的名义。

不过，欧盟所有或部分成员国是否真的愿意放弃保留军事主权的幻觉，转而支持现实的集体主权（就像它们在许多国内政策领域所做的那样），仍是一个悬而未决的问题。

★ ★ ★ ★

世界大国（以及其他一些国家）拥有的绝对权力工具是核武器。不幸的是，历史无法逆转，这意味着被《不扩散核武器条约》承认的五个有核武器的国家——中国、法国、俄罗斯、英国和美国可以维持它们的武器库，直到找到一个可靠的方法来相互销毁核武器。

然而，尽管其成员国之一法国是一个有核国家，但核武器在欧盟是一个禁忌话题。有些人呼吁核裁军，但每个人都应该听从陆军元帅蒙哥马利在冷战期间的警告，（欧洲弃核）可能会让整个欧盟成为其他大国之间的缓冲区。他说："我们绝不能允许（欧洲）成为两个拥有最新武器的大国之间的战场。"[27]每隔几年，就会出现一场肯定不会有结果的辩论，议题就是关于法国是否应该将它的打击力量"欧洲化"，建立一个欧洲的威慑力量。法国在过去曾表示，它的切身利益并不局限于法国领土。2019年法国和德国之间签订的《德国和法国关于合作和一体化的条约》（《亚琛条约》）也声明，如果遭到武装袭击，两国将使用一切可能的手段互相帮助。[28] 但这对德国来说还缺少一个正式的核保护伞，欧盟同样如此。因此，作为北约成员国的欧盟成员国需要继续依赖美国的核保障。可以说，欧盟只有拥有了自己的核威慑力量，才能实现完全的战略自治。但正如我们看到的，实现常规防御对欧洲人来说已经是一个挑战。因此，美国通过"扩展的核威慑"，代表其欧洲和亚洲盟友抵御核战争的风险，仍然是当今的世界秩序。然而，正如劳伦斯·弗里德曼和杰弗里·迈克尔斯（Jeffrey Michaels）指出的，"事实上，这些保证已经存在了60多年，令人印象深刻，但距离它们上次得到检验也已经很长时间了，它们的基础正变得越来越脆弱"。[29] 特朗普曾多次暗示，在他看来，欧洲和亚洲的盟友对自己的防御贡献不足，可能无法指望美国会全力支持。这是对威慑力的严重破坏，因为威慑的核心正是感知和信任。欧洲人当然担心美国的态度会影响俄罗斯的战略。然而，如果另一种选择是日本等邻国试图去发展核武器，中国实际上可能更愿意让欧洲置于美国的核保护伞之下。

美国确实在持续对其核武库进行现代化改造，其中部分原因是对俄罗斯在其国防战略中再次强调核武器的回应。有一种令人担忧的发展趋势，俄罗斯和美国重新开始考虑战术核武器：一种低当量的武器，据称可以在战场上使用，而不会升级为把对方整个领土作为攻击目标的全面核战争。在现实中，保持绝对的核门槛似乎至关重要，因为一旦跨过门槛，就很难避免有核国家对核武器继续升级。另一个消极的方面是军备控制和裁军条约的约束力已经大大削弱。

★ ★ ★ ★

拥有软实力的国家的硬实力最能发挥作用。经济或军事胁迫确实很有效，但若想让目标国家的战略机构和公众以及其他国家接受这一结果，还需要说服力和吸引力。不被接受的结果不会持久，因为当地的参与者会去破坏它们，而在当地有利益的其他国家也可能会试图进行干预。矛盾之处在于，强迫朋友要比强迫敌人容易得多。盟友和伙伴希望保持良好关系和经济利益，因此往往更能够承受压力。然而，一旦国家成为竞争对手，胁迫往往只会引发报复，特别是在实力相同的（接近的）竞争对手之间。此外，随着大国之间的紧张关系加剧，受到胁迫的大国会越来越倾向于支持被对方盯上的国家。这也意味着，在给伙伴施加压力时要特别注意，不要把伙伴推向另一个阵营。显然，生硬地使用实力可能适得其反，必须以一种创造性的方式来利用它。

第6章

创新：是科学，也是艺术

大战略不仅仅是计划。计划当然也是必需的：为达到期望的目标，战略家需要为如何调动战略所需的资源做计划，还必须为他选择的各项行动的执行顺序做计划。习惯的力量和程序的重要性常常将计划简化为一个线性过程：分配预算；获取在框架内能够使用的资源；然后按照既有的方式加以应用。在这期间，战略家既不会去探索新方式，也不会对目标重新评估。这就造成了一种错误的印象，即一旦没能达成既定目标，解决办法就是增加资源，或者用军事术语来说，就是增加地面部队。这种机械的方法产生的是缺乏想象力的次优策略，杰弗里·麦泽尔（Jeffrey Meiser）将其表达为一个公式："目标＋方法＋资源＝（糟糕的）策略"。[1] 在这一过程中，缺少的是创造力：想象力加上偶然出现的天才想法，将引导战略家设计出全新的工具或工具组合方式，实现新的目标，维护国家利益。当然，即使是天才的想法也必须考虑资源的限制，这就是为什么陆军元帅威廉·斯利姆会写道："想象力是一个将军必需的素质，但它必须是一种可控的想象力。"[2] 尽管如此，创造性会让一切变得不同，这就是战略既是一门科学也是一门艺术的原因。按照丘吉尔的话说：

> 我们经常听到军事专家反复强调要优先考虑决定性战场。这确实很有道理。但是在战争中，这一原则同其他一切原则一样，是由实际情况和环境决定的。否则，制定战略也太容易了些。只遵循原则，战略的基础就不再是对不断变化的场景带有运气成分的、训练有素的判断，战略将会被编成一本操练手册，而不再是一门艺术。[3]

之所以说"训练有素"，是因为战略能力是可以训练的。丘吉尔说："制定战略的学问可以被教授，否则我不会写这本书，但这种教授只在一定程度上。"因为战略是基于理性的，每个人都可以学习战略原则和制定战略的方法，就像每个人都可以学习演奏乐器一样。不过，并不是每个人都有成为明星音乐家或优秀战略家的天赋。虽然成为战略理论家的愿望比较容易实现，但战略学术研究的作用不应遭到嘲弄。除非亲自在政府部门工作过，否则没有一个学习战略的学者能真正知道如果自己有机会担任要职，是否能做出好的战略决策。然而，这并不意味着学者不能提供合理的建议或教育那些将会成为战略家的人。一个具有天赋的音乐家仍然需要学习如何识谱，音乐教师却不一定是世界著名的作曲家。同样，一个有才华的政治家、外交家或军官，如果熟知战略的理论和历史，就会有更好的表现。但讲授战略知识的教授不一定要亲自打赢过一场战斗或缔结过一项条约。

战略研究是一门应用科学，发展其原理不是为了从理论之美中获得满足感，而是为了应用于实践。如果对理论的期望模糊了对现实的观察、阻碍了判断、扼杀了创造性，理论将会起到相反的作用，甚至会像休·斯特罗恩说的那样，"是绝对有害的"。[4] 克劳塞维茨这样解释了战略研究的目的：

因为理论已经存在，一个人不必每次都从头开始收集素材并加以整理，他会发现它们唾手可得，井然有序。理论的作用是培育未来的指挥官的思想，或者更准确地说，是引导他们进行自我教育，而不是陪着他们上战场。[5]

这同样适用于谈判桌上的外交官和内阁会议上的政治家。因此，历史上许多优秀的政治家、外交官和军官不仅从事本职，同时还会开展战略研究工作。陆军元帅蒙哥马利讲述了他是如何开始学习战略的：

我曾读到过腓特烈大帝是如何评价那些只依靠实际经验而忽视学习的军官的。据说他曾说过，他的军队里有两只骡子，这两只骡子参加过 40 次战役，但它们仍然是骡子。[6]

军队通常会首先建立国防学院和学习制度。"二战"后，很多集军事、外交和政治学习于一体的综合性学院建立了起

来，如成立于 1946 年的华盛顿美国国家军事学院。欧盟作为
一个新的实体，在 2005 年最后一个启动了类似机构——欧洲
安全与防务学院。2020 年，该学校在比利时皇家国际事务研
究所的倡议下，与法国高等国防研究所（IHEDN）和德国联
邦安全政策学院（BAKS）共同推出了第一个大战略层面的课
程——高级战略课程。

　　战略研究教育与择优晋升机制相结合，是培养有前途
的战略家的必要条件。任何国家都不能仅仅依靠天才来实
现其大战略，因为并非每一代人中都会产生天才。但即便如
此，天才也并非总是能够得到认可或赏识。德意志帝国宰相
俾斯麦无疑是一个战略天才，他不仅成功统一了德意志，而
且通过与其他大国结成联盟巩固了德国在欧洲的地位。然而
在 1890 年，即威廉二世登上王位两年后，就因无法忍受这
位"铁血宰相"而罢黜了俾斯麦，放弃了他的合理战略。德
国之后的大战略，是由反复无常的皇帝、软弱的宰相和参政
的高级将领拼凑而成，并成了典型的失败案例。这个过程是
不是看起来很熟悉？实际上，弗朗索瓦·海斯堡（François
Heisbourg）就曾把特朗普比作威廉二世。[7]

★ ★ ★ ★

　　晚期的德意志帝国任由俾斯麦建立的同盟体系土崩瓦解，

并四处树敌。古代有一个最为成功的创造性大战略，向我们展示了一个国家怎样拉拢了它的敌人。爱德华·卢特韦克（Edward Luttwak）展现了"拜占庭的战略天才是如何通过外交、欺骗、贿赂和宗教信仰等手段，充分利用敌人的多样性，诱使他们相互争斗，而不是与帝国作战的"。[8] 在逐一击败了来自东方的入侵者后，帝国并不是全部消灭了他们，而是将他们安置在自己的土地上，纳入了帝国军队，从而加强了帝国的防御力量。依靠其富有想象力的大战略，拜占庭帝国或者说东罗马帝国在西罗马帝国灭亡后又将自己的统治延续了一千年。

法国在两次世界大战之间的大战略，被嘲笑是近代史上最缺乏想象力的静态战略，但实际上，它肇始于一种创造性的方法。法国建造了马奇诺防线，作为防御工事和掩体。修建这一防线的最初想法，并不是要躲在后面等待德国的下一次进攻，而是为远程攻击行动提供安全基地。通过 1920 年的军事协议，法国与比利时的合作得到了保证，而捷克斯洛伐克、罗马尼亚和南斯拉夫结成的"小协约国"（在"一战"之前，与英国签订"友好协约"之后）让法国在德国东部边境拥有了伙伴。然而，当法国和英国对纳粹德国连续违反《凡尔赛和约》的行动视而不见时，这一战略开始瓦解。两国的绥靖政策，最终导致了 1938 年慕尼黑危机，捷克斯洛伐克被肢解。其他东欧国家逐渐被拉入德国的轨道，比利时则在 1936 年恢复中立。1939 年 9 月 1 日希特勒入侵波兰后，英法两国宣战。但即使在那时，欧洲大陆上的主动权仍然在德国手中。[9] 得益于一项大胆的军事行动计划，1940 年 5 月、6 月间，德国在法国战役中彻底击败了盟军。不过幸运的是，德国在作战层面的创造力无法弥补其在大战略方面的缺陷，德国人的不切实际让他们输掉了这场战争。

在"二战"结束时，一个极具创造性的大战略横空出世，进而塑造了今天的世界。美国和英国集合戴高乐统治下的法国和国民党统治下的中国，说服了苏联，来共同建立新的全球机构和基于规则的秩序。作为对它们的回报，这五个国家获得了新成立的联合国安理会常任理事国席位和一票否决权。根据 1948 年的马歇尔计划，以欧洲国家之间的合作为条件，美国进一步利用其经济实力，帮助西欧国家进行经济重建并推动了欧洲一体化。[10] 由此，美国在稳定了该地区的同时，将西欧与美国经济捆绑在一起，这最终成为美国大战略的一部分。由于斯大林禁止一些东欧国家接受马歇尔计划的援助，这一分歧逐渐演变成为主导东西方关系的冷战。从 1949 年开始，北约保证了美国欧洲盟友的安全，不受俄罗斯进一步扩张行动的威胁。同样，在全球层面，由美元作为全球储备货币的多边经济和金融机构巩固了美国的影响力。杜鲁门总统1947 年 3 月 12 日在国会发表演说时称，美国应"援助那些自由的人民，他们正在抵御少数武装力量或外部压力试图强加给他们的征服"。在杜鲁门主义的指引下，这成了美国的国策。如此一来，美国创建了一种国际经济秩序，既保障了美国的利益，又对其他国家十分有利，以至于美国人热切地接受了这样一种观念：对美国有利的，对这些国家也有利。

1944 年，当罗斯福总统向戴高乐总统解释他的"联合国计划"时，戴高乐总统犀利地总结道："只有人类，会用理想主义掩饰对权利的渴望。"[11]

★ ★ ★ ★

冷战结束时，曾有过对"新的世界秩序"的讨论。很多前社会主义国家，大都融入了西方经济秩序。它们一直是以联合国安全理事会为代表的世界政治和安全秩序的一部分，但是两极对抗曾常常使这个重要机构陷入瘫痪。自 20 世纪90 年代以来，由于五个常任理事国之间的关系比之前更具建设性，安理会得以发挥更大的作用。与此同时，美国冷战时期的盟友继续与美国保持着密切联系，因为它们希望美国继续在提供全球公共产品方面发挥领导作用，比如保障安全和开放的经济秩序等。[12] 与一些人的期望相反，诸如北约这样的联盟并没有解散。因此，当时的世界秩序以及美国在该秩序中的主导地位，似乎会一直得到巩固。然而到了 21 世纪，美国的领导地位逐渐被削弱，因为在很多事件中，美国证明了当世界秩序被动摇或规则本身遭到违背时，美国不愿意担任领导者。结果，这一秩序开始遭到侵蚀。

2003 年美国入侵伊拉克是一个转折点。美国这一行为显然违反了国际法，并且因为没有无可争议的理由，被广泛认为是非法干预。在美国之外，几乎没有人愿意以"为了更广泛的利益而对规则进行'创造性'解读是可以原谅的"为理由来替美国的行为开脱。在 2003 年，美国（以及支持它的英国）失去了在"9·11"恐怖袭击后获得的声望和同情。随着阿富汗战争的持续（部分原因是美国将重心转移到了伊拉克），其他国家也开始以更加批判的眼光看待这一行动。而当美国在 2001 年发起这一行动时，没有人怀疑这是根据《联合国宪章》第 51 条的规定在合法行使自卫权。美国经常为了国家利益而用这些规则标榜自己，但从未如此公然地、如此明显地危害盟友和合作伙伴的安全。自 2003 年以来，汉斯·莫尔认为国际秩序遭到侵蚀的势头越来越明显了。[13]

2008 年，当美国的金融危机演变成全球危机时，国际政治体系无疑又受到了一次打击。事实证明，美国既没有能力也没有意愿去解决这场危机。在伊拉克危机中，没有出现可以替代美国的领导者：欧盟内部存在分歧，英国支持美国，而法国和德国则持否定态度；当时的俄罗斯和中国在军事上和外交上尚没有什么影响力。然而，对金融危机的应对，展示了中国的实力与地位。由于欧盟也受到了严重打击，包括欧洲国家在内的许多国家不得不向中国求助。中国在金融危机中近乎毫发无损，所以有能力向全球经济注入大量资金，这进一步削弱了美国的领导地位。很多国家受益于中国，所以当中国随后被认为滥用其经济实力时，批评中国让它们感觉很为难，因为很多人不愿意反咬给过自己恩惠的国家。

特朗普入主白宫后，美国的领导地位在基于规则的世界秩序中加速下滑。特朗普政府实际上带头削弱了多边架构。首先，美国对区域贸易协定提出了质疑。美国退出了跨太平洋伙伴关系协定，而这正是在奥巴马的领导下由美国自己发起的。随后，特朗普向加拿大和墨西哥施压，要求更新 1994 年达成的《北美自由贸易协议》（NAFTA），最终该协定在 2020 年被《美墨加协定》（USMCA）取代。接下来，美国于 2019 年启动了退出 2015 年《巴黎协定》的程序。美国还退出了几个武器控制条约，并在 2020 年 7 月新冠疫情最严重的时候退出了世界卫生组织。美国开始破坏自己建立的国际秩序，让盟友和伙伴大为吃惊，因为这种基于规则的秩序一直被它们视作是自身利益的保障。美国宣称这样做的动机是它认为美国受到了不公平的对待：尽管美国的贡献更大，但其他国家从该体系中获得的好处比美国更多，这说明了体系内部存在很多问题。美国经常指责中国违反了国际组织的宗旨，同样的指责现在也被用在了美国的欧洲盟友身上。

19世纪末，当德国和美国超越英国成为工业强国时，英国的反应完全不同。由于工业化开始较早，加上殖民扩张和强大的皇家海军，英国已成为列强中的领头羊。这是一个多极世界，虽然在某种程度上说皇家海军在海上巡逻，维护航行自由，是为了英国的海外贸易，但英国也保障了所有国家的贸易稳定。此外，英国小心翼翼地维护自己的声誉，英国商人、政治代理人或传教士无论是在哪里受伤，甚至只是受到侮辱，一定会有舰队和登陆部队出现在该处。花费虽然巨大，但英国认为这既是一项投资，也是自己的使命。因此，即使在"不列颠和平"为其他大国提供了扩张契机时，英国仍在继续对世界秩序进行着投资，因为与放弃维护世界秩序相比，这样做更符合英国的利益。[14]

美国脱离多边架构的举动不仅令其盟友和伙伴感到惊讶，

也让它们感到沮丧，因为美国公开宣称的理由显然是不真实的。21 世纪 20 年代初，美国仍处于国际金融和经济秩序的中心，它的政治决定也仍然对全球经济具有重要影响力，而且与其他国家相比，美国受益也是最多的。[15] 因此，脱离接触的潜在后果是很严重的。最直接的后果是，当美国退出一个国际组织时，实际上会让中国和其他国家更容易填补美国留下的空白，并重新塑造该组织的规则和宗旨。欧盟和其他支持现有规则的国家，一般都没有足够的实力来制衡中国。鉴于中国日益增长的实力以及中国在多边架构中拥有相应地位的合理要求，维持现有的以规则为基础的秩序必然会成为一个挑战。欧洲首选的回应是在多边主义上下功夫并进行改革，在顾及中国感受的同时，继续在该秩序内运作并维持核心规则。特朗普政府的孤立主义政策只是让挑战变得更加艰难了。从长远来看，这样的政策可能会从根本上削弱美国的经济实力。美国的单边主义做法，迫使各国审查现有条约，并惩罚与美国制裁的第三国做生意的外国公司，甚至在其符合本国法律的情况下也不得不如此。特朗普打开了潘多拉的盒子。美国的做法，已经导致许多国家（甚至包括欧盟在内）开始质疑美元作为世界储备货币的地位，并探索绕过美国的途径。例如，欧洲央行到目前为止一直将欧元区的自我管理放在首位，但如果它开始与欧盟伙伴国的央行达成互换协议，人们可能会看到美元大幅转向欧元。

让人们重新恢复对美国的信任并非易事。一些人认为特朗普需要按一定顺序调整一些事情，以便美国的盟友和伙伴能够关注到美国的需要。这种看法过于积极了。[16]特朗普政府已经将美国仁慈霸主的形象挥霍一空。美国的盟友和合作伙伴都明白，美国当然会首先照顾自己的利益，但它们在过去曾想当然地认为美国也会适当考虑盟友的利益，并维护基于规则的秩序的利益。但对潜在安全威胁的担忧（这些威胁太大，无法单独应对），让美国的盟友都不会考虑放弃与美国的结盟关系。正如上一章中谈到的，特朗普政府已经开始让现有盟友把矛头指向中国。这一策略在澳大利亚、日本以及其他视中国为身边潜在军事威胁的国家中十分成功。但美国的欧洲盟友和加拿大并不急于让中国成为它们与美国联盟关系的焦点，也不愿意全面执行美国的对华战略。美国的联盟关系不仅仅建立在对威胁的联合威慑和防御之上，它们还建立在盟国对美国作为一个强大领导者和全球公共产品稳定提供者的信心的基础上。用约翰·伊肯伯里（John Ikenberry）的话来说："美国可能不再是世界上唯一的超级大国，但它的影响力从来都不是以实力为前提的。它还取决于一种向别国

提供可以实现互惠互利的理念和制度框架的能力。"[17]这一点
对那些没有与美国正式结盟的伙伴国更为适用。特朗普政府
在破坏了这种信心后，没能拿出一个令人信服的替代方案。

可以说，甚至在特朗普上台之前，美国在世界上的地位
就已经主要是基于过去的成就了。美国对世界秩序和全球经
济的看法，建立在对自由市场不受约束的信念之上，而这对
世界许多地区的吸引力已经大不如前。[18]对于美国的盟友和
伙伴来说，最坏的情形是它们仍然遵守着美国制定的基于规
则的秩序，但它们对美国的世界计划失去了信任，并开始感
到自己被迫留在了一种不被完全信任的联盟和伙伴关系中。
在特朗普任职期间，美国的外交政策开始变得像成吉思汗的
政策，正如斯蒂文·朗西曼（Steven Runciman）的定义："他
的外交政策非常简单。他的朋友已经是他的属国，他的敌人
都将被消灭或沦为附庸。"[19]就像我们在第 5 章最后得出的结
论，美国和欧盟以及其他盟国和合作伙伴，如果想要去维持
一个共同的项目，需要更加积极地相互协调。对美国来说，
这不仅需要对多边架构进行再投入，还需要定义一个新的具
有全球吸引力的实质性项目。即使对由民主党执政的美国政
府来说，这也是一项艰巨的任务，因为在它们内部，也有很
多人对多边主义持有严重怀疑的态度。

★ ★ ★ ★

中国的"一带一路"倡议自 2013 年启动时就成了全世界议论的焦点。相比之下，俄罗斯的欧亚经济联盟，欧盟的欧亚互联互通战略和美国的"蓝点网络"计划几乎没有人谈起。欧亚互联互通战略和"蓝点网络"计划确实是对标中国"一带一路"倡议提出的。"一带一路"倡议提出本身就是一种成功，"一带一路"倡议是一个宏大的战略项目，评估"一带一路"倡议不仅要看其经济成就，还要看其政治结果。

也许中国的初衷并不是如此。最开始出台的是刺激中国西部内陆省份发展的计划，以便它们能够赶上东部沿海地区。随后中国面向中亚，并推出了面向欧洲和中东的"一带一路"倡议。此外，海上丝绸之路途经东南亚将中国与非洲联系在一起，北极丝绸之路计划则是要充分利用俄罗斯北部的开放海域。"一带一路"倡议的核心是对能够加强互联互通的基础设施（公路、铁路、港口、管道和网络）建设项目进行投资。

"一带一路"倡议是一个宏大的项目，中国的一些战略人士雄心勃勃，提出了建设以"一带一路"为模式的新型国际政治的设想。到 2020 年，实际上有将近 140 个国家与中国签署了"一带一路"谅解备忘录，其中也包括了位于主要经济走廊以外地区的国家。与此同时，"一带一路"倡议仍然难以准确定位。中国与任何国家取得的任何成就，似乎都代表了"一带一路"倡议的成功。不过，贾斯珀·罗图斯（Jasper Roctus）表示，中国有意选择了一种"摸着石头过河"的方式——方向是具体的，但"一带一路"倡议是开放的。1978 年，中国开始"改革开放"，随后中国进行了一系列局部试验。虽然有些试验扩大了，有些试验终止了，但在这一过程中，关于目标是什么以及成功需要什么的问题得到了回答。[20] 因此，对于"一带一路"倡议来说，则是：宣传有效的方法，悄然搁置无效的方法。这种做法是中国实用主义的又一个例子，有助于在"一带一路"倡议的长期定位和连续性方面形成较大的灵活性。[21] 而且，正如卡恩指出的那样，一个大胆而又雄心勃勃的标签会让人兴奋："因为无论如何，中国都致力于与这些国家发展经济关系，有一个吸引人的口号没有坏处。"

在中国有能力启动"一带一路"倡议这样的项目之前，它必须发展自己的经济。在其仍然受到严格保护的国内市场上，中国一些冠军企业成长起来，并开始准备进军海外。许多对中国的批评都集中在这样一个事实上：许多中国企业都是国有企业。然而，这并没有什么要紧，因为如何组织国内经济应由中国自己决定。在许多欧盟成员国，政府在经济中的作用虽远不及中国，但远高于美国（尤其是在公用事业领域，也包括国防工业）。例如，如果比利时决定国家必须持有本国最主要电信公司的多数股份，这是一个王国完全有权做出的政治选择，并且从道德或法律的角度来看，这一选择并没有好坏之分。此外，许多美国批评家往往忘记了，为了促进F35战斗机出口，美国政府给予了一家防务公司很大支持。对于接收方政府来说，洛克希德·马丁公司是私人公司还是国有企业并没有太大区别。因此，重要的是中国的国有企业和其他企业是如何获得市场份额的。当外国公司刚刚进入中国市场时，利润率是如此之高，以至于它们根本就没有将互惠性纳入考量。当中国企业竞争力增强，外国企业利润空间变小时，它们后知后觉，言之凿凿地要求中国政府采取行动。中国将不得不接受这样一个事实：如果不能实现真正的互惠互利，美国和欧盟将别无选择（无论是否愿意），只能重新评估中国进入它们市场的机会。

对"一带一路"倡议来说，国家控制经济的优势在于，如果一个项目有利于中国的国家利益，即使无利可图，中国也可以有企业进行投资。这是美国或欧洲公司做不到的。评价"一带一路"倡议的项目不仅要看经济效益，更要看中国追求的宏观战略目标。虽然如此，中国的资源也不是无限的。要想让"一带一路"倡议可持续发展，必须有一定数量的在经济上可行的项目。不过到 2020 年，"一带一路"倡议的成本与美国在"全球反恐战争"[22]上投入的 6 万亿美元相比，还是微不足道的。新冠疫情造成的经济衰退可能会减少中国和目标国家可利用的资源。当然，可持续性也要从后者的角度来评估，目标国必须偿还贷款。

通过"一带一路"倡议，中国需要实现一个微妙的平衡：提出一个足够优惠的条件来建立政治影响力，但又不能过于激进，从而引发阻挠和可能的拒绝。从目标国家的角度来看，中国的崛起为它们提供了更多的选择，除了美国、欧盟、（在一些地区还有）俄罗斯，现在也可以选择与中国展开合作。因为大多数国家都寻求与不同大国保持良好关系，中国这个选项也让它们有了和其他大国讨论的机会。只要中国不强迫一个国家加入"一带一路"倡议，也不强迫一个国家与其他大国断绝关系，"一带一路"倡议就是中国对其实力的合理利用。

然而，中国已经认识到，自己的力量并不总是足以应对伙伴国的内部政治和安全问题。专制的、软弱的或腐败的执政者经常成为中国发挥影响力的障碍。例如，事实证明，巴基斯坦是一个很难合作的合作伙伴，中巴经济走廊饱受官僚主义和地方政治的困扰。美国对此早有经验。此外，因为"一带一路"包含众多国家，其中有些国家之间存在争议，比如巴基斯坦和印度。与一个国家的成功合作可能会损害与另一个国家的关系。哪怕只是从本国民众和财产安全的角度来看，中国在一个国家的利益越多，就会越多地被目标国的安全局势牵涉。中国已开始与"一带一路"沿线国家发展更紧密的军事联系。[23] 在第 4 章中可以看到，其不干预的战略文化意味着在实践中，面对可能的或事实上的安全危机，它依赖于其他大国采取行动，比如在中亚和高加索地区依赖俄罗斯，在欧洲、阿拉伯半岛、东南亚（某种程度上）依赖美国。如果未来中国愿意更多地参与安全和防务事务，对其有利也有弊，因为这可能会改变现有平衡：一些国家可能会选择与中国建立更密切的军事关系，而其他国家无疑会将其视为向美国靠拢来制衡中国的理由。

在 2017 年，中国邀请签署了"一带一路"合作谅解备忘录的国家参加"一带一路"国际合作高峰论坛，这体现了中国的号召力。然而，"一带一路"倡议的核心仍然是各国与中国的双边关系。鉴于参与国家的数量和多样性，构建"一带一路共同体"十分困难。此外，中国通常更喜欢与一个国家单独打交道，从而避免需要协调第三国的立场。但 2014 年，中国发起了一项重要的多边倡议，创建了亚洲基础设施投资银行（下称亚投行）。这家新的多边开发银行于 2016 年开始运作，截至 2020 年已经为成员提供了累计超 200 亿美元的基础设施投资。美国对此反应强烈，并建议其盟友和伙伴不要加入该组织。但多数国家没有理会美国的警告：英国是最早加入的国家之一，澳大利亚和 19 个欧盟成员国也紧随其后，只有日本和韩国遵守了美国的规定。美国误读了盟友的情绪，例如欧盟对亚投行持非常积极的态度。中国选择多边而非单边机制，并邀请西方国家加入其中，这难道不正是欧盟和美国想要的吗？这样一来，亚投行将能够从内部保证透明度和可持续性的标准。然而，亚投行并没有像许多人最初认为的那样成为"一带一路"倡议的专属银行，因此它没有为其成员国对中国的双边倡议施加影响提供途径。与"一带一路"倡议相比，亚投行仍然是一个规模小得多的参与者。但亚洲的基础设施需求十分巨大，根据亚洲开发银行的数据，到 2030 年，亚洲在基础设施建设方面每年需要 1.7 万亿美元，所以这一领域的所有参与者都有充分的发展空间。这是众多美国盟友无视美国警告的原因之一，而另外一个原因则是美国没能提供替代方案。[24]

中方是否实现了"一带一路"倡议的战略目标呢？学者王缉思表示，"一带一路"倡议的战略目的之一是确保在海上交通线中断的情况下，通往西方的供应路线仍然畅通。[25] 不过，就目前而言，陆路通道仅占中国对欧洲贸易的一小部分。例如，到 2020 年，中国与欧洲的铁路贸易总额不到 9000 万吨，而欧盟港口每季度就要处理近 9 亿吨货物。虽然"一带一路"仍在发展，特别是巴基斯坦走廊，但仍然很难想象它将来的规模是否能弥补中国贸易的需求。不过，"一带一路"倡议实现了另一个战略目标：中国将许多国家与中国经济联系在了一起，并在许多方面大大增强和巩固了其政治影响力。

★ ★ ★ ★

"一带一路"倡议促进了世界互联互通。不管是现代国家还是古代帝国，都总是在寻找稳定的市场和资源，并需要保证通向这些市场和资源的交通线的安全，所以互联互通始终具有经济和政治两个层面的意义。在过去，互联互通是非常具有竞争性的：大国的目标是征服那些能够提供诱人市场或资源的国家，使它们成为殖民地或受保护国，由此出现了排外的势力范围。在 19 世纪，大国竞争和新技术的结合导致了一场疯狂的运动。大国修建公路和铁路以连接它们不断扩张的殖民帝国，当时的口号是"从开普敦到开罗"（Cape to

Cairo）和"从柏林到巴格达"（Berlin to Baghdad）。从非洲北部到非洲南部，英国最终在地图上建立了一个连续的"红色区域"。通往巴格达的铁路巩固了德意志帝国在奥斯曼帝国的影响力。但竞争性的互联互通导致了许多事件的发生：1898年，英国和埃及联合探险队与法国探险队在苏丹法绍达遭遇后，为争夺尼罗河上游的控制权，英法两国险些开战。亚洲也不例外。因为海军需要煤炭补给站，所以各国沿着海上交通线路建立了众多基地。20 世纪初对中国东北地区铁路的控制成了沙俄和日本帝国地缘政治竞争的焦点。在 1904 年到 1905 年的日俄战争中，为争夺铁路枢纽沈阳进行的战斗，是近现代史上到"一战"之前规模最大的陆上战斗。之后，在日本控制下的中国东北地区基本可以说是由一家铁路公司和一支军队（日本关东军）组成的，直到"二战"结束。

在 21 世纪，互联互通一般是在双方同意的情况下建立的：大国为了进行贸易和投资，会主动征求目标国的同意。通过缔结伙伴关系和联盟，而不是通过征服，可以从政治层面巩固经济联系。现在，对目标国的胁迫实际上会起到反作用。例如，俄罗斯对克里米亚的占领，不仅使克里米亚半岛与俄罗斯之外的所有国家隔绝开来，因为俄罗斯本身也遭到了经济制裁，这也降低了俄罗斯与外界的互联互通。从经济角度来看，占领克里米亚是一种失败。因为克里米亚半岛与其说是一项资产，不如说是它拖累了俄罗斯经济。然而乌克兰的例子表明，存在这样一个疑问：大国之间是否能够达成共识，制订不互相排斥的互联互通计划，从而不必迫使其他国家在两国之间做出选择？而这正是乌克兰面临的现实，它被迫在欧盟和俄罗斯之间做出选择，最终因此四分五裂。所有开展互联互通计划的大国都应该意识到这种风险。

新冠疫情表明，即使对大国来说，互联互通在 21 世纪仍然非常重要，但又非常脆弱。随着生产基地和边境的关闭，跨越多个国家的复杂供应链崩溃了。幸运的是，大多数国家都能保持食品和其他必需品的供应。因为如果超市里的货架都空了，公众就不会如此温顺地遵守"封锁"规定，即使是在最富裕的国家，也可能会出现对公共秩序的严重威胁。其结果是，疫情在一定程度上加速了原本就存在的全球化重新洗牌的趋势：所有过于碎片化的供应链可能都将得到统一规划，在医疗用品等某些特殊行业，各国未来将可能会力主拥有自主生产能力。但从本质上讲，这些大国仍将在经济上相互依赖，依赖出口和自然资源的进口。全球化只是重新洗牌，而不是取消。因此，如今的互联互通仍将像过去任何时候一样至关重要。

★ ★ ★ ★

俄罗斯在 2014 年推出了自己的计划：欧亚经济联盟。与"一带一路"倡议不同，这是一个多边计划，有永久性机构，并将会创建一个单一市场和关税联盟。针对前苏联加盟共和国，欧亚经济联盟现在有五个成员国，包括亚美尼亚、白俄罗斯、哈萨克斯坦、吉尔吉斯斯坦和俄罗斯，其他国家则一直不愿意加入。欧亚经济联盟的起源是 20 世纪 90 年代签订的一项条约，它是针对欧盟与这些国家进行接触做出的一种回应。蒂莫西·斯奈德甚至认为，它主要是一种干扰机制，旨在阻止前苏联国家与欧盟建立密切关系。[26] 当然，一旦一个国家与俄罗斯建立关税同盟，它就不能再与欧盟缔结自由贸易协定。因此，从本质上讲，欧亚经济联盟比中国的"一带一路"倡议或欧盟的倡议更具排他性，这也是为什么它对许多国家吸引力有限的原因。即使是那些已经加入欧亚经济联盟的国家，也在不断强调自己的主权，这与俄罗斯最初深化政治一体化的计划背道而驰。[27] 2015 年，中国和俄罗斯正式达成了欧亚经济联盟与"一带一路"倡议的合作意向，但在实践中两个计划是并行的。[28] 俄罗斯不愿意公开承认的现实是，它与中国争夺影响力的激烈程度和与欧盟争夺影响力的激烈程度不相上下。事实上，俄罗斯现在可能对中国日益增长的影响力更为担心，但只要俄罗斯与欧盟的关系依然堪忧，它就会继续与"一带一路"倡议合作下去。

在这个特殊的地缘经济领域，美国姗姗来迟：它更看重自由贸易工具，而不是政府发起的投资计划。特朗普上台后，他甚至停止了美国在该领域的活动。为了应对中国日益增长的影响力，美国于 2019 年启动了"蓝点网络"计划、澳大利亚和日本也参与其中。该计划的目的是对符合一定标准的基础设施项目进行认证，以帮助它们吸引私人资本。其主要目的是动员私人资本，包括来自美国养老基金等主要机构的资本。但如果不以政府资金为核心，想要调动足够的私人投资来产生重大的政治影响将会是一个挑战。

★ ★ ★ ★

欧盟本身就是中国"一带一路"倡议的"目的地"。18 个欧盟成员国与中国签署了"一带一路"合作谅解备忘录，其中也包括意大利。意大利于 2019 年签署了该备忘录，是七国集团中的第一个。此外，12 个欧盟成员和 5 个中东欧国家加入了中国于 2012 年在欧洲建立的地区合作框架"17 ＋ 1"①。这一合作框架当前的重要目标之一是推进"一带一路"

① 立陶宛已于 2021 年退出该合作框架。——编者注

建设。欧盟一直对其成员国加入"17 + 1"深感痛惜，因为这显然很容易破坏欧盟的谈判地位。而俄罗斯战略则在很大程度上促使欧盟团结起来对抗俄罗斯。在不引发外交危机的情况下，破坏"17 + 1"很难实现，所有欧盟成员国都退出的情况不太可能发生。另一种选择是让所有欧盟剩余成员国都加入，中国在这种情况下就失去了主要的利益点，但这也可能被视为是对该计划含蓄的认可。事实上，中国在欧盟的大部分投资流向了德国、法国、意大利和北欧，而东部的欧盟成员国接受的投资大多来自欧盟内部。另一个现实是，各大成员国（尤其是德国）往往优先考虑自身与中国的经济利益，从而损害了欧盟的共同利益。

欧盟的单一市场仍是全球最开放的市场之一，但大国之间日益加剧的竞争和对抗，使得欧盟不得不重新评估其政策，并谨防有些国家滥用欧盟市场的开放性。在坚持大力发展自由贸易的同时，欧盟开始越来越重视互惠原则，特别是与中国之间的互利互惠。欧盟不会像美国那样轻易地诉诸关税和制裁，以及断开一些现有的经济纽带。

2018 年，欧盟还发起了一项针对第三国的倡议：欧亚互联互通战略。这一战略针对的是欧亚大陆，也就是"一带一路"倡议的核心区域，很大程度上也是对"一带一路"倡议做出的反应。但实际上，在利用创造性的举措建立多维度的关系及产生影响力方面，欧盟的经验比中国更丰富。冷战结束后，从 1991 年开始，欧盟与其中东欧邻国达成了一系列"欧洲协议"，为它们开启了成为欧盟正式成员国的道路。1995 年，在一个新的多边形式的框架下，欧盟向其南部邻国推出了新一代的联合协议（不以欧盟成员国身份为前提）：欧洲—地中海伙伴关系（EMP）。2004 年，在 10 个新成员国加入后，欧盟睦邻政策（ENP）成了涵盖欧盟与东部和南部近邻双边关系的总框架。对这些国家，欧盟并没有提出加入欧盟的邀请（除了巴尔干国家，它们加入欧盟的谈判正在欧盟睦邻政策之外进行）。在欧盟睦邻政策内部，"地中海联盟"和欧盟的"东部伙伴关系"（EaP）提供了两个多边平台：前者包括地中海沿岸国家，后者包括白俄罗斯、摩尔多瓦和乌克兰，以及三个高加索国家（格鲁吉亚、亚美尼亚和阿塞拜疆）。然而，多边架构对邻国的吸引力有限：一个区外大国不可能培养出区域内部的亲密感。邻国会优先考虑与欧盟的双边关系，其运作原则是"肯定性条件限制"（Positive Conditionality）：作为对实施双方都同意的经济和政治改革的回报，欧盟给予邻国援助、投资、市场准入、签证自由化和其他支持。

欧洲睦邻政策在东部伙伴关系国产生了很大的政治影响力，它们渴望欧洲的生活方式。但有些国家社会和政治的组织基础与欧盟成员国完全不同，在这样的国家欧洲睦邻政策并不是很成功，因为一个国家的生活方式是无法由外界改变的。因此，在实践中，欧盟在很大程度上对缺乏政治变革视而不见，而是通过在利益一致的领域开展务实的政治、经济和安全合作来保持自己的影响力。尽管如此，当伙伴国家面临安全问题，欧盟一直不愿意干预时，新的参与者提供了更有吸引力、附加条件更少的提议（就像中国在东欧伙伴国家所做的），欧盟的影响力已经被削弱了。

欧亚互联互通战略是欧盟新的起点。在地理上，它远远超出了东欧地区，覆盖了整个欧亚大陆。此前，欧盟的亚洲政策主要集中在与中国以及与东盟的关系上。更重要的是，新战略的目标一开始的定位就不是在目标国引发政治变革，而是要维持一个公平的经济环境，从而在中国的存在感越来越强的条件下，维护其主权，并维护欧盟设定标准的权力。和大多数优秀战略一样，这一战略的基本思路很简单：如果欧盟感觉到了中国通过"一带一路"倡议（或者如俄罗斯通过欧亚经济联盟）在一个国家获得的影响力威胁到了欧洲的利益，欧盟必须拿出更好的筹码。因此，欧盟的目的是让各国认识到，保持经济开放并同时与多个大国接触，而不是把所有鸡蛋都放在中国或俄罗斯一个篮子里，更符合它们的利益。欧盟目标明确，建立"正式的互联互通"：欧盟本身并不追求排他性，只是想阻止其他大国建立一个专属的利益领域。

欧盟计划通过投资公共设施来吸引私人投资。2019 年欧盟和日本签署的可持续互联互通伙伴关系协议可能产生协同效应和规模效应。尽管如此，动员足够的资源发挥作用并产生影响将是一项巨大的挑战，尤其是在新冠疫情后，欧洲自身复苏也需要资金，影响了可用于外部行动的资源。如果没有足够的资源，欧盟的欧亚互联互通战略必将落空，但欧盟确实还可以给出一个相当吸引人的提议：这是欧亚大陆国家与大国关系多元化的一个机会。欧盟寻求的是合作伙伴，而不是客户。而且，这些国家有希望进入欧盟巨大的市场，并实施绿色新政等创新战略。随着战略的实施，欧盟也可以扩大合作范围，探索与目标国家进行政治和安全合作的机会。如共同的外交政策目标、军事交流、联合军演等，这可以使欧亚互联互通战略更加深入。互联互通不仅仅是在物质世界中创造的，比如通过修建道路、港口和网络基础设施等，让伙伴国感觉彼此相连也很重要。这需要政治投资，包括高层双边互访等，比如中国在"17＋1"问题上展示的做法。

在欧盟试探性地着手实施欧亚互联互通战略之际，它还在 2020 年宣布，将对其针对非洲的战略进行评估。中国已成为在非洲的重要存在，令欧盟和美国感到十分担忧。中国的大规模投资将欧美挤出了非洲。至少在冷战结束之前，中国对待非洲的方式在很多方面只是和欧美一样，如以开采自然资源为重点等。主要的区别在于，中国输送了大量的中国劳动力，而不是依赖当地的劳动力，而且到目前为止，中国对军事合作的关注较少。欧盟及其成员国仍是对非洲发展援助的最大援助国。但许多欧洲人对非洲的看法完全是负面的，认为非洲是一个需要遏制的威胁和需要遏制的移民来源。如果欧盟想要恢复其在非洲失去的影响力，它必须先扭转这种防御性的思想。

★ ★ ★ ★

过去，欧盟是进行创新型"伙伴外交"的先锋，与很多国家建立了全面的政治、经济和安全关系。在那些受到欧盟生活方式吸引或想要将本国经济与欧盟单一市场联系起来的国家中，欧盟获得了巨大的影响力。然而，在欧盟的政治野心过高，或者当欧盟的安全角色过于有限时，欧盟的影响力并不强大。2003 年以后，欧盟也与主要大国建立了战略伙伴关系。从 20 世纪 90 年代开始，中国也开始了一轮"伙伴外交"，在各大洲结下了数十个战略伙伴。然而，通常情况下，除了在经济领域，欧洲和中国尽管每年会召开峰会，但它们的战略伙伴关系仍是高度宣言性的。

关注互联互通代表了国际政治领域最新的创新方法。经济仍然是核心，但新的重点是基础设施投资，并以其作为连接其他国家与本国市场的一种方式，借机将本国的规范和标准推广开来。在政治领域，投资基础设施的目标不是输出自己的模式，而是确保在他国的市场准入以及巩固影响力。这种方法适合中国和欧盟，因为基础设施公共投资是它们的传统强项。欧盟或许确实希望，能否不考虑加大公众参与及强化欧洲投资银行等欧盟机构，这样它就可以将更多资源直接投向目标国家，而不是像现在这样向多边和当地合作伙伴捐赠，却几乎不为人所知，也产生不了什么影响力。欧洲和其他国家可以在一定程度上促进目标国家发挥自身作用。然而，这种"互联互通"的方式不太适合俄罗斯，因为俄罗斯缺乏资源；也不太适合美国，因为在美国，政府在投资中发挥的作用一直都很小。然而，在现实中，与一个卷入冲突的国家发展互联互通是不可能的。寻求结盟的国家不会满足于互联互通伙伴关系：在军事方面，美国的力量是无与伦比的，这永远是非常关键的一点。

创新对于大战略的成功至关重要，但仅有新颖的理念还不够，战略的实施也很重要。改变既定的政策和实践非常艰难，因此战略参与者也需要有一定的灵活性，根据情况需要快速地做出和执行决策。

第7章

灵活：决策，实践，再决策

俾斯麦在 1864 年到 1871 年间发动了统一德国的战争，为战争胜利奠定基础的是陆军元帅赫尔穆特·冯·莫尔特克（Helmuth von Moltke）。他教导我们："作战计划在与敌军主力第一次交锋后就没有作用了。"[1] 陆军元帅威廉·斯利姆表达得更为简洁："在我的记忆中，战斗，至少是我参与过的那些战斗，很少完全按照计划进行。"[2] 这是另一个适用于大战略的军事技巧。每个国家都有自己的战略，因此一个国家在执行自己的战略时要有灵活性：为适应环境变化，快速而灵敏地进行战略调整的主动性和决策结构。然而，关于大战略的决策通常需要长时间的辩论和复杂的程序，涉及国内的许多组织：不同的政党或派系、部委、武装部队，等等。一旦做出了决定，这些决策参与者通常不愿意做出重大改变，因为他们担心破坏彼此之间的平衡，也担心在国内产生的政治后果。签署战略的人会对他们"漂亮"的战略概念和"完美"的计划产生依恋。这是人之常情，但这绝对不是一种果决的战略态度。大战略的原则可以用十个词概括，那是板上钉钉的（我认为是这样），但对于战略本身，应不断评估和审视。

"多一点时间，多一点帮助，多一点信心，多一些诚实的人，有上天保佑和更好的电话服务——一切都会好起来的！"正如丘吉尔所说，每一个计划都可能是因侥幸而成功的。如果计划真的有问题，那就需要快速修正。[3]

保证对计划进行定期审查的方法是将这一工作制度化，并必须将大战略修订时间间隔写入法律。在中国，五年一次的中国共产党全国代表大会提供了一个定期的工作框架。正如第1章所述，每一位美国总统都有提出国家安全战略的法律义务。俄罗斯没有类似的规定，但俄罗斯也会定期发布新的战略。在大国中，只有欧盟尚未建立制定大战略的体系，从它发布第一个重大战略文件，2003年的《欧洲安全战略》，到其第二版，2016年发布的《欧盟全球战略》，已经过去了很长时间。然而仅仅设置一个程序是不够的：因为总是存在这样的风险，这一程序会变成一种"打钩"的活动，只是完成了必需的步骤，但实际上却没有对战略的基本假设提出质疑。正如哈尔·布兰兹和他的同事所写："历史上的模式往往如此，政策沿着熟悉而舒适的轨道前进，政策的基本假设越来越不符合实际，直到出现一些不可预见的、不受欢迎的战略冲击，暴露出这些假设的弱点，甚至还可能将它们彻底粉碎。"[4]

然而，如果修订程序不得不临时启动，没有足够的时间组织一场漫长的辩论来探索所有可能的选择，也没有时间征求所有利益相关者的意见，那么在规定的时间内对大战略进行重新审视则更加困难。因此，制度化的审查机制可以提供关键的锚点。如果每四到五年对大战略进行一次系统审查，那么对下一级的战略进行灵活调整将会变得更加容易。通过具体的主题或地理战略，大战略被转化为更详细和更可行的计划。为应对危机或其他大国的行动，这些计划确实需要经常做出较大调整。一个国家必须具备根据情况需要，以一种灵活的方式调整具体战略或采用新战略的灵活性。如果这一层级的调整也影响了大战略，那么下一次对大战略进行定期审查时，就可以将这些调整一并整合到新版的大战略中。系统审查当然并不意味着一定要对大战略做出调整：审查的结论是大战略仍然有效，但在这种情况下不做修订应该是思考的结果，而不是因为惯性使然。欧盟从 2003 年到 2016 年一直没有进行战略调整，就是这种情况。

灵活性与第 1 章中展示的即兴创作不同。灵活性是在现有的战略框架内采取行动，并在必要时对其进行调整。在这种情况下，一个国家对自身的利益，以及追求这些利益的目标、方法和可用资源有一个清晰的先验概念。使用该框架来衡量和分析不断变化的情况，人们可以更容易地决定是否必须改变目标、方法或投入的资源，来保证自身的利益安全。即兴创作是在缺乏战略框架的情况下被迫采取的做法，没有既定的目标、方法和资源，往往对自身利益只有一个模糊的概念，对新情况的反应意味着从头开始，不可避免地会浪费时间。与其仓促评估一场危机是否损害了自己的利益，还不如首先确定自己的利益是什么；与其分析现有的战略是否能够应对新的形势，还不如设想一个全新的战略。在一场可怕的危机中，随机应变的能力将是一种优势，但制定一个完备的战略恰恰是为了防止一个国家陷入这样的危机。

只有在统一指挥下才能获得灵活性。正如劳埃德·乔治（Lloyd George）对丘吉尔所说的："这不是一个将军比另一个更好的问题，而是一个将军比两个将军更好的问题。"[5] 如果不清楚权力和责任的归属，就不可能对战略进行调整。任何战略都是综合性的，总是会涉及多个部门，但最终只有国家最高政治领导人才能做出事关大战略的决策。甚至更具体的专题或地缘战略也需要得到政策层面批准，而官僚机构和军方没有发布战略的权力。但是，必须建立完备的程序，保证各机构能迅速对战略进行审查和提出修改意见，并迅速将其列入政治议程，这样国家才能具备使战略有效所需的灵活性。

显然，即使是富于创造性的天才也无法独自实施战略。战略决策需要一个组织去做准备，然后系统化地实施。"战略的基本原则是如此简单，连孩子都能理解，"艾森豪威尔将军说，"但要保证它们在具体情况下正确实施，需要最优秀的参谋人员付出最艰苦的努力。"[6] 一位英国陆军元帅的表达更为简洁，阿兰·布鲁克（Alan brooke）在日记中写道："与实施计划相比，制订计划只不过是小菜一碟。"[7] 无论如何，外交官、政治家和军人的工作绝不能成为敏捷性的障碍。特别是国际机构，如北约和欧盟，组织庞大而复杂，在做出任何决定之前，都需要大量的内部协调，在实施时更是如此。在北约成立之初，陆军元帅蒙哥马利就做出了这样的判断：

简单和决断是战争中必不可少的要素，但它们已经从北约这一军事组织中消失了。我们正在培养受过妥协艺术训练的指挥官。总部的工作人员数量已经远超和平时期的需要，应该坚决地进行裁撤。文件的数量太多，只阅读它们就需要很多的时间，以至于军官都没有足够的时间去思考，所有的工作都相应地受到了影响。[8]

但所有国家机构也都很复杂，它们既可能灵活地进行战略决策，也可能对这种灵活性产生掣肘。

就像大战略的其他特征一样，灵活性也需要平衡运用。

艾森豪威尔还写道："历史证明，在战争中，没有什么比坚持单一的战略计划更困难的了。"一方面是无法预料的光明前景，另一方面是无法预料的困难或风险，它们不断地诱惑着我们改弦易辙，放弃既定的行动方针。[9]战略的作用是提供方向感，而如果方向变化太过频繁，就会导致迷失方向。因此，灵活性必须与耐性相平衡。策略需要时间才能产生效果：策略师必须得有耐心，等待合理的机会来证明所选工具是否有效，不能急于改变策略。有时候，闪电战能迅速取得效果，但许多人已经习惯于看到立竿见影的成效，甚至没有能力辨别早期效果。对利比亚的空袭开始于 2011 年 3 月 19 日，在卡扎菲死后，于 10 月 31 日结束。当时，欧洲人和美国人已经迫不及待地想看到结果，以至于轻易地决定了不再在战后的利比亚担当任何重要角色。

★ ★ ★ ★

灵活性可能显得无情和没有原则。最典型的例子就是苏联在两次世界大战期间的大战略。最初，苏联命令欧洲各共产党集中精力与非共产党左派进行斗争。获得对左派的绝对控制权是压倒一切的优先事项，而由此产生的左派分裂无疑是纳粹主义和法西斯主义崛起的关键因素。后来，苏联将战略调整为联合所有的社会主义政党对抗极右势力。再后来，

斯大林态度骤变，同希特勒签订了互不侵犯条约。通过 1939
年 8 月 23 日签订的《苏德互不侵犯条约》，纳粹德国和苏联
就瓜分波兰达成了一致：德国于 9 月 1 日入侵波兰，随后苏
联在 17 日入侵波兰。该条约还将波罗的海诸国，以及芬兰和
比萨拉比亚地区划入苏联势力范围。1939 年 11 月，苏联按
照约定对芬兰发动了冬季战争，尽管初期遭遇惨败，但芬兰
最终于 1940 年 3 月被迫割让了 11％的领土。波罗的海诸国
于 1940 年 6 月失守，两个月后被正式吞并；比萨拉比亚地区
于 1940 年 7 月被吞并。直到 1941 年 6 月 22 日，德国发动"巴
巴罗萨行动"入侵苏联，苏德合作才告终结。苏联立即转向
英国，1941 年 7 月 12 日，英苏达成协议（《关于对德战争中
共同行动之协定》），缔结军事同盟。

　　西方各同盟国对苏联最终参战并站在它们一边参战深感
欣慰，因为它们迫切需要支持。尽管 1941 年 12 月，美国也
加入了战争，但考虑到纳粹德国最初在西线战场取得的惊人
胜利，如果没有苏联，是否能打败德国确实存疑。因此，在
联合对抗希特勒时，苏联的背信弃义和不道德行为被轻易搁
置了。然而，战争一结束，英国和美国就不得不面对苏联的
战略，这一战略始于《苏德互不侵犯条约》结束之时，苏联
在战争中占据的领土都没有归还给原属国，苏联红军从纳粹

德国手中解放出来的中东欧国家进入了社会主义阵营。从苏联的角度来看，它的战略灵活性是完全合理的。正如1942年8月斯大林在莫斯科会晤丘吉尔时所说的那样："他知道德国最终肯定会进攻苏联。他确实没有为这次进攻做好准备。但和德国一起进攻波兰，他可以取得更大的阵地，而阵地就等于时间，因此他有更长的时间来做好准备。"[10] 即便如此，苏联也是在损失了大量领土、装备和军队之后，才勉强阻止了德军的猛攻。在德国入侵苏联前，苏军开展的肃反运动在很大程度上导致了最初的灾难。幸运的是，德国入侵苏联后，使战线拉得太长了。[11]

然而，从苏联政权的角度来看，它的大战略是成功的：苏维埃政权得以稳固，苏联的势力范围得到极大扩张。这些战略转变对西方国家社会主义政党的影响是无关紧要的：不管当地情况如何，它们的角色一直是为苏联共产党服务。意识形态动机合理化了苏联对待波兰的方式，创建一个面积广阔的缓冲区只不过是苏联早在罗曼诺夫王朝就开始实施的大战略的重现。换句话说，苏联的大战略始终符合苏联的利益和价值观。

苏联的例子表明，灵活性不仅不同于即兴发挥，而且也不同于变化无常或战术机会主义。变化无常是过于灵活：如果环境中的每一点变动都导致战略的变化，或者战略管理层太频繁地改变其对利益的定义，一个国家最终将失去任何可靠的战略基础。机会主义是一种对预先设定的利益和目标没有进行充分考虑的灵活性：如果在战术层面把握每一个出现的机会，而没有适当考虑其对大战略的影响，那么短期收益可能会被长期损失所抵消。变化无常和机会主义是弱点，而灵活性则是一种优势，因为它始于国家自身的价值观（是什么样的国家）及其利益。违背自己的价值观，确实是战略的红线，我们将在第 9 章中进行详细论述。

★ ★ ★ ★

灵活性不是由国家的形式决定的，而是由国家实力决定的：它的领导、它的机构以及连接它们的指令系统。与在国际政治中一样，国家同样是国内政治中的关键角色。战略界的高层，尤其是政治领导层，必须培养一种有利于形成灵活性的心态，并在国家利益需要时，根据可获得的最佳信息，意志坚定地做出重大决定。在与当前问题相关的专业知识和资源方面，国家机构越完备，它就越有能力向政治领导层提供建议，并根据其决定迅速有效地采取行动。如果国家机构过于软弱，无法有效地执行领导层的决定，即使是在一个理论上拥有绝对权力的国家，灵活性也无法实现。反之亦然，一个强大的官僚机构可以在某种程度上弥补一个国家在领导力上的薄弱，但如果没有明确的政治决策，就只能做到这个程度。例如，你可以观察到，无论是在国际还是国内事务上，美国的职业外交官和其他公务员是如何抵制特朗普的一时冲动的。不过在许多问题上，最终决定权还是在总统手中。简单的指令结构能使整个过程更加流畅，而混乱的指令结构和相互竞争的权力中心可能会使那些拥有强大领导人和专业官僚机构的国家变得效率低下。例如，传说中纳粹德国是一个组织顺畅、效率很高的国家，但实际上，其各部和特殊任务负责人之间的职责重叠导致了持续内斗和资源浪费。即使在武装部队中，纳粹德国也从未实现过陆、海、空三军联合统一指挥，而英国和美国则因制度化的参谋长联席会议实现了联合统一指挥。只有希特勒自己对这场战争有全面的了解，但即使他真的是一个军事天才，显然他也不可能独自指挥这场战争。[12]

另一个能够说明战略灵活性和成功关系的因素是，在特定政策领域，社会能多大程度上接受国家角色。正如我们看到的，美国和欧盟主要依赖私营部门的做法可能有些过头了，可能需要通过政府机构支出更多公共资金，以落实各自的互联互通战略。当某一特定政策领域的竞争加剧时，政府最终会介入其中。比如，20 世纪 80 年代，美国政府出手干预，帮助本国企业保住了相对于竞争对手日本的领先地位。在一场影响整个社会的危机中，国家也会全面参与其中。"二战"是一场全面战争：为了充分调动国家的战争潜力，所有参战国最终都成了计划经济国家。如果政府拒绝在捍卫自身利益必需的政策领域采取行动，它将会输给其他国家。

★ ★ ★ ★

因为在外交和国防政策上没有中央集权的决策体系，欧盟是唯一具有系统性缺陷的大国。欧盟的外交和国防政策仍然属于政府间领域（在这些领域中，决定由成员国一致做出），欧盟领导层和所属机构需要与所有成员国政府及其国家领导层和官僚机构一起行动。它们之间没有正式的等级制度，如果一定要说有什么区别的话，那就是欧盟机构必须在成员国允许的范围内行动，而不是反过来。这样的设置并不支持灵活决策。当所有成员国的利益明显或直接受到威胁时，这个体系可以迅速发挥作用。从 2008 年开始的欧盟海军亚特兰大行动就是一个很好的例子：由于所有的商业船队都要经过那里，封锁航道将会对所有国家造成伤害，因此欧盟首次相对迅速地展开了海军行动并持续至今。尽管这一行动被看作成败各半，成功地震慑了海盗，但海盗横行只是饱受战争蹂躏蹒、动荡不安的索马里的症状之一，为实现索马里稳定所做的一切努力到目前为止都失败了。一旦欧盟以及在该地区部署了军舰的其他国家撤出，海盗将会立即重新开始活动。但如果说欧盟海军亚特兰大行动是迅速而果断地对外部问题做出反应的案例，那么总体来说，欧盟体系中最重要的还是在成员国之间达成共识。

在一连串礼貌的磋商后，起草出一份得体的报告……此时，我们到达了广阔幸福的高地，在那里，一切都是为了大多数人的最大利益，是在所有人协商后，依据大多数人的共识得出的结论。

这段话来自丘吉尔，读起来就仿佛是他亲眼看见了一场欧盟外交事务委员会的会议一般。[13] 欧盟 27 国外长每月召开一次会议，由欧盟外交与安全政策高级代表担任主席。（欧盟外交与安全政策高级代表实际上就是欧盟的外交部长，因为英国在还是欧盟成员国时否决了欧盟外交部长这一职务，就像它否决了任何正式提及欧盟旗帜的做法一样。在官方意义上，欧盟只有一个标志。但当这个标志印在旗面上，在旗杆上飘扬的时候，看起来很像是欧盟有一个自己的旗帜一样。）每个月，这个体系都会陷入疯狂状态，为了得出冗长的会议决议，谈判往往会持续到深夜。然而，结论得出后通常也就被束之高阁了。欧盟外交事务委员会的会议决议往往过于冗长，清晰度和可读性都不强，主要是因为成员国都希望自己国家的观点能够在其中得到反映。如果一个国家坚持要提到欧盟的自治权问题，那么另一个国家绝不会让步，除非有一句话专门提到欧盟－北约关系的重要性。当然，任何关于安全问题的决议都必须参考联合国安全理事会关于妇女、和平与安全的第 1325 号决议。谈判到了这个时候，谈判桌上的外交官只想结束谈判，至于之后会发生什么，都是以后的事。因此在欧盟内部，达成共识往往本身就是目的。如果所有国家能够就共同立场达成一致，就被认为是成功的。这一立场对它们具有法律约束力，但采取共同立场本身对世界没有影响。这只是外交宣言，而真正的外交工作，只有在欧盟立场明确之后才会开始。

这并不是要贬低欧盟的作用：欧盟及其成员国调解达成了很多重要国际协议、部署了选举观察员的工作、实施了制裁，并发起了军事行动以及建立了民事特派团。但由于欧盟目前不是一个国家，并不是所有国际政治问题都会自动进入欧盟议程，它只能讨论成员国同意讨论的问题。因此，从自身利益的角度来看，欧盟并没有仔细考虑所有它应该关注的问题。中东和海湾地区就是一个明显的盲点：欧盟及其成员国一直希望维持伊核协议，打击叙利亚和伊拉克的恐怖组织，但欧盟对于理想的地区秩序，乃至叙利亚最终的理想状态，并没有形成战略观点。此外，即使成员国达成了一致意见，它们对决策的最佳实施效果也只能算是差强人意。特别是在防务方面，成员国一次又一次地承诺加强合作，但后来并没有履行承诺。这就是为什么欧盟"共同安全与防务政策"至今没能促成军事能力大幅提升的原因。

　　一个积极主动的高级代表会带来不同。一个现任领导人如果只是被动等待成员国达成共识，那他可能会等到任期结束时也一无所获。一个想要有所作为的高级代表，必须推动成员国采取行动，有时还要制造既成事实，因为他知道自己可以越线多远。当然，高级代表只能与成员国一起制定政策，不能反对成员国。除了高级代表，欧洲理事会主席和欧盟委员会主席也能在国际政治中发挥作用。这个结构通常被认为过于复杂，但实际上它与大多数国家的政府没有什么不同：欧洲理事会是欧盟最高决策机构，它的主席可以被视为欧盟国家元首；人们通常认为欧盟委员会是欧盟政府，其主席是欧盟"首相"。欧盟委员会主席尤其可以发挥关键作用，因为除了传统的外交和国防以外，国际关系的所有其他方面都在欧盟委员会的职权范围内，并由法定多数决定，如援助、贸易、投资、气候、移民、互联互通问题，等等。此外，欧盟在国际政治上的影响力很大程度上要归功于其单一市场，其规模赋予了欧盟设定标准的权力，而这一市场由欧盟委员会管理。特别是根据另一个国家提供的互惠条件来调节对其开放市场的程度，是综合性大战略的关键工具。

但事实是，即使担任欧盟最高职务的领导人高瞻远瞩、行事果断，但欧盟的制度仍会对领导层造成限制。乔里恩·霍沃斯（Jolyon Howorth）总结说："欧洲安全政策不是传统的'英雄式'防御和安全政策，它实际上是群龙无首的。"[14] 在安全和防务政策方面，欧盟确实如此。一位法国外交官曾告诉我，欧盟没有"军事首脑"：即使是被委派参加欧盟行动的人员，在牺牲后向其遗属致哀的仍是本国国家元首或政府首脑。近年来，大多数作战行动都不是由欧盟或北约执行的，而是由欧洲国家组成的临时联盟来执行的。应对这种缺乏灵活性和领导力的方法之一，是在所有政策领域引入多数投票法。但实施了这一方法，成员国之间在相互信任的基础上达成真正的政治共识仍会是一个重大挑战。从长远来看，欧盟委员会主席如果能通过直选产生，欧盟的联邦化程度将会更高，欧盟的灵活性也将得到加强。以此作为长期目标勇气可嘉，但也仅此而已，因为它并没有解决欧盟当前遇到的任何问题。

★ ★ ★ ★

对欧盟来说很不幸，自 2010 年以来，许多成员国经常试图阻挠欧盟的决策。而且，欧盟复杂的决策体系很容易遭到阻挠，尤其是在需要全体一致通过的情况下。欧盟内部也有叛徒：某些国家的政府自愿充当他国的代理人，它们会有意识地拖延、削弱或阻止欧盟的决策，以符合它们"主人"的利益。这样的行为可能会给遇到问题的政府带来一些短期利益，但从长远来看，它们会损害自己的利益，因为它们削弱了欧盟作为一个整体的谈判地位。这些国家的政府也间接地削弱了北约，但矛盾的是，它们觉得对抗欧盟机构和大多数成员国是安全的，因为它们认为无论发生什么，美国都会永远支持它们。

"二战"后，美国大力鼓励欧洲一体化。欧盟的前身欧洲共同体的成功与北约的成功相辅相成，巩固了美国对欧洲的安全保障。现在北约和欧盟是相互支撑的，但之前的欧洲共同体和后来的欧盟都离不开北约。由于欧盟已经成为欧洲政治和经济稳定不可或缺的因素，北约也不能没有欧盟。如果没有欧盟，就会出现政治不稳定和经济危机，这只会导致欧洲国家之间的对抗。如果欧洲国家之间再次成为竞争对手，欧洲将不再是美国的盟友，而是风险的来源。

总而言之，如果欧盟陷入困境，北约也将就此终结。在这种情况下，美国可能会寻求用一组双边协定来取代丧失功能的北约，但与其签订协定的国家不一定会包括当前所有的欧洲盟友。欧洲人最好明白，如果另一个大国试图利用欧盟和北约之间的关系来控制欧洲大陆，美国可能会介入，但不一定会为所有欧洲国家提供防卫。美国将以哪里为界限，取决于它认为欧洲哪些地区对美国的利益至关重要，以及在与他国进行战略竞争的背景下，美国愿意在欧洲投入多少资源。

在波兰和匈牙利政府与欧盟机构发生争端时，特朗普政府公开支持两国政府。在欧洲人无法确定美国未来战略是否将聚焦中国的情况下，削弱欧盟可能会引来其他大国从中获利。保守的波兰政府可能会觉得，邀请美国在其领土上建造一个"特朗普堡"，像它在 2018 年所做的那样，就足以应对任何情况。但到了紧要关头，守卫堡垒的骑兵可能会决定牺牲居住在堡垒周围的人。正因为如此，那些积极破坏欧盟凝聚力的民粹主义欧洲政党和政府正在玩火，那些支持它们的美国人也是如此。欧尔班·维克托（Orbán·Viktor）可能支持所谓的"非自由民主"的谎言，但他忘记了当下北约要保卫的不仅仅是成员国的领土，还有它们在自己国家创造的民主模式。北约成立之初并非如此。但今天，任何一个北约盟国的政府都很难说服其公众为保卫另一个北约国家的政权而将本国的武装部队置于危险之中。

★ ★ ★ ★

在冷战结束时，欧盟和美国表现出了巨大的战略灵活性。欧盟的创立本身就是对迅速演变的国际形势最敏捷的反应。起初，在成员国政府间会议上，欧洲共同体本准备采取进一步措施，建立经济和货币联盟。但当意识到世界两极分化即将结束，国际政治正进入一个新的范式，成员国决定将结成政治联盟加入议程。1991 年，它们签署了《马斯特里赫特条约》，创建了欧盟，并制定了外交和安全政策，以便欧盟能够在新的战略环境中规划自己的道路。《马斯特里赫特条约》是欧洲一体化进程中的重大飞跃。正如前一章所述，欧盟随后发起了一系列令人印象深刻的倡议，最终实现了欧盟的扩张和欧洲睦邻政策的制定。此外，还有北约的重新定位：美国及其欧洲盟国同意向铁幕另一边的新成员国开放北约，并逐渐将北约的重点放在新的任务上。北约将优先考虑的事项从联盟成员国领土集体防御，转移到了全球范围内的远征行动上。因此，美国没有像一些人在苏联解体时主张的那样解散北约，而是将其保留下来，成为一股重要力量。美国和欧洲密切合作，充分利用超级大国对抗结束带来的机遇，赋予联合国安理会以新生，扩大和深化了多边架构，巩固了民主和资本主义在欧洲大陆的地位。

到了 21 世纪，面对全面多极化时代的到来和大国之间的竞争加剧，欧盟开始进一步调整其大战略。这一次的调整过程更为缓慢，因为它现在的道路是要与美国分道扬镳。随着时间的推移，欧盟开始在国际关系中确立自己的独立地位。但是，依赖美国进行战略指导的习惯、避免因为遽然改变破坏美欧友好关系和北约力量的愿望，以及欧盟内部的意见分歧，意味着欧盟无法表现出 20 世纪 90 年代那样的灵活性。特朗普政府对欧洲和中国的态度，确实激励了欧盟去更加精确地界定自己的战略。与此同时，欧盟作为调停国的回旋余地在很大程度上也取决于中国的战略。如今（21 世纪 20 年代），欧盟才刚刚开始探索其在多极化背景下可能扮演的角色。在很大程度上欧盟的选择是开放性的，这可以被理解为一种灵活性，但这也可能是优柔寡断或内部意见不统一的表现。

在 21 世纪初，美国任由自己的大战略被恐怖主义劫持。2001 年，"9·11"恐怖袭击让美国战略界和整个国家为之震惊，美国做出了入侵阿富汗、毁灭"基地组织"的回应，美国的这些回应有其正当性。但美国走得太远了，它发起了一场"全球反恐战争"。这在一开始就没有战略意义：正如我们所看到的，一个国家不可能把战略集中在一个参与者众多且兴趣与目的各不相同的工具上。此外，因为小布什政府武断地通过恐怖主义棱镜来看待每一个问题，导致美国看待国际政治和美国利益的维度过于单一。在奥巴马总统的领导下，美国才重新获得了战略灵活性。奥巴马并没有成功结束阿富汗战争，但他确实将美国的战略转向了 21 世纪的关键问题：如何应对多极化以及如何应对同级别竞争对手再次出现的问题。

但是，在特朗普政府执政期间，灵活性变成了绝对的变化无常。美国的盟友和对手都不得不去适应美国政策的不断变化，还要去适应基于总统的突发奇想制定的政策（不是通过官方渠道发布，而是在推特上实时发布）。这种变化无常也延伸到了对其他大国的战略上。我们已经看到，在乌克兰危机发生后，美国和北约的威慑措施被特朗普看似信任普京的态度削弱了。特朗普并不仅仅是变化无常，他也表现出了巨大的灵活性。但这种灵活性背后始终是他的个人利益，而不是美国的利益。美国的国家声望陷入了低谷，因为盟友和对手都意识到，只要特朗普还是白宫的主人，它们就不能指望美国的政策有任何连续性。在美国国内，共和党继续支持特朗普总统连任的事实，意味着美国的外交政策也变得越来越党派化。[15]美国战略机构正变得与美国社会整体一样两极分化，这对美国战略的质量来说不是好兆头。在特朗普之后上台的拜登政府不得不开始大量的重建工作。

★ ★ ★ ★

令人惊讶的是，特朗普成功地让人们对美国的选举制度产生了怀疑，它应该是完全稳定和可预测的，尽管该体系的特殊性意味着赢得普选的候选人不一定会赢得总统大选。比如，2016 年，希拉里·克林顿比特朗普多获得 286.5 万张选票。在 2020 年总统竞选期间，特朗普多次暗示：选举需要推迟，选举程序存在欺诈，他不会自动接受选举结果。当媒体宣布拜登获胜时，特朗普拒绝按照惯例优雅地承认失败。在特朗普演讲的煽动下，他的支持者于 2021 年 1 月 6 日冲进了即将确认拜登为新一任美国总统的场所——美国国会大厦。这简直就像是一场未遂的"政变"。幸运的是，它失败了，拜登于 1 月 20 日宣誓就职。因为这一事件触及了美国生活方式的核心，对美国声望和实力造成了巨大的损害。一个对自己的生活方式不再有把握的国家，只能是一个飘忽不定的国际参与者，这与一个富有灵活性的参与者是截然不同的。

欧盟的形象与美国刚好完全相反，其最高政治领导人不是由直接选举产生的。在每五年一次的欧洲议会选举之后的一段时间里，成员国、欧洲议会和欧洲政党（信仰相同的国家政党组成的政党）会就高级职位的分配展开激烈的争论。有点奇怪的是，欧盟的预算周期与选举周期并不一致：欧盟预算的分配周期为 7 年，并且需要成员国和欧盟机构之间进行激烈的谈判。除了这两个时刻（当然，每个时刻都可能持续数月），欧盟体系虽然不是非常灵活，但从根本上说，很复杂但很稳定。

★ ★ ★ ★

灵活性不仅要与战略耐心相平衡，它还需要勇气。如果说有时候需要迅速采取行动，那么在其他时候则可能需要等待，看看情况发展是否会影响自身利益。如果对自身利益没有影响，决策者就必须鼓起勇气不去采取行动。面对公众舆论或利益集团要求采取行动的呼声，也能坚持执行现有战略。但如果情况发展影响到了自身利益，也要有展示灵活性和改变长期策略的勇气。没有最起码的勇气，一个国家就不可能成为一个有策略的参与者。

第8章

勇敢：敢于承担，敢于放弃，敢于坚持

做出关于大战略的决策需要勇气：因为攸关核心利益，所以如果失败了，后果可能会很严重，特别是当一个国家与另一个大国处在活跃的敌对状态的情况下。当然，这是一种不同于战场上的勇气。正如休·斯特罗恩指出的，承担责任的勇气是战略成功的必要条件。[1] 每一个决定都是基于不完整的信息做出的，外交和战争一样迷雾重重，人们永远不可能完全了解其他大国的真实意图。因此，接受一定程度的风险是不可避免的，否则一个人将永远无法做出任何决定，而优柔寡断和不作为也会产生相应后果。当年，英法不干涉西班牙内战（1936—1939 年）的政策实际上相当于削弱了合法的共和政府统治，因为意大利和德国为弗朗西斯科·佛朗哥（Francisco Franco）的叛军提供了军事支持，而英国和法国也没有阻止它们的意图。在这种情况下，人们必然会同意塔列朗的定义，他将"不干涉"定义为"一个与干涉近乎同义的形而上的政治术语"。[2] 当然，有时候，不采取行动是最好的选择。但不采取行动必须是一个有意识的决定，是一个国家在对自身利益受影响程度评估后的结果，而绝不能是因为惯性或仅仅是为了规避风险。

对于大战略，避免失败不一定等同于成功。1940 年 5 月 26 日至 6 月 4 日，英军经由敦刻尔克逃离欧洲大陆，英国远征军勉强躲过了毁灭的命运。人们理所当然地将其作为一项非凡的成就来庆祝，但丘吉尔冷冷地说："战争不是靠撤退赢得的。"[3] 真正的成功意味着目标实现。这一目标，必须是由一种雄心勃勃的方式来定义的，并要把维护本国利益放在第一位。1939 年，这个目标是打败德国，恢复波兰的独立。但是，在这场"假战争"中，法国和英国保持防守姿态，把主动权留给了德国，导致了失败。丘吉尔的联络官爱德华·斯皮尔斯（Edward Spears）将军在给法国总理保罗·雷诺（Paul Reynaud）的信中写道："事实是，无论是我们还是法国人，除了向德国投放传单，没做任何更具有战争性质的事情。我不知道传单上写的是什么，不过我们唯一能确定的是德国人会用这张纸做什么。"[4] 各个大国都应该牢记丘吉尔的忠告："'安全第一'是在战争中走向毁灭的道路，即使一时是安全的，但你必将失去它。"这条规则也适用于和平时期。[5] 因此，战略家们必须做好准备，去履行他们的职责，捍卫国家的利益，而不是做他们想做的事情。再次引用丘吉尔的话："有一件事是绝对肯定的，那就是走阻力最小的路线永远不会取得胜利。"[6]

威胁使用或直接使用武力，是一个国家能做出的最敏感的决定。换句话说，就是威胁发动或直接发动战争。因为它是如此的敏感，所以无论是面对其他国家还是面对国内舆论，各个国家往往都倾向于掩饰这一决定，不使用战争这个名词，而是用维护治安、警备行动、人道主义干预、危机管理、维护和平、军事调动等来替代它。国家使用的词语变了，但含义并没有变：战争。战争意味着杀戮和被杀戮。1815 年 6 月 18 日，威灵顿公爵（Duke of Wellington）在滑铁卢战役中打败了拿破仑，他在写给伦敦的信中谈到阵亡和伤兵的情况时说："除了一场失败的战斗，没有什么比一场胜利的战斗更令人悲伤的了。"保护人类生命是一种绝对价值。因此，除非有意愿并准备在威胁未受重视的情况下采取军事行动，否则各国原则上不会轻率地发出战争威胁。同样，除非国家的重大利益受到威胁，各个国家也不会将士兵的生命置于危险之中，而是对战争保持最大的克制。不过，不同的国家有不同的生活方式，每个社会都会评估自己的临界点，即责任或荣誉要求公民为国家冒生命危险的临界点。

但在战略人士倾向于表现克制时，公众要求进行军事干预也可能带来很大的舆论压力。情感是无法摆脱的因素：人们或关心他人悲惨的命运，或感到国家荣誉受到威胁，或感到有人在犯下罪行，正义必须得到伸张。"做点什么，将军！"我的比利时同事、已退役的准将乔·科尔蒙特证实，这是在国际危机中反复出现的问题。此外，正因为武装部队是可以部署到海外的现成工具，通常会产生一些直接影响，所以在容易掌握的范围内使用这种工具是一种诱惑。因为其他工具往往需要更多的时间来调动，拥有军事优势的国家比其他国家更容易屈服于这种诱惑，而且往往更容易自不量力。但是，在国家利益要求不能采取军事行动的情况下，抵制这种压力和诱惑是很困难的。弗里德曼写道："最难决定的事情之一就是决定什么都不做"，因为这造成了一种冷漠或无助的感觉。[7]发动一场战争比结束一场战争容易得多。修昔底德就提到过，"在一项事业的开始时，人们的热情是最高涨的。"[8]但是，即使战争的主要目标是明确的，战争的二级效应和三级效应也极其难以预测：战争常常产生新的问题。因此，也因为人们重视人的生命，对大多数国家来说，战争是最后的手段：只有在经过合理判断，其他手段不能有效维护它们的切身利益时，才会诉诸战争。

当然，军事工具也可以用于战争以外的行动：威慑、军事外交（对话、港口访问、军事院校教官和学生交流）、训练合作伙伴和盟国的军队、监督制裁计划、执行冲突前后各方达成一致的维和行动等。然而，任何涉及海外部署的行动都有如下风险，即当该部队成为攻击目标时必须撤出，或者派出增援部队进行报复，换句话说，部署了军队的一方，即使是为了和平的目的，也要做好发动战争的准备。

★ ★ ★ ★

"我毫不怀疑，如果战争支出继续目前的水平，我们将无法维持下去。但是在花了这么多钱之后，如果失去了再多花一点钱就能挽回一切的机会，那就太遗憾了。"[9]西班牙国王腓力二世在荷兰起义时说的这句话，是一个循环推理的经典案例，即一旦国家陷入战争，它们往往会成为受害者。在付出了那么多的鲜血和财富之后，不应该一无所获，所以我们必须付出更多的鲜血和财富，直到胜利。战争就这样继续下去，直到有人认输为止。拒绝面对现实往往会导致失败。历史上，这样的例子比比皆是。拿破仑的大战略失败了，因为他靠掠夺创造的战争经济必须靠不断掠夺才能支撑下去。他没有巩固自己的帝国，也没有与其他国家签订双方都能接受的和平条约，而是建立惩罚性的定居点，并发动新的战争，直到他入侵了西班牙和俄罗斯。西班牙的游击战让他痛苦不已，而俄罗斯则成了法兰西军团的覆灭之地。[10]

当年，美国在越南战争中不愿意及时止损，而在阿富汗徒劳地坚持了 20 年（2001—2020 年），可以说是重蹈覆辙。2020 年，特朗普政府最终与塔利班达成了协议。（非常）具有讽刺意味是，在"二战"结束后，法国为保留其在中南半岛的殖民地发动了一场战争。美国最初曾试图劝阻，然而，当法国在 1954 年承认了奠边府战役的失败时，美国已经开始支持"多米诺骨牌理论"，即使尼克松和基辛格最终决定退出战争，但它们仍然觉得自己只有一个选择，即为了结束战争，只能先升级战争。[11] 就像在越南和阿富汗战场，当士兵的牺牲已经不再起任何作用的事实变得很清楚很久之后，许多美国和盟国的士兵仍在死亡或受伤。用西奥·法雷尔（Theo Farrell）的话来说，这是一场不可能取胜的战争。[12] 2007 年，一位美国三星级将军私下里为我分析阿富汗战争时说："到目前为止，最具体的结果是，战争已经蔓延到了巴基斯坦。而对美国来说，巴基斯坦显然比阿富汗重要得多。"所以将军问我："那我们还在阿富汗做什么？"毫无疑问，阿富汗在未来的几年里仍将是一个混乱不堪、充满暴力的国家，但美国和欧洲军队不可能永远留在那里。问题不在于，或者不仅仅事关阿富汗的利益，因为美国及其欧洲盟友入侵阿富汗是为了捍卫自己的利益。然而，阿富汗国家建设的宏观目标逐渐取代了它们最初摧毁"基地组织"和抓捕本·拉登的目标。但至少从 2006 年开始，这一新目标就已经显然无法实现。联军早该自我反省一下，继续阿富汗战争是否仍符合其利益。但美国拒绝承认现实，而欧洲人只是和美国共进退而已。出于忠诚和算计（不愿意破坏北约），欧洲人甚至没有尝试去影响美国的战略。

明明知道自己输了，却假装自己赢了，而且不去做符合自身利益要求的决定，这不仅仅是虚伪，也是一种犯罪。为了执行领导层明知道毫无意义的命令，很多士兵付出了生命的代价。1944 年 12 月，戴高乐在说服艾森豪威尔撤销从刚刚解放的法国领土上撤退的命令，集中军队抗击德国在阿登的奇袭之后，对他说："你是个男人！因为你知道怎么说'我错了'。"[13] 但是，许多人都没有勇气承认自己的错误。用科林·格雷的话来说，人们一定会感到遗憾："表现不佳往往会鼓励人们付出更多的努力，而不是让人停止已经失败的冒险，这是战略和战略家天性中一个可悲的特征。"[14]

★ ★ ★ ★

与其他战略决策相比，选择参战需要对与国家利益相关的目标做出更加精确的定义。克里斯托弗·科克尔（Christopher Coker）创作了一个虚构的克劳塞维茨来传达这位伟大战略家的思想，并让他清楚地说明：

你必须通过胜利来定义你理解的东西，从而知道何时结束战争，并设计一个战后解决方案，使战胜的成果可以长久维持下去。因为你不仅要赢得胜利，还必须知道如何利用这一胜利，即如何将其转化为政治资本，而这往往才是最具挑战性的任务。[15]

在当今大国中，因为美国和欧盟倾向于让每一场战争都显得是为了民主普世价值、人权和法治，而不是为了自己的利益在进行军事干预。事实上，在美国和欧洲（尤其是欧洲），关于战略的公开辩论已经扭曲到了一定程度，许多人反对任何看起来符合国家利益的武装行动，就仿佛捍卫自己的利益是一件坏事一样。有时候，军事干预确实纯粹出于或主要出于人道主义目的。例如，欧洲国家在中非部署维和部队，为维护《联合国宪章》作出了贡献，也间接地为它们自己的利益服务；还有一种情况是它们加入一项军事行动，从而获得发起国的信任。对于大多数参与国来说，国家利益很少受到直接威胁，不过前殖民列强除外。在 2005 年，联合国大会将国家保护责任（R2P）庄严写入大会公报，该责任集中体现了用军事干预保护他人的理念。国家保护责任的原则认为，如果一个国家不能或不愿意保护其公民免受战争罪、反人类罪和种族灭绝罪的侵害，或者其本身就是加害者，安理会可决定代替该国承担责任并授权军事干预。然而，这种利他行为是一个例外。不管官方怎么说，战争通常是为了捍卫本国利益。当然，利益也可能是一致的：捍卫本国利益的干预行动可以同时惠及当地民众。在一项军事干预行动中，也许其人道主义动机和捍卫本国利益的动机一样真诚，但是如果国家利益没有受到威胁，仅仅出于人道主义原因，干预行动很可能根本不会发生。

问题是，虽然欧洲人和美国人本意是用价值观的托词掩饰干预的实质，但他们混淆了战争的目标。当目标不明确时，也就不清楚什么时候必须叫停或重新调整方向。战争的目标要么是有限的，要么是无限的。无限战争的目标是在军事上彻底击败敌国（或非国家行为体），并往往由一个新的友好政权取代其政府。有限战争的目标不需彻底打败对方或实现政权更迭就能达到。在美国人和欧洲人确实需要进行军事干预时，基本上不需要用欧洲或美国式的民主取代目标国家现有政权就能够保障其自身利益。但是，如果在实施干预前公开宣称的目标是实现民主，那么在自己的公众、媒体和议会眼中，又该如何合理地结束战争呢？

★ ★ ★ ★

相比其他大国，这个问题对欧盟来说更为尖锐，因为只有欧盟的国土被不稳定的外围国家环绕。在其南部，安全问题可能很容易蔓延到欧洲，进而可能需要军事干预。进入 21世纪以来，北非、中东或海湾地区年年都有战事。不过，大国在欧洲南部区域都扮演着重要角色。因此，21 世纪以来的战争和干预很好地说明了在做出事关战争与和平的决策时确实需要勇气。

继 2003 年美国入侵伊拉克之后，2011 年，大国又开展了另一个干预行动，这次是在利比亚。欧洲人和美国人为什么要介入利比亚问题呢？其中确实有人道主义考量，因为卡扎菲政权镇压反对派的起义，许多人担心会遭到残酷的报复。也许欧洲人和美国人的主要目的是维护他们在该地区的政治影响力，因对"阿拉伯之春"的迟缓反应，欧美的政治影响力正在减弱。这两场革命都得到了西方国家的支持，但这能作为干预的充分条件吗？这次干预为反对派带来了胜利，但这并不是其正式的目标：联合国的任务是保护平民。许多人认为，虽然没有公开宣布，但政权更迭是实际发生了的，因为欧洲和美国从一开始打的就是这个主意。也许，内战中的力量对比总是会导致这样的结果：一旦外部势力介入，它们就不能让反对派输。因此，唯一可能的结果就是反对派和卡扎菲达成妥协协议，然后发动政变驱逐卡扎菲，或者像最终的结果那样，杀死卡扎菲。

欧洲人和美国人随后宣布干预行动取得了胜利，并撤离了利比亚，结果他们很快失去了他们指望从干预中获得的所有永久性利益。长期不稳定的利比亚成了大量难民进入欧盟的门户，还成了其他大国地缘政治竞争的战场。欧盟从 2020 年开始试图夺回外交主动权，但由于没有参与地面军事行动，其影响力仍然有限。欧盟和北约确实分别在地中海中部和东部部署了海上行动，但它们的目的极其模糊。官方宣称，欧盟的行动主要集中在执行对利比亚的武器禁运上，但同时也宣称要为打击贩运人口作出贡献（尽管它们并没有）。北约的行动主要集中在建立态势感知。欧盟和北约的海上行动对地区的安全局势都没有任何重大影响，它们的真正目的似乎是向国内民众显示决心。

促使它们决定对利比亚进行干涉的因素之一，是它们认为利比亚没有真正的盟友，战争不会蔓延到利比亚以外。事实上，这成了一个发生了无法预见的二阶和三阶效应的典型案例，最后的结果与预期完全相反。首先，卡扎菲的失败迫使许多在利比亚失去前途的外国雇佣兵进入马里，加入了马里的叛军，而这支叛军现在正在威胁摧毁整个国家。因此，作为干预利比亚的发起者之一的法国，决定在 2012 年对马里进行干预，并设法稳定了局势。到了21世纪20年代初，欧洲人已经实现了控制马里安全局势并避免动乱蔓延到整个地区和欧洲的目的，但代价是保持以法国军队为主的规模为5000人的长期军事存在。至此，欧盟已经派出了数百人参加军事训练任务和两项民事能力建设任务（包括在尼日尔的一项任务），以训练其国内安全部队，还有1.5万名联合国维和人员作为联合国马里多层面综合稳定特派团（MINUSMA）在执行任务，而美国则通过为欧洲部队提供特殊人才作为支持。中国向联合国维和部队派出了维和人员，并像欧洲和美国一样，为萨赫勒五国集团提供资助（为实现地区稳定，由布基纳法索、乍得、马里、毛里塔尼亚和尼日尔5个国家组成的合作组织）。然而，马里仍然非常脆弱，并在2020年受到了军事政变的冲击。此外，即使是在马里取得的表面成功，也仍然取决于不确定的外部因素，例如，欧洲与本身也处于不稳定边缘的阿尔及利亚继续开展安全合作。

对利比亚的军事干预还产生了一个无法预料的二阶效应，它鼓舞了叙利亚反对派，做出了起义的决定，他们也希望能获得西方的军事支持。但由于俄罗斯和伊朗已经成为叙利亚坚定的盟友，虽然欧洲和美国确实为那些它们认为符合自身利益的反对派组织提供武器和训练等支持，但因为担心局势

升级，它们决定不再对叙利亚进行干预。2014 年，又出现了
三阶效应——ISIS 再次袭击了叙利亚，并在欧洲发动了一场
恐怖主义袭击。奥巴马总统随后建立了国际联盟，共同打击
ISIS。除了后来特朗普总统为报复阿萨德政权使用化学武器
而发动的导弹袭击，美国一直没有向该政权发动直接军事行
动。欧洲和美国也为伊拉克武装部队提供武器和训练。与此
同时，俄罗斯和伊朗站在它们的盟友一边进行了直接干预，
并实现了阿萨德总统继续执政的目的。欧洲人和美国人制定
的明确目标是摧毁 ISIS，而这是一个无限期的战争目标。然
而，进入 21 世纪 20 年代，对于仍处在国内冲突状态的叙利
亚，欧盟和美国都没有明确的目标。美国的确是在追求一个
地区性的目标：帮助沙特阿拉伯获得地区主导地位，削弱伊
朗的影响力（伊朗已经在叙利亚、伊拉克和也门建立了军事
存在）。欧盟的明确目标是阻止伊朗获得核武器，这与美国产
生了分歧，于是特朗普退出了欧盟认为标志着这一目标已经
实现的伊核协议。对于美国来说，这是其支持沙特阿拉伯的
区域战略的一部分，而欧盟并没有区域战略，也没有理想中
的区域秩序。

　　无论如何，马里和叙利亚很可能最终陷入危机状态（伊
拉克自 2003 年以来从未真正走出危机），但欧美对马里的干

预实际上是引发局势升级的主要因素。干预的好处是否超过了这些负面影响呢？答案只能是否定的。利比亚的结局代表着欧洲和美国战略的失败。在2012年，我曾强烈支持干预，但事后看来这明显是一个错误，因为没有任何至关重要的利益或根本利益受到威胁。利比亚的局势发展没有威胁到欧盟或美国。如果没有外界干预，利比亚反对派应该早已灭亡，而欧洲和美国的安全也不会受到损害。它们的确会因为不实施干预而失去地位和影响力，但它们赢得的威望有多大，在撤离利比亚、任其发展之后，这威望失去的就有多快。此外，俄罗斯和中国对它们认为的美欧滥用国家保护责任条款进行了严厉批评，许多阿拉伯和非洲国家也是如此（包括许多曾相当虚伪地呼吁过实施干预的国家）。战争导致的移民和难民危机直接关系到欧盟（如果不是美国）的利益。可以说，有必要把军事干预作为总体战略的一部分，从而稳定局势，为政治解决创造机会，并重新控制利比亚边境。但当事实证明有必要进行干预时，欧洲人却不愿意采取行动了。

如果不曾支持利比亚反对派，结果将更加符合欧盟和美国的利益，这一结论似乎有点刺耳。但对于欧洲人和美国人来说，他们在同一种战略文化中长大，认为本国有责任也有能力保护其他国家的公民免受伤害。虽然"人道主义干预"

可以追溯到 19 世纪，但人们不应忽视促成干预的事由是可选的（不可避免的是，有些人被认为比其他人更值得救赎），也不应忽视常常被慷慨掩盖的核心利益。这在俄罗斯和中国的战略文化中是完全缺失的；俄罗斯和中国会毫不犹豫地根据国家利益决定是否采取行动（尽管中国的战略文化并不支持军事行动）。大战略的核心是维持一个国家的生活方式。不应为了利益之外的任何其他目的而发动战争，也不应将生命置于危险之中。因为二阶和三阶效应带来的危险会危及更多生命，战争只能作为最后的手段。许多人用"战争选择"这个词来形容任何不是为了防御国家领土而是对直接攻击作出反应的战争。休·斯特罗恩的评论恰如其分，[16] 这种措辞不仅体现出了在做出重大决定时不应出现的轻浮，还全然是一种误导。从国家利益的角度来看，如果战与不战一样可行，那"开战"根本不是一个选项：因为在这种情况下，人们应该永远避免战争。用唐纳德·斯托克（Donald Stoker）的话来说："如果取得胜利不够重要，那么开战也不够重要。"[17] 如果为了国家利益确实需要采取军事行动，从一开始就要将战争的目标确定下来。

★ ★ ★ ★

对于欧盟来说，在 21 世纪 20 年代初，欧盟的主要挑战仍然是北非、中东地区和海湾国家日益增加的不稳定性。与其他大国不同，这些不稳定性给欧盟领土及其与世界的连通性带来了直接风险。在新冠病毒与这些地区现有的气候、经济、人口和安全挑战等因素共同影响下，这些地区的安全形势进一步恶化的可能性很大。

然而，欧洲人在怎样才能更好地维护自身利益问题上存在分歧。因为自从利比亚和叙利亚战争开始以来，大量难民试图移民到欧洲，欧盟中很多人开始将地中海视为边界，并且希望能够封锁边界（也包括东南欧的陆地边界）。但是，不管是从非洲大陆和中东撤出，还是在地中海地区"坚守阵地"，都不是可选项。安全危机产生负面溢出效应的风险实在太大了，而且如果美国和欧洲一旦撤出，其他国家则会迅速渗透。欧盟必须仔细思考自己的愿望：它不希望承担太多义务，因此可能会呼吁其他大国扮演"负责任的"角色，但欧盟决不能允许俄罗斯、土耳其、各个海湾国家甚至中国引导其南部邻国的政策朝着不利于欧盟利益的方向发展。正如哈尔福德·麦金德（Halford Mackinder）所言：

萨赫勒从北非一直延伸到阿拉伯地区，因为几乎不下雨，这是一片荒无人烟的广阔地带。在历史的大部分时间里，非洲中部和南部几乎与欧洲和亚洲完全隔绝，就像美洲和澳大利亚一样。事实上，欧洲的南部边界过去和现在都是萨赫勒地带，而不是地中海。[18]

因此，有些欧洲人将北非和中东视为前沿防线，觉得有必要对其进行军事干预：这些地区的安全问题必须得到遏制，以免影响到欧洲。还有一些人目标更加远大，希望能从根本上对欧盟以南地区的国家进行改革（这在《欧盟全球战略》的定义中一直延伸至非洲中部）。但现实问题是欧盟既没有资源，也没有影响力，甚至没有合法性来对这些国家进行彻底的民主化改造。正如我们将在下一章中看到的，民主化是不可能从外部策划的。

显然，欧盟在南部外围地区没有什么选择，只能追求有限的几个目标。这些目标既要足够高远，以保护欧洲利益，同时也要保证欧盟拥有实现这些目标进行长期投入所需的资源。欧盟的利益并不需要这些国家建立欧盟式的民主。相反，作为第一个目标，欧盟可以致力于在欧洲南部的国家中，推进当地政府实现有效和包容的国家治理，形成对其本国民众的吸引力，这将是第二个目标的先决条件。第二个目标是建立一支本地安全和防务力量，从而具备主动将其内部安全维持在可接受范围内的能力，以保持公众对国家的支持。人民应该支持国家，士兵应该愿意为国家而战。然后，这才是最终目标：防止出现可能威胁欧洲利益的安全问题。正如鲁珀特·史密斯（Rupert Smith）将军所总结的，如此有限的目标需要重新定义什么是成功。这一地区的战争趋向于"人民之间的战争"，即一个国家内部不同群体之间的战争。各种外部势力参与其中，或是支持不同的派别，或是试图进行调解。但战争结束后，这些群体将不得不再次生活在一起。因此，欧盟应该促成的或许不是一个政党对另一个政党的彻底胜利，而是竞争对手之间的妥协，这样民众才能实现生存和发展。[19] 比阿特丽斯·霍伊泽尔（Beatrice Heuser）写道："与其强加自己的意志，不如努力创造一个照顾各方利益，且大家都能接受的结果。"[20]

但即使是这些有限的目标，也需要欧洲在该地区保持军事存在，而且很可能是永久性的。但欧盟可能会像它在萨赫勒地区一样，[21] 主要采取一种"间接的方式"，这是利德尔·哈特推崇的战略格言。把主要的军事手段放在能力建设和对有关国家的安全和防务部队的指导上，这些国家就可以自主开展军事行动，保卫国家免受内外威胁。如果当地军队仍然需要外部援助，应该首先求助于该地区的国家，因为它们会比欧盟更直接地感受到这个国家崩溃的后果。使用欧洲军队进行直接干预或者说使用武力，都应该是在没有其他办法维持必要的稳定和对欧洲本身产生了威胁的情况下，作为应对危机的最后手段。这就是法国 2012 年在马里采取行动的原因。采取直接军事行动的"触发因素"包括：可能蔓延到欧洲领土的冲突，可能切断欧洲连通性的冲突，可能引发恐怖主义针对欧洲的冲突，可能让对欧洲怀有敌意的团体占领这块土地的冲突，或者只有恢复和平才能防止人口大规模向欧洲迁移的冲突等。在所有其他情况下，如果欧盟的利益没有受到直接威胁，最好不要进行直接军事干预。这不是说当战争在其周边地区引发人道主义危机时，欧盟应该袖手旁观：除了直接军事干预，还有一系列可以利用的政治和经济手段，以及间接的军事手段（如实施禁运）。而当人道主义危机严重到安理会启动国家保护责任条款时，即使欧洲的直接利益没有受到威胁，欧盟也应该派兵参与。欧盟在联合国建立这一机制方面发挥了重要作用，理应促进安理会积极利用这一机制。然而，安理会常任理事国之间的分歧使得国家保护责任条款不太可能快速启动，据称在利比亚问题上对这一条款的滥用进一步加深了这种分歧。

在萨赫勒地区、伊拉克和阿富汗，欧盟、美国和北约都严重依赖能力建设的"间接途径"。然而，这种方法并不是没有问题，国际社会一直在训练的马里军队发动政变，就证明了这一点。如果说对欧盟或美国的安全威胁，可以通过训练伙伴国军队的方式来解决，那么这当然是一个很划算的解决方案。但能力建设往往需要多年时间才能取得成效，欧洲或美国军队在产生足够的影响之前，就面临着停留过久的危险。只训练军队而不提供武器装备是没有用的。这对欧盟来说是个问题：欧盟的法律阻碍了它向伙伴国提供武器。但是军队不能赤手空拳地投入战斗，如果欧洲不能提供杀伤性装备，它的伙伴就会求助于愿意提供的人。最后，如果伙伴国没有适当的战略，仅以战术和行动熟练度为目标的能力建设能够发挥的作用很有限。涉及战略问题，就需要与整个国家的战略机构进行接触。其中不仅包括安全与国防部队的高级官员，还包括政治领导层，而后者可能并不总是对其在欧洲或美国战略中扮演的角色感到满意。除非有足够的补偿，没有哪个国家愿意成为一个缓冲国。

★ ★ ★ ★

很多人认为，美国也应该听取同样的警告：如果关键利益或根本利益没有受到威胁，不要发动战争。2003年入侵伊拉克的悲惨遭遇就是明摆着的教训。正如肖恩·麦克法特（Sean McFate）所说，最主要的问题并不是怎样打赢战争，而应该首先关注的是哪些仗应该打、为什么打。[22]此外，在世界上许多地方，"西方的干涉主义"（Western Interventionism）一直被认为具有高度的破坏性，极大地损害了美国和欧洲形象。[23] 特朗普政府的意识形态立场，数次让美国几乎在没有明显理由的情况下发动对伊朗的战争。2019 年，美国在很大程度上暂停了其在中东的军事行动，特别是将驻叙利亚部队减少到不足 1000 人（尽管在 2020 年，有近 5 万名士兵驻扎在中东地区和海湾国家的永久基地）。因此，在特朗普的领导下，美国似乎始终在军事姿态和孤立主义之间摇摆不定。无论是盟友还是对手，都感觉美国的战略变得非常难以琢磨。

这让欧盟以及北约陷入了进退两难的境地。许多欧洲人对美国的干预持怀疑态度，并常常担心美国会将争端过度升级。除非伊朗主动宣战，否则欧盟当然没有理由支持美国对伊朗的战争，尽管这实际上是让欧盟与中国、俄罗斯站在了同一边（中俄不能阻止这样一场战争，它们也不会加入其中）。然而，欧洲需要美国支持它们认为必要的行动。为稳定叙利亚和伊拉克局势，必须得打击萨赫勒地区的叛乱组织，防止针对欧洲的新一轮恐怖主义袭击。欧盟可以通过艰苦努力在萨赫勒地区发挥领导作用，但进入 21 世纪 20 年代，它并没有能力在中东地区或海湾国家做到同样的事情，更不用说在两个地区同时做到了。同样，欧盟本身也无法维持其全球连通性，特别是在海上，因为这需要在西印度洋持续作战以防海盗死灰复燃，同时还要执行欧盟和北约在地中海的行动，欧盟海军已经勉为其难。保持全球航线开放已经成为欧盟议程中的一个突出挑战，但欧盟却无力应对。正如我们在第5章看到的，由于缺乏足够的远征能力，欧盟在军事上仍然依赖美国，因此也依赖美国的战略选择。

美国的大战略聚焦于中国，美国的军事姿态也日益反映出这一特点。美国在亚洲结盟是为了威慑中国，就像它在欧洲的军事存在（在历次削减之后，到2020年仍有超过7万人的军队）是为了威慑俄罗斯一样。欧洲人担心因为战略误判，美国在中东地区和海湾国家挑起新的战争，但美国在亚洲的盟友则不需要如此焦虑。中东和海湾的战争会分散美国对亚洲的注意力，就像入侵伊拉克让美国暂时转移了对阿富汗（带来了不可挽救的结果）的注意力一样。然而，中美两国军事力量的增强，确实增加了发生意外和突发事件的风险，而这无疑会进一步加剧紧张局势。

作为一个大国，美国需要在全球范围内捍卫自己的利益。对美国来说，这不是放弃世界上某个地区的问题，而是优先考虑哪个地区的问题。鉴于历史上它在中东地区和海湾国家的参与程度，以及它与以色列和沙特阿拉伯的联盟关系，美国不太可能在短期内放弃其在该地区的角色。但未来的美国政府可能希望重新考虑其角色的性质。美国的利益真的需要支持沙特阿拉伯与伊朗开展地缘政治竞争吗？又或者，我们是否可以构想出另一种能够减小在该地区引发代理人战争的可能性的战略，从而减少美国的军事介入？美国如果想要将注意力集中在中国，可能需要重新调整自己的中东地区和海湾国家战略。

★ ★ ★ ★

中国的全球存在，使它不得不重新审视其传统的不干涉政策。正如我们看到的，这仅仅是因为政府有责任保护可能受到内战、恐怖主义或犯罪威胁的中国民众和海外资产。中国的许多投资确实是在一些最不稳定的国家。米科·胡塔里（Mikko Huotari）分析了中国对于使用武力的想法：中国可能会加入多边军事干预，但条件是每个国家都要对自己的安全承担主要责任；和平与安全正面临迫在眉睫的威胁；需要联合国安理会授权；需要得到东道国同意；有关地区组织也要支持这一计划。[24] 至少在目前，中国仍然对单边干预持怀疑态度，而且它本身不太可能发动战争。

中国的这种态度，也许能为军事合作提供机会。其他大国对中国日益增长的军事影响力态度谨慎，是可以理解的。

明智的做法可能是尝试与中国在利益重叠的领域进行安全合作。特别是欧盟，因为欧盟并不像美国那样将中国视为安全威胁，完全可以寻求这种合作，这也可能成为一种建立信任的举措。首要关注的领域可能是非洲，欧盟和中国在非洲的安全和稳定方面有着共同的利益。通过合作，欧盟可以努力确保中国的军事参与不会损害欧盟利益，并尊重双方都支持的规范。中欧军事合作已经有一个先例：欧盟海军在西印度洋开展亚特兰大行动时，就曾与位于同一海域的中国海军进行过协调。在一些人看来，与中国进行军事合作可能有些奇怪，但早在 1984 年，里根政府就曾授权向中国出售美国军事装备——这是在基辛格访华、尼克松访华和中美关系逐步正常化后，美国孤立苏联的进一步举措。

然而，尽管中国对外宣称愿意开展军事合作，但如果中国仍对单枪匹马作战的想法感到不安，那么它对与西方进行具体的军事合作的态度还是会非常谨慎的。中国武装力量的表现会不断提升，这是肯定的。更积极地参与多边行动恰恰是加强经验和专业性的一种方式，同时也是建立信任的一种方式。不过，选择合作也需要勇气。

★ ★ ★ ★

美国战略界仍有许多人在为入侵伊拉克辩护，而在美国和欧洲，公开数据表明大多数人支持对利比亚的干预。自世纪之交以来，俄罗斯对格鲁吉亚、乌克兰和叙利亚实施了干预。不过，正如我们所看到的，这些干预措施从长远来看未必对俄罗斯有利。此外，俄罗斯公众舆论并不总是全心全意支持"干涉主义"。

2020 年 8 月，白俄罗斯的选举舞弊引发了民众针对总统亚历山大·卢卡申科的大规模示威活动，俄罗斯的军事干预，极大地推动了更大比例的白俄罗斯公众反对现政权，并寻求与欧盟建立更密切的关系。也许有点矛盾的是，依靠武力维持势力范围的战略在俄罗斯的周边地区似乎已是穷途末路，但在中东和北非，这一战略还有很大的发挥余地。在前苏联加盟共和国中，俄罗斯的"干涉主义"可能已经到了弊大于利的地步，因为这会引发当地公众舆论的反对，与俄罗斯和这些国家结成密切关系网络的目标背道而驰。

相反，在中东和非洲，俄罗斯并不一定要寻求建立永久的关系（叙利亚除外）：主要目的可能是打造能与欧盟和美国抗衡的影响力。[25] 因此，干预可能是俄罗斯破坏能力的一种表现，是为了阻挠欧洲和美国的计划，而不是为了实现自己的计划。为此，俄罗斯巧妙地利用了当地民众对欧洲或美国，以及"西方未完全解决之事"的不满。[26]

★ ★ ★ ★

俄罗斯和美国有一点十分相似，两国的战略文化都将武力视为一种"正常"的战略工具，并且只要本国利益需要，它们使用武力时不会有任何道德上的顾虑。然而，俄罗斯和美国都曾经历过过度依赖武力造成的反噬。在这方面，中国和欧盟则更为谨慎。中国迄今几乎没有使用武力的经验，它最近一次的作战行动要追溯到20世纪80年代，对于将武力用于捍卫中国国家领土之外的目的，中国的战略文化起到了抑制作用。部分欧盟成员国，尤其是法国，比其他国家更愿意使用武力，但整个欧洲已经形成了一种更加关注伤亡并将战争视为最后手段的战略文化。《欧盟全球战略》假称欧洲将主要使用武力来保护陷入武装冲突的他国公民，但是实际上，当欧盟及其成员国参与战争时肯定是为了保护本国的公民和利益。对军事工具作用的研究，欧盟机构已经取得了很大进展。但是，只要欧盟坚持其"共同安全与防务政策"具有与国家保护责任类似的目的这一官方谎言，那么关于在何时以及为什么要使用武力的问题，欧洲就不可能进行有效的战略辩论。就像国际政治中的所有参与者一样，欧洲人不得不思考这样一个问题：一个国家在实施大战略时，能独善其身吗？

第9章

肮脏：大国都能独善其身吗

　　每个参与过战略制定工作的人都得承认，没有"好的"选择的情况是不可避免的。在这种情况下，采取行动和不采取行动，都有可能对本国的利益产生负面影响。此时，战略家们仍然必须要做出理性的选择，并找出其中危害最小的一个，即最有可能维护国家重大利益的选项。虽然形势紧迫，但因为潜在的负面后果将由决策者担责，他们不愿意做出坚定的选择是可以理解的。不过，这违背了大战略的规则。一个国家是不能退出国际政治舞台，将自己与世界隔绝开来的，它必须发挥自己的作用。即使一个国家放弃了积极的角色，它也肯定会成为其竞争者和对手战略中的目标国家。

　　比利时是我的祖国，它的历史充分说明，以为可以逃避现实是一种错觉。1830 年，比利时脱离荷兰，各大国承认了它独立国家的身份，但要求这个新国家保持中立。列强之间互不信任：通过禁止比利时加入联盟，确保了这个新王国不会受到任何一个大国的控制。1870 年，比利时在普法战争中因中立而得以免于战火。之后，中立被升华为一种信条：比利时战略界确信，这一信条将永远保护王国。但在 1914 年，德国不顾比利时的中立国身份，对其发动了侵略。战争结束后，《凡尔赛条约》结束了对比利时必须保持中立的要求，比利时随后与法国签订了军事协议。然而在1936年，随着纳粹德国重新武装起来，战争威胁愈加明显，比利时再次选择了中立。这一次，比利时人是自愿的，他们怀着渺茫的希望，希望战火不会烧到自己的国家。从"一战"的经验中比利时的战略人士就应该明白，中立并不是一个现实的战略选择。很明显，德国只要进攻法国，就会经过比利时。一个国家不可能遗世独立，但比利时还是退入了中立的肥皂泡中，结果仍然和"一战"时一样：德国于1940年再次入侵比利时。虽然，即使一直与法国保持着盟友关系，比利时还是会有很大可能遭到入侵，但在这种情况下两个国家都能够有更好的准备。但因为比利时退出了和法国的军事协议，破坏了法国防御计划中的很多关键假设。[1]

正如我们在第1章中看到的，大战略不能以完美为目标，等待能够完全保证本国利益的选项，只会导致瘫痪。事实上，这是一种怯懦的表现，正如前一章中解释的，在所有选择都有风险的情况下，承担责任并做出选择是需要勇气的。

★ ★ ★ ★

虽然常常没有"好的"选择，但这并不会对一个国家

的利益产生任何负面影响。同样，很多时候国家也没有一个
"干净的"选择，所有的选项可能都在某种程度上与国家的价
值观相冲突。如果这些价值观根深蒂固，违背这些价值观会
让决策者感到不安，公众舆论也会因此谴责他们。届时，政
府将会发现自己不得不改变路线。美国对越南战争的军事介
入就是一个典型的例子。随着介入的不断升级，美国民众看
到众多的美国士兵为了无法令人信服的目的而伤亡，看到众
多村庄被以"拯救"它们的名义而摧毁，不知道这场战争何
时才能结束，这导致了大规模的反战示威。1971 年，就职于
美国战略机构的丹尼尔·埃尔斯伯格（Daniel Ellsberg）泄露
了国防部长越南特遣部队办公室的报告，也就是众所周知的
五角大楼文件。报告显示，战争升级的程度远远超出了美国
政府承认的程度。因为这场战争的目的似乎不再有利于推进
美国价值观（和利益），战争的方法也在不断违背美国价值
观，面对国内的反对，美国无法再维持下去了。

因此，大战略要求每个国家都要忠于自己的价值观，但
人们必须现实地看待这一要求在国际政治中的确切含义。价
值观是大战略的重点，它的总体目标是维护一个国家的生活
方式，即一个国家的政府形式、社会的组织方式以及它基于
的价值观。每个国家都有自己的生活方式，有些国家之间有

很多相似之处，而持有不同基本价值观的国家在生活方式上
存在很大差异。实际上，持有不同价值观的国家并不一定就
是敌人，价值观迥异的国家仍然可能有共同利益，并因此选
择合作。与此同时，考虑到大战略内在的竞争性质，即使价
值观几乎完全相同的国家，也会争夺市场、资源和影响力，
并拥有不同的利益，它们甚至可能会主动攻击对方。

任何国家，无论其采取何种生活方式和政府形式，都应
尊重 1948 年联合国大会发布的《世界人权宣言》中规定的人
权。《独立宣言》明确指出，"每个人都有直接或通过自由选
择的代表参与国家事务的权利"，并且"人民的意愿是政府权
威的基础；这一意愿应在真正的定期选举中表示，选举应是
普遍和平等的普选，并应通过不记名投票或同等的自由投票
程序进行"。但与此同时，作为国际法核心的《联合国宪章》
是以不干涉内政原则为基础的，因此并没有将民主化作为目
标。因此，在实践中，人们必须特别注意全面促进人权和民
主化的区别。对民主国家来说，坚持自己的价值观不仅意味
着它们必须尊重人权，还意味着它们也有义务敦促其他国家
尊重人权，并始终如一地批评所有不尊重人权的国家。在民
主国家有足够影响力的情况下（这也取决于其他国家是否也
有足够的影响力），它们可以通过将尊重人权作为开展合作的

先决条件，从而促进目标国家对人权的尊重。然而，忠于自己的价值观，并不意味着民主大国只能与充分尊重人权的国家合作，也不意味着它们有超越"促进人权"的范畴并推进其他国家民主化的义务。

如果战略以价值为基础意味着一个国家只能与价值观大体上相同的国家合作，那么民主大国很快就会发现它们的潜在盟友和伙伴的数量会变得极其有限。但即使是拥有类似价值观的国家，无论是民主国家还是专制国家，国家利益往往十分不同，以至于只能开展有限的合作，甚至完全不可能合作。例如，在"二战"期间，希特勒曾试图说服佛朗哥参战，西班牙最终仍然选择保持中立。虽然得益于纳粹德国和法西斯意大利的军事支持，佛朗哥才能赢得内战，但西班牙和德意两国虽然拥有共同的价值观，但没有共同的利益。与此同时，尽管爱尔兰也是一个民主国家，但英国对这个中立国疑心重重，丘吉尔甚至考虑过先发制人，派兵占领爱尔兰海港。在冷战期间，中苏分裂是一个明显的例子，表明两个被西方阵营中的许多国家视为一体的共产主义大国，实际上可以发展出截然不同的观点。另外，与生活方式不同的国家合作本身就能深化国家的利益。与一个因价值观和世界观不同而对自己国家的意图存疑的国家一起追求共同利益，是一种富于自信并有利于安全建设的措施。

　　尊重自己的价值观也不意味着必须积极输出它们，并说服其他国家效仿自己的生活方式。因为良好的治理能为一个国家的公民带来稳定的国内环境，这反过来又有利于该国建立和平与稳定的国际关系，所以一些西方国家确实对所谓的"民主化"感兴趣。这就是为什么当一个国家发生"民主化"变革时，一些西方国家通常会支持它。但一个西方国家无法在一个与其制度不同的国家触发"民主化"变革，即使是大国也没有能力去改变另一个国家的生活方式。德国和日本的例子经常被引用，这并不是要把它们作为榜样，而只是为了证明这一规律也有例外。在"二战"中，两个国家被彻底击败后，以前的生活方式在其大多数国民的眼中完全失去了合法性，盟军成功地帮助他们拥抱了一种新的生活方式。在某种程度上，这其实只是回归到了之前就已经存在的生活方式，并发展出了一种新的战略文化。这些特殊情况不太可能被复制，并且到目前为止，所有对其他国家进行所谓的"民主化改革"的尝试都失败了。例如，欧盟根据欧洲睦邻政策向其南部邻国提供的激励条件，完全不起作用，对于一个拥有绝对权力的领导人来说，几乎没有什么能诱使他改变自己的行事方式。制裁也很少能发挥作用，通常情况下，不管领导层多么不得人心，制裁会让一个国家内部更加团结，反对外国干预。一直以来，军事占领也没有作用：在西方军事力量存在了近 20 年后，阿富汗仍然觉得，只要外国军队完全撤出它的领土，它就会恢复到以前的生活方式。苏联与其他东欧社会主义国家同处一个联盟长达 45 年，但苏联的生活方式却没有给这些国家留下深刻印记。当一个政权垮台时，这个国家并不一定能自然地实现制度转变。一个国家的生活方式不可能从外部设计，它只能从内部、有组织地或通过一场革命来改变，但前提是人民本身有意愿做出改变。

此外，如果一个国家宣称其大战略的目的是使其他国家的生活方式变得与自己一样，即使两国拥有相同利益，也只会引起其他国家的敌视，使合作更加困难。再次强调，追求完美可能适得其反。正如前一章所述，扶持萨赫勒地区国家是符合欧盟利益的，这些国家可能相对专制，但它们能够为国民提供足够包容和有效的公共产品，可以依靠本国公民和武装部队的支持保证国内稳定。如果在这些国家推动更快、更深入的改革，实际上可能会破坏其国内稳定。而且，如果西方国家意图将现任政府赶下台，可能会将他们推入其他不太关心价值观的合作伙伴的怀抱。

因此，重要的不是与谁合作，而是就什么问题怎样合作。

忠于自身的价值观，首先意味着自己的行动不能违背这些价值观。在国际政治中，不管对方的价值观和生活方式是怎样的，只要在合作过程中涉及他国认可但违反自己的价值观的问题，一个国家就可以在法律框架内与任何享有共同利益的国家合作。一个民主国家可以与一个威权国家在外交、安全或国防政策方面进行合作，只要它自己不成为侵犯人权的一方，就不会丧失其合法性。然而，无论是单独行动还是与他国合作，民主价值观都禁止使用某些手段，例如酷刑或不顾平民生命不加选择地使用武力。然而，灰色地带确实存在。在"二战"期间，丘吉尔曾怀疑对德国城市的地毯式轰炸是否明智。虽然纳粹德国犯下了严重的罪行，但对德国的轰炸造成了数十万平民的死亡，不过最后这些怀疑被搁置在了一边。在今天打击恐怖主义的斗争中，欧洲和美国明知道有些国家人权和法治状况堪忧，但是它们的安全部门还是会与这些国家的安全部门合作，共同开展情报工作。一位比利时法官曾向我说过他与一个北非国家司法系统的交易：所有嫌疑人都认罪，那些在到达时不坦白的人会被带到地下室，最终也会坦白。遗憾的是，灰色地带是不可避免的，但大战略的总体指导原则是：只要你以正确的方式做正确的事情，与谁一起做并不重要。

这条规则中的唯一例外，是那些犯有战争罪、危害人类罪、种族灭绝和种族清洗等罪行的政府。与这些政权合作肯定会违反几乎任何其他国家的价值观。虽然只有安理会可以启动国家保护条款并授权采取行动制止这种罪行，但任何国家都有能力自行判断，并且应该终止与犯下上述任何罪行的政权的合作。最终，在国际政治中，每个国家都将自己决定利益和价值观的平衡点。但如果犯下罪行的国家是一个大国或主要经济体，这将不可避免地影响这一决定。

★ ★ ★ ★

具有讽刺意味的是，虽然美国和欧盟中的一些国家总是在指责中国和俄罗斯寻求将自己的生活方式强加给其他国家，但实际上，美国人和欧洲人习惯性地将民主化和促进人权作为其外交政策的目的。正如基辛格指出的那样，美国人和欧洲人总是表现得就像是"世界上有很大一部分人生活在一种令人不满意的试用性安排下，总有一天会得到救赎"。[2]美国或欧盟的做法导致了相当敌对的关系，这并不令人意外。俄罗斯试图在其周边国家建立一个势力范围，并意图让这些国家效仿俄罗斯模式，原因是它担心一些西方国家会推动本国民众要求体制改革。但中国不一样，它与所有国家开展务实的合作来深化自身利益，其中也包括一些欧盟成员国。

　　有一种强烈的倾向是把国际政治描绘成民主和威权主义之间的对抗。所谓国际政治，就是各个国家追求自身利益的过程。它们与其他国家是合作还是竞争，取决于利益是否一致，与生活方式完全无关。因此，从生活方式的角度来解读国际政治，尤其是大国关系，将会产生一幅扭曲的画面。建立在这种扭曲之上的大战略将导致错误的决策。最危险的是，在这种认识的驱动下，生活方式不同的国家如果不能合作，可能会进一步固化不同集团的对立，而这肯定是欧盟极力避免的。

　　一个国家的基本价值观确实决定了它的大战略。各个国家的政治机构的形态和治理手段可能是相似的，但它们的价值观和对世界的总体看法仍然可能非常不同。一些国家确实拥护以征服为中心的意识形态，比如纳粹德国及其对在欧洲的"生活空间"的追求。苏联最初试图推动世界革命，但当这一战略失败后，斯大林便制定了"一国社会主义"（socialism in one country）的意识形态原则。正如我们所看到的，这并没有阻止斯大林展示出巨大的战略灵活性。苏联先是与纳粹德国勾结，然后利用德国在"二战"中的失败，在自己的西部边境获得了一个巨大的缓冲区。但在"二战"后，苏联并没有在欧洲寻求进一步军事扩张。历史证明，苏联入侵阿富汗是一个严重的战略失误。俄罗斯当前的大战略在某种程度上也是一种扩张主义战略：俄罗斯将自己打扮成一个保护者，保护那些说俄语的人，称无论他们生活在哪个国家，都渴望拥有同样的生活方式。其目标是：在俄罗斯西部边境获得一个缓冲地带。

然而，一些国家更重视内部的稳定和团结，并不寻求对外扩张。当然，有些国家可能只是太软弱，不敢在国外冒险，尽管国内软弱的政权有时会介入国外干预，以分散公众对本国问题的注意力。中国的价值观更倾向于国内稳定、和谐和发展。中国的目标是巩固领土主权，当人们将"系统性竞争"这个词用在中国身上时（正如欧盟所做的那样），我们应该清楚地认识到，这是指在国际体系中争夺影响力的竞争，而与中国和欧美国内体系的不同没有关系。此外，"系统性竞争"也并不是完全系统性的：当利益一致时，这并不妨碍双方进行合作。

可悲的现实是，并非所有西方国家在国内政治中都始终尊重民主价值，在国际政治中也并非总是遵守以规则为基础的秩序。美国入侵伊拉克同样是非法的。对于成千上万试图从北非和中东进入欧洲的人，欧盟毫无同情心，对他们的困境视而不见：很多人在流亡过程中，或者在与欧盟接壤国家的难民营中，甚至是在欧盟内部的许多难民营中因遭到虐待而失去生命，但只要人们不越过边境或者被关在难民营里，欧洲人就可以轻易地把目光移开。美国也有一项类似政策，将从墨西哥越境的"非法移民"关押起来。有一段时间，美国甚至会把难民的孩子和父母分开。

这并不是为了说明不同国家的行为在道德层面上都是在伯仲之间的，因为对暴行进行比较不仅品位糟糕，而且一点用处都没有。我们应该根据每个国家的行动，而不是根据其他国家的行动来判断每个国家。

如果要谴责伊朗在整个地区的军事干预，那么就必须也要谴责沙特的干预行动。例如，在也门的代理人战争中，各方都忽视了卷入冲突的平民的安全。美国在与沙特阿拉伯结盟的同时，却摆出民主和人权捍卫者的姿态，并不能令人信服。相反，这种行为损害了美国在世界许多地区（包括欧洲）的信誉。但欧盟也轻易地忽视了埃及侵犯人权的行为，例如，2014 年，因为比起被罢黜的民选总统穆尔西，塞西将军承诺在该地区实现更大程度的稳定，于是欧盟和美国悄悄认可了他发动军事政变的行为。

出于利益需求，美国和欧盟常常需要与一些威权国家合作甚至结盟。而且，尽管它们由衷地拥护西方民主价值观和基于规则的国际秩序，但有时也会违背。如果罔顾现实，把国际政治描绘成民主人士对抗独裁者的斗争，不可避免地会导致双重标准。最终，一个国家将会旗帜鲜明地谴责那些被视为竞争对手的威权国家，即使这些国家的做法不过是在合理合法地治国理政；但是却会悄悄认可另一个威权国家的违法行径，只因为这个国家是本国的盟友或伙伴。然而，对于同样的行为，是否能因为行为人的不同而做出不同的判断呢？

★ ★ ★ ★

就美国而言，它可能仍渴望作为全世界最强大的国家，拥有全球领导力。正如引言中所述，美国不会简单地把蛋糕从中间切开，自己和中国各占一半，就像当年西班牙和葡萄牙把"新世界"一分为二那样[①]。在这种假设的情况下，无论是欧盟还是俄罗斯，美国都不会让它们分一杯羹。因此，从逻辑上讲，美国和欧盟的大战略必须把焦点放在中国作为一个大国在国际政治上的行动，而不是在其国内政策上。这并不意味着美国和欧盟不关心中国和其他国家的国内政策，但

---

① 西班牙和葡萄牙于 1494 年签订了《托尔德西拉斯条约》，瓜分了美洲，划定了各自的势力范围。

这确实意味着它们必须意识到各方的真正利益在哪里，以及利益格局带来的限制。

我们在前文中提到过，一种以政府形式为核心的生活方式，既不可能被外界操纵，更不可能被强行改变。面对一个大国，没有一个国家有足够的影响力去做这样的尝试，并且，这样的尝试甚至可能会适得其反。³

★ ★ ★ ★

这一现实也适用于国际政治中的秩序概念。任何国际秩序的核心，都是为绝大多数国家所接受的、用于指导彼此关系的规则。它们在国内的行为方式基本上是每个国家自己的特权。因此，作为现行国际秩序核心规则的《联合国宪章》强调尊重国家主权和不干涉内政。国家保护责任的机制是一个例外，激活这一条款的门槛非常高。自"二战"以来，各国建立了一个前所未有的密集的专业国际组织网络，来规范它们之间在具体层面的关系（如贸易）以及应对全球挑战（如气候变化）。国家赋予了一些组织执行其成员国决定的能力，如世贸组织。但是在其他领域，特别是气候领域，国际组织的执法能力仍然有限。国际秩序的规则绝对不能以改变政府形式或国家的整体生活方式为目的。

然而，这恰恰是许多谈论自由国际秩序的人对规则目的的理解。现实是"二战"后形成的自由国际秩序从未覆盖全球。约翰·伊肯伯里解释得更加准确，"它是建立在两极世界二分之一的'内部'，是发动全球化冷战这一大型地缘政治项目的一部分。"[4] 这种提倡一种特定的民主生活方式的自由的国际秩序，只存在于美国领导的集团内部。即使在西方集团内部，对这一秩序的施行也是非常有选择性的。

约瑟夫·奈主张去掉"自由"一词，而代之以"基于规则的"国际秩序。[5] 在当前大国之间竞争和对抗日益激烈的背景下，维持一套所有大国都能达成一致的关键规则，对维护世界和平与稳定至关重要。如果规则被认为只有利于一种特定的政府形式，将永远不会得到其他国家的认可。同样，虽然欧盟和美国不需要接受中国或俄罗斯的生活方式，但它们需要接受这样一个事实：是否改变这种生活方式不是由它们决定的。它们可以期待的是改变决定国家间关系的规则。对事实视而不见，只会加深大国之间的分歧，并促成两个对立集团的形成。过度强调自由国际秩序的概念将会事与愿违，导致世界分裂，削弱基于规则的秩序。

★ ★ ★ ★

既然一些西方国家不能改变其他国家的生活方式，它们至少应该言行一致，在自己的行动中始终尊重自己的价值观。正如乔治·凯南所写的："一个人如果在与他人的关系中表现出体贴和尊严，不管他内在有多少怀疑和矛盾，终会突然发现，他在与自己的关系中取得了很大的成就。"[6] 改变另一国家的国内政策可能不是一个可以实现的目标。

但如果随着时间的推移，一个国家内部确实发生了变化的话，这种政策会让欧盟和美国处于更有利的地位，能够更好地捍卫它们的利益。戴高乐写道："未来很长。什么事都可能发生。但即使如此，在最后看来，以荣誉和诚实做出的行为都将是一项良好的政治投资。"[7] 此外，正如我们看到的，这种关系的划分恰恰是一种缓解机制；相反，如果在一个领域的每一次分歧都导致关系的彻底破裂，那几乎就不存在什么国际关系了。

不过，如果对与其他国家的关系另眼相看是不应该遭到谴责的伪善，那么欧盟和美国本应该能够避免双标思想，但事实上它们也是这种思想的受害者。"盎格鲁－撒克逊人天生就有一种无限的能力，在将理想的理论应用于他人的时候，能够把自己的实际需求排除在外"，哈罗德·尼科尔森的这一判断既适用于美国，也适用于欧盟。[8] 美国人常常认为，他们的国家利益与世界利益是一致的；而欧洲人则认为，他们根本就不是在追求自己的利益。美国战略界人士表现出了思想上的矛盾，他们真诚地认为，美国即使是在追求国家利益，也只是为了世界和平、民主和人权在行动，并且其他国家善于思考的人也是这样想的，只有那些反对人类福祉的人才会反对美国。同时，他们也很清楚，美国的具体政策甚至遭到美国盟友的抵制，美国为了追求自身利益，多次不惜诉诸战争、撕毁条约、推翻民主政权和侵犯人权。2020 年初，在东欧的一次会议上，我听到美国国务院的一位高级官员向战略家们解释说，美国退出伊核协议是为了保护欧洲的安全，这与他的听众（欧洲战略家们）的想法完全相反。

欧盟的双标思想意味着，在很长一段时间里，欧盟认为其外交的基础根本不是利益，而是出于纯粹的利他主义，世界因此将欧盟视为一个与传统大国不同的良好角色。然而，与此同时，欧盟奉行的国际经济政策在很大程度上是基于利益的，并毫不犹豫地在这一过程中进行了激烈的讨价还价，作为接受方的国家可以证明这一点。欧盟的心态发生了转变，这在欧盟委员会主席冯德莱恩 2019 年的声明中达到了顶峰，她声称欧盟委员会将会是一个"地缘政治委员会"。但即便如此，仍有一种观点认为，欧盟的大战略与其他大国不同，它对利益关注更少。2020 年 6 月，当我有机会在欧洲议会阐述我对大战略的"血腥"性质的看法时，外交事务委员会主席感谢我对现实政治（realpolitik）发表的看法，他并不认为这只是一种补充。

★ ★ ★ ★

现实政治正是我们呼吁的，但用的是这个词的原始含义。现实政治可以简单地理解为：为了目的不择手段。但事实并非如此：正如我们看到的，如果一个国家的大战略违背了其自身生活方式依据的价值观，那么这一战略根本无法维持。如果一个国家这样做了，最终会腐蚀自己的价值观，影响自己的生活方式，而大战略的目的原本是为了捍卫它。如果像入侵伊拉克这样的侵略战争成为美国战略的一个永久性特征，那么它只会影响到国家的组织方式、战略界的心态，并最终影响到整个社会。这不是现实政治。L. V. 罗肖（Ludwig von Rochau）是一位德国自由主义者，1853 年，在撰写有关国内政治的文章时创造了"现实政治"这个词。他的观点是，想把一个国家的价值观付诸实践，需要力量。[9] 如果没有获取国内政治权力的战略，对价值观和如何组织社会的课题进行思考就不是一项政治计划，而是纯粹的乌托邦主义。在国际政治中，为维持自己的生活方式，现实主义意味着一个国家在与其他国家的关系中也会有实力需求。但实现这一目标，应该通过一个符合自己价值观的大战略，否则将会自毁长城。然而，在国际政治中，现实政治还意味着，一个人必须现实一点，接受自己无法改变其他国家的事实，只要自己不违背自己的价值观，就可以与自己价值观不同的国家合作。

因此，国际政治并不是不道德的，而是不同道德观的集合。每个国家都忠于自己的价值观，以符合自身道德观的方式在行事。批评其他国家没有达到它们承诺的通用标准，是一种道德责任。但道德并不要求一个国家积极地去尝试改变另一个国家的生活方式。因为在大多数情况下，只有通过胁迫，并最终通过战争，才有可能实现这样的目标。正如我们在第 8 章所看到的，战争造成的痛苦往往比它解决的问题更多，产生的问题也更多。再次强调一下，国家保护责任是一个例外，或者可以说是系统中的紧急刹车装置，联合国已经定义了哪些不道德的罪行可以让安理会合理合法地授权使用武力加以制止。但总体而言，将世界分为善恶两边的道德说教在国际政治中没有立足之地。这并不是因为所有国家都会偶尔违背自己的价值观或违反世界秩序的规则，而是道德说教使得区分与其他国家的关系、在一个问题上合作而在另一个问题上争论变得更加困难，并对创建两个排他性的、相互对立的集团产生了促进作用。21世纪的国际政治既不是道德上的对抗，也不是意识形态上的对抗。最后，在国际政治中，道德说教就像意识形态一样，模糊了理性，而这就等于模糊了战略思考本身。

　　本章的一些结论可能会让人感到不舒服。如果我能得出这样的结论：欧盟和美国可以让世界民主化，并在世界各地加强对人权的尊重，我自己也会感觉舒服得多。但看了这些事实后，我做不到。即使它们让人感到不舒服，也要乐于接受理性分析得出的结论：在某种程度上，"肮脏"正是大战略的原则之一。如果不能接受，要么接受一个无法做出决策的结局，因为几乎没有任何一项行动是完全没有瑕疵的。要么接受一个必将导致灾难的对策，因为强迫其他国家改变自己只会引发战争，就像16、17世纪肆虐欧洲的宗教战争一样。相反，一旦一个国家接受了现实的限制，它就可以制定一个现实的大战略，并积极地执行下去。

第10章

主动：战略指导行动

没有哪个国家是靠被动地等待来维护自己的切身利益的。正如 A. J. P. 泰勒（A.J.P.Taylor）所说："那些真正知道自己想要什么的人才能心想事成，当然不一定是以他们想要的方式，不过他们总是会得偿所愿。但是那些在不同目标之间犹豫不决、以妥协推迟困难到来的人，什么也得不到，甚至困难也不会如他们期待那般迟来。"[1] 当然，面对当前和预期的威胁和挑战，一个国家可以采取防御性的大战略。或者，它也可能会选择一种更具攻击性的方式，抓住主动权，并寻求改变环境。无论是进攻还是防御，一个国家都必须为采取行动做好准备。那些缺乏主动性的国家将不得不对其他国家的战略行动被动地做出反应。在战争中，如果一方能够洞悉敌人的决策周期，即在敌人还没有时间消化并对之前的行动做出反应时就采取下一步行动，那么成功几乎总是可以保证的。1940 年，法国的指挥和控制可以说是有条不紊，但速度缓慢，也拖慢了其军队在"二战"中的行动速度。结果，法国被德国装甲部队系统性超越，法国并不是因为在武器上落后，而是因为德国采用了新式的装甲编队。[2] 在两次对伊拉克的战争中，美国军队都以同样的方式战胜了伊拉克军队。同样的规则也适用于整体的大战略：掌握主动权并设定步调的国家比其他国家更有优势。反之亦然，一旦陷入被动反应模式，就很难专注自己的目标。

大国的定义本身就含有主动性，否则就无法实现产生全球影响的雄心。然而，主动性不应被理解为咄咄逼人。一个大国不仅可以主动去削弱或攻击对手，还可以积极主动地去建立联盟和伙伴关系，也可以积极主动地去提高自身的竞争力。为各大国的共同利益制定建设性议程是与发动军事干预一样主动的做法。然而，如果大国忽视合作的机会，只专注竞争和敌对，它们可能会导致一个修昔底德预言过的世界："强者做他们想做的，弱者承受他们必须承受的。"[3] 最终，不合作只会导致对抗。

★ ★ ★ ★

上一个世界大国为了应对多极世界，不得不制定一项积极的大战略的时代，还是两次世界大战之间的那段时间。这也是自殖民时代达到顶峰以来，欧洲以外的大国首次对国际政治产生决定性影响。其中一些新崛起的国家积极发挥作用并与老牌欧洲势力发生了对抗。在此之前，它们大多是欧洲国家帝国主义战略的目标。在两次世界大战之间，通过成立总部设在日内瓦的国际联盟（联合国前身），首次尝试引导国际政治走向包容的、制度化的、长久的多边合作。但复兴之后很快变得强势的德国、雄心勃勃的意大利和信奉扩张主义的日本，挑战了"一战"战胜国勉力建立的国际秩序。当时，法国和英国似乎正处于权力的巅峰，两个帝国疆域也达到了最大，但实际上，"一战"已经掏空了两国力量的根基。由于缺乏在全球舞台上施加影响的雄心，美国仍像战前一样是一个准大国，而不是一个实际的权力中心。分析两次世界大战之间破坏了国际秩序的行动和对其进行挽救的尝试，对于评估 21 世纪各个大国的大战略将会引导我们去向何处很有指导意义，对于了解在当今多极世界中构建一个可持续发展的国际秩序将会遇到的陷阱和机会，也很有指导意义。

从两次世界大战之间的历史中得到的第一个启示是，部分大国在建立世界秩序时，如果企图将另外一个大国排除在体系之外，那么注定会失败。只有具有包容性的世界秩序才是稳定的，这是一种能让所有国家受益和认可的秩序，因为秩序存续比秩序崩溃能给它们带来更大的好处。如果一个大国被其他国家排挤出去，这个大国将不可避免地挑战世界秩序的合法性，并可能试图破坏它，并 / 或寻求与它的盟友和伙伴一起建立一个并行的新秩序。"一战"后，战胜国，特别

是法国，有一种报复德国的冲动，这是可以理解的。当德国
不能履行《凡尔赛条约》规定的赔款时，从 1923 年到 1925
年，法国和比利时军队占领了德国的工业中心鲁尔地区。但
几年后，就连巴黎方面也意识到，这种复仇行为可能会适得
其反，只有允许德国重新像一个"正常"国家那样加入"欧
洲俱乐部"，欧洲才能再次稳定下来，实现经济复苏。同理，
各个大国也不能继续对苏联视而不见，因为它是一个大国。
它们一个接一个地克服了对布尔什维克政权的反感，与苏联
建立了外交和经济关系。早先，西方列强曾试图干预俄罗斯
内战，支持"白俄"打败布尔什维克，不过后来布尔什维克
政权取得了胜利，处决了沙俄皇族。事实上，当布尔什维克
被排除在外时，一个"白色"代表团参加了凡尔赛谈判。[4] 日
本加入了同盟国，在凡尔赛会议上得到了丰厚的回报。相反，
在 1912 年清政府被推翻后，中国国内仍未稳定下来，因此战
胜国故意忽视了中国。

在得知国际联盟未能维持和平的情况下，1944 年 9 月，
陆军元帅史末资（Smuts）在写给丘吉尔的信中谈及了未来的
联合国："如果成立一个不包括苏联的世界组织，它将成为另
一个组织的权力中心。到那时，迎接我们的将是第三次世界
大战。"[5] 于是，苏联理所应当地获得了联合国安理会拥有否

决权的常任理事国席位。我们可以看到，在 21 世纪，建立一个不同时包括美国和中国两个最强大的国家而又十分稳定的国际秩序是不可能的。把美国或中国排除在外的世界秩序只是局部秩序，只能覆盖全球的一部分，被排除在外的国家可能会被迫建立自己的局部秩序。因此，非包容性的世界秩序可能引发两种对立的、相互排斥的秩序的出现，每一种秩序都以一个大国及其盟友和伙伴为中心。其结果将是一场新的冷战式的持续对抗。

建立一个包容性的秩序并不意味着要不惜一切代价让所有大国都参与进来。历史给我们的第二个启示是，如果一个国家违反秩序的行为没有带来任何后果，那世界秩序的根基将会最终崩溃。在本着国际联盟精神采取行动和利用经济制裁或军事力量制止侵略方面，西方国家非常谨慎。可以理解，它们在"一战"结束后不久就厌倦了战争，并希望通过让步和联合外交来遏制日益扩张的日本、意大利和纳粹德国的威权主义势力。国际联盟最强有力的制裁措施是将会员国开除。但是，如果违反规则的国家并不在乎国际联盟的惩罚，甚至主动退出国际联盟，国际联盟也就无能为力了。由此产生的印象是："英国人不想打仗。他们希望尽可能缓慢地撤退，但他们不想战斗。"意大利的外交大臣加莱阿佐·齐亚诺（Galeazzo Ciano），墨索里尼的女婿，在 1939 年 1 月 12 日的日记中写道。[6]事实上，当希特勒违反了 1938 年的《慕尼黑协定》，并于 1939 年 3 月侵占了捷克斯洛伐克全境，而不是按照与其他国家达成的协议，仅仅吞并苏台德边境地区后，英国和法国就已经确定了自己的立场。在 1939 年 9 月 1 日希特勒入侵波兰后，法国和英国对德国宣战。

在 21 世纪 20 年代也一样，让每一个大国在世界秩序中占据其应有的位置，并不等于怯懦地接受它的每一项政策。大国应该把世界秩序看作一个整体，一个国家不能仅仅选择那些刚好符合其利益的规则。否则，规则很快就不再值得信赖，即使某些规则符合它们的利益，各个国家援引这些规则时也将不再有效。因此，客观上，所有大国在维护国际关系稳定的核心规则方面有着共同的利益。违反这些核心规则的国家应该在政治和经济方面受到惩罚，但必须考虑周到、措施适度。如果一个国家是在以合理合法的方式追求自己的利益，则不能仅仅因为这个国家取得了成功就制裁它。一个国家可能不喜欢他国取得成功，但它也只能以提升自己的战略作为回应。

当一个大国确实违反了规则时，我们不应过于轻易地将其与《慕尼黑协定》进行比较：当一个大国并没有像纳粹德国那样威胁到和平时，我们不能说对其采取了"绥靖"政策；

当一个国家发动战争或威胁发动战争时，有理由对其实施严厉的外交和经济制裁，并可以采取军事措施来打击侵略者或支持受害者。因此，俄罗斯因乌克兰问题受到了制裁，而美国在入侵伊拉克之后却没有受到制裁。与此同时，考虑到核大国之间直接对抗可能产生的巨大风险，美国、中国、俄罗斯和欧盟当然会尽量避免不必要的冲突升级。"分块儿"的重要性就突显出来：对一个争端采取措施，绝不能意味着一个国家就成了敌人；在一个问题上丢了面子也不应该导致愤怒和怨恨，进而影响国家间在其他领域的关系。

如果你想让其他国家遵守规则，你自己必须先要遵守。这是第三个历史启示，即拒绝遵守世界秩序的大国不能指望其他国家遵守世界秩序，只会看到自己的可信度和影响力逐渐下降。美国总统伍德罗·威尔逊（Woodrow Wilson）在他的"十四点主张"中提到了建立国际联盟，他认为这是解决战后问题的基础。国际联盟及时成立后，许多国家怀着极大的期望和热情投入其中，希望"一战"最终会变成"结束所有战争的战争"。但在 1920 年，奉行孤立主义的美国参议院拒绝批准美国加入国际联盟。因为美国拒绝加入，国际联盟从一开始就存在巨大的缺陷，对于那些企图颠覆国际秩序和削弱国际联盟的人，一个大国的缺席正中他们的下怀。美国表明了它不想投入资源来维护这些规则。用约瑟夫·奈的话来说：
"美国取代英国成了全球最强大的国家，但却未能取代英国在
提供全球公共产品方面的角色。"[7]苏联在放弃了世界革命计
划之后，在多边体系初期建设中发挥了非常有限的作用。两
次世界大战之间，这两个经济引擎走上了相对孤立的道路，
国际秩序没有真实反映出那个时代的经济基础。[8]

　　"二战"后，重新建立全球秩序的规则和制度大部分是美
国创造的。这一次，美国坚定地发挥了主导作用。由此产生
的体系可以被描述为"美国治下的和平"，而在特朗普执政时
期，美国已经开始从这一体系中撤出了。正如我们看到的，特
朗普政府的战略背后的推动力，是美国认为其他大国现在从当
前格局中比美国受益更多。一些人谴责允许中国加入世贸组织
的决定。然而，如果世界三大经济体之一被排除在世贸组织之
外，世贸组织还有什么合法性和有效性呢？世贸组织要实现其
宗旨，就需要具有包容性，执行规则，并得到所有主要大国的
支持。然而，美国选择了阻碍世贸组织正常运转，违背了世贸
组织的利益。而它在世贸组织中留下的空白迅速被中国填充。
事实上，美国从多边架构中抽身，不仅损害了自己的合法性，
也损害了仍致力于该体系的其他大国的合法性。

　　从两次世界大战之间的历史中得出的最后一个启示是：

没有一个国家会自愿屈从于另一个国家，一个被强加而不被接受的世界秩序是不会持久的。此外，如果有选择的余地，各国自然会寻求与大国和其他国家同时建立关系，而不是让一个大国在其国际关系中获得排他性的控制权。捷克斯洛伐克是法国的"小协约国"盟友，在西方大国任由纳粹德国侵占捷克斯洛伐克之后，"小协约国"的其他成员国，如罗马尼亚和南斯拉夫，对法国失去了信心。但是，它们也没有其他联盟可以加入。事实上，苏联在与德国达成协议之后，占领了罗马尼亚的比萨拉比亚地区。因为没有其他选择，罗马尼亚和南斯拉夫最终与纳粹德国结盟。1941 年，一场政变推翻了南斯拉夫的亲轴心国政府，随后德国入侵并占领了整个国家。

当今（21 世纪 20 年代），没有任何一个国家甘愿躲在某个大国后面。即使是与某个大国紧密结盟的政府，也倾向于玩一种微妙的游戏，在与其他大国保持足够距离的情况下从这些国家获得一些好处，但又不过分靠近，以免引起结盟大国的反应。寻求建立排他性势力范围的大国唯恐遭到拒绝，所以如果它们的策略弊大于利，它们可能会重新考虑。那些觉得自己成了试图获得影响力的大国的目标的国家，也会去征求其他大国的"报价"。因此，这在很大程度上取决于大国愿意主动向潜在伙伴提供的"报价"的高低，而不是它们准备对其他大国采取的行动和对策。

利用这些两次世界大战之间的历史带来的启示，我们可以从新的角度审视 21 世纪四个大国的大战略，分析它们的意图和成功的可能性。

★ ★ ★ ★

世纪之交以来，中国经济高速增长，在此推动下，它抓住了 2008 年金融危机让美国、欧盟暂时疲软的机遇，实施了非常积极主动的大战略。在评估一个大国的大战略时，重要的是不要把自己的恐惧和野心投射到它或自己的历史上。过去，每当一个欧洲国家积聚起强大的力量，几乎总是会诉诸征服和殖民，但这并不意味着今天的中国也会这样做。许多人担心中国会像 19 世纪的欧洲列强一样行事。然而，欧洲国家毫无节制的扩张主义导致了欧洲大陆受到两次世界大战的严重破坏，欧洲国家最终在冷战期间沦为次要角色。有这样的前车之鉴，而且如果中国认识到欧盟在 21 世纪的意愿是在国际秩序基本规则范围内寻求和平共处的途径，那么假设中国也会从中汲取一些灵感，进而寻求在与其他大国不发生重大冲突的情况下追求自身利益，难道不合理吗？

中国通过一种非常务实的地缘经济方式来追求其经济利益。通过有针对性地使用经济政策和外交途径，中国以一种主要是非对抗性的方式在世界范围内（甚至在欧盟）获得了巨大的影响力。中国的"一带一路"倡议，不仅仅致力于增加中国的出口，也在积极推动目标国家的经济与中国市场及其规范和标准相适应。中国并不寻求输出自己的政治模式，也不渴望创造排他性的势力范围。无论伙伴国家实行的政治制度如何，但中国确实渴望在其伙伴国创造一种永久有利于彼此利益的政治气候。

在多边层面，中国正在加强其在现有国际机构中的地位。中国还牵头建立了自己的区域机构，并召开"一带一路"论坛，在多边体系内获取影响力。重要的是，中国似乎并不打算推翻现有秩序。[9]在这种秩序下，它已经崛起为世界强国。正如王缉思所说，中国推动人民生活水平不断提高的国内政策以及政治稳定，在很大程度上依赖于全球的稳定性。[10]因此，考虑到中国的规模，无论施行的是什么样的战略，中国都不是一个革命性的力量：它寻求的是在现有秩序中的（重大）改变，而不是颠覆现有秩序。[11]一个大战略成功地赋予了中国具有全球影响力的国家地位，并增强了中国追求自身利益的能力。

★ ★ ★ ★

自"二战"以来，美国一直在实施一种积极主动的大战略。然而，自 2001 年以来，美国的国家战略大多以模糊的负面目标为指导。美国对"9·11"事件背后的恐怖分子进行了报复，摧毁了阿富汗"基地组织"，杀死了其领导人本·拉登。但随着美国战略从这一具体目标转向"全球反恐战争"，它很快就尝到了事与愿违的滋味。美国在阿富汗和伊拉克战争上耗费了大量的资源，但从美国国家利益的角度来说，这两场战争既没有明确的目的，也没有明显的好处。2020年，在没有以任何可持续的方式保证中东地区局势稳定的情况下，美国最终将现有的大范围军事存在减小至最小规模。这时，美国战略的重点早已转向中国。奥巴马政府2011年就宣布了"重返亚洲"的战略。在特朗普的领导下，与中国的战略对抗成为美国外交政策的核心。在某种程度上，特朗普政府最关心的问题并不是"让美国再次伟大"，而是"让中国保持弱小"。

但进入21世纪20年代，美国又一次树立了模糊的目标。中国是一个大国，并且将一直是一个大国。这时候再想"让中国保持弱小"是不可能的。作为世界上最强大的国家之一，美国可以将保持主导地位作为自己的目标，但法里德·扎卡里亚（Fareed Zakaria）的提问仍然没有得到解答："那么，考虑到中国在世界上的经济比重，美国可以接受中国有多大的影响力？如果美国不首先回答这个问题，它就不能严肃地宣称中国在哪里越界了。"¹²美国将与中国在国际政治中固有的自然竞争转变为无限期的战略对抗，这可能恰恰会导致美国收获它竭力避免的结果。与所有大国都推行非排他性互联互通计划的状态相比，如果中美之间的竞争变成一种系统性的冷战式对抗，双方都寻求开辟一个专属的势力范围，迫使其他国家选边站队，反而可能会有更多国家更靠近中国。丘吉尔在谈到美国人时说："他们的民族心理是这样的，理想越高远，他们就越会全力以赴、一心一意地去实现它，只要理想本身是正确的，这就是一个令人钦佩的特点。"¹³美国和中国只能是战略竞争对手的观点，在美国得到了两党的强烈支持。其风险在于，这将导致美国放弃探索两个大国在现有国际秩序下共存的可能性，进而使两国走上一条不可挽回的导致关系彻底脱钩的道路。

与此同时，美国的立场变得不是太明确：它到底在追求什么？美国成功地维持了其在国际政治中的核心地位，尤其是在经济和军事方面，而且它能够承担中东等错误战略的代价。但美国的影响力受到了严重削弱。对于特朗普政府来说，美国的盟友和伙伴已经成为对手，需要哄骗才能让它们与美国的战略保持一致，必要时甚至可以采用威胁、实施经济制裁乃至撤军的手段。与此同时，我们看到美国正在从多边体系中退出。在有关自由、民主和人权的传统言论（对美国国内外的许多人来说，特朗普政府的这些言论听起来不太可信）背后，美国能够调动其他国家支持的真正目标是什么呢？在美国国内，同样的问题也影响了 2020 年的总统大选：美国在国内外的政策是由恐惧和镇压主导，还是由抱负和投资主导呢？因为美国的选择具有全球影响，一些国家也在焦虑地追随着美国政治辩论的方向。

★ ★ ★ ★

俄罗斯的大战略简直就是中国的翻版。作为一个大国，俄罗斯至少从 2008 年起奉行的就是一种进攻性战略，且不吝于使用威胁和武力等手段，其目标是通过在前苏联加盟共和国重建一个排他性的势力范围，重新获得一流大国的地位。这一主动性战略的另一方面是，俄罗斯始终在努力破坏北约和欧盟的凝聚力，并想把美国赶出欧洲安全事务，以防止这些势力干涉俄罗斯的宏大计划。[14] 俄罗斯对叙利亚、利比亚、中非共和国和委内瑞拉等国家的远程干预，是为了两个目的：一是为了提高俄罗斯的声望，这直接有利于俄罗斯的利益；二是为了分散美国和欧盟的注意力，并向它们施压。

然而，俄罗斯的资源是有限的。虽然足以给欧洲和美国带来巨大的麻烦，但其中蕴藏着一种风险，这一消极目标有可能会给其建立一个俄罗斯势力范围的积极目标（从俄罗斯的角度）蒙上阴影。因为前苏联国家已经习惯了独立，这一计划触及了这些国家公众舆论的底线。俄罗斯可能还是会取得进一步成功，扩大其势力范围。但这将违背当地人民的意愿，因此代价高昂。而且吸纳更多的前苏联领土不会显著增加俄罗斯的资源。然而，正如我们所看到的，这一战略与该政权的国内的政治稳定联系太过紧密，在没有一项能够激活国内经济的项目前提下，俄罗斯不可能轻易放弃这一战略。正如伯里克利警告雅典人时所说的："你们的帝国现在就像一项暴政，过去实施它可能是错误的，但让它继续下去则是危险的。"[15]

与此同时，俄罗斯在前苏联以外地区的多项干预活动同样成本高昂，且并不能给它带来多少好处。除了能源和武器等特定领域，俄罗斯经济的性质使得它不能很好地利用其干预行动的成功结果。例如，俄罗斯在利比亚的立足点可以作为一个基地，对地区国家产生影响并将它们引向与欧盟利益相悖的方向。它甚至可以成为参与地中海中部海上安全行动的基地。但是，除非俄罗斯寻求升级与欧盟和美国的紧张关系，否则这样做又有什么好处呢？俄罗斯 2020 年在苏丹新建的海军设施，也同样如此。[16] 俄罗斯的大战略成功保证了俄罗斯仍然是一个不容忽视的大国，但在某种程度上，俄罗斯在毫无目的地搞地缘政治。用多米尼克·列文（Dominic Lieven）的话来说："认为俄罗斯只要重新吞并了乌克兰东部地区的铁锈地带，就会再次成为一个伟大的帝国，那是白日做梦。乌克兰已经不再是欧洲地缘政治的中心，欧洲也不再是世界的中心。"[17] 尽管有能力造成很大麻烦，但除非俄罗斯发动一场不可能获胜的大国战争，否则它的力量还不足以推翻现有的地区秩序，更不用说世界秩序。

如果俄罗斯继续奉行同样的大战略，那么结果将会是陷入僵局。由于俄罗斯咄咄逼人的战略、对欧盟和美国国内政治的干预，以及未能履行在乌克兰问题上的一系列外交承诺，欧美战略界仍将俄罗斯视为潜在合作伙伴的人寥寥无几。在许多人的眼中，俄罗斯"被贴上了不稳定、危险、偏执、不值得信任的标签"。[18]

鉴于其地缘政治形势，俄罗斯承担不起对抗中国的代价。而且，除非美国绕过欧洲盟友与俄罗斯达成一项协议，将乌克兰和其他一些地区的利益范围（美国也没建立起来）拱手让给俄罗斯，否则美国也无法对俄罗斯对抗中国的风险做出补偿。如果特朗普还是白宫的主人，这样的协议尚可想象，但拜登的当选让这一切变成了不可能。面对日益恶化的中美紧张关系，尽管心存疑虑，俄罗斯还是被进一步推向了中国的怀抱。

在主导 21 世纪国际政治的四大强国中，在维护稳定的以规则为基础的国际秩序，将其作为一种公共产品方面，欧盟很是努力。欧洲人越来越强烈地意识到，大国竞争不仅可能会破坏保持欧盟自身繁荣所需的国际秩序，也有可能升级为一场中美之间冷战式的对抗。届时，欧洲人将不可避免地沦为在一个次要舞台表演的配角。因此，欧盟开始小心翼翼地在国际政治中重新为自己定位。"二战"以来，欧洲在大战略层面上首次走上了一条不再与美国完全平行的道路。当然，欧洲人的生活方式更接近美国（尽管远不能说是完全相同），但美欧在关键问题上的利益分歧太大，欧盟不可能简单地与美国保持一致。事实上，欧盟各机构得出的结论是：欧盟不应与任何势力结盟，而是应该奉行自己独特的大战略，捍卫多边主义，反对无序的竞争。特朗普的反复无常和对抗性态度对欧盟走上这条道路确实起到了推动作用，欧洲人意识到他们必须顾及自己的经济利益。但美国和欧盟的分歧是在更加基础的层面上：能否接纳作为一个大国的中国。对欧盟来说，迄今为止的答案都是积极的。欧盟确实更愿意维持一种动态的关系，在可能的时候与中国合作，在必要的时候予以反击。

从某种意义上说，欧盟又回到了原点。在"二战"结束时，比利时外交大臣保罗－亨利·斯巴克（Paul-Henri Spaak）等领导人一开始想为欧洲寻求独立的战略角色，既不与美国结盟，也不与苏联结盟。这一志向因为冷战的开始和西欧的分裂而搁浅。进入 21 世纪 20 年代，欧盟再次获得了在国际政治中发挥独立作用的机会。特朗普打碎了所有人的幻想，德国总理默克尔清楚地表达了欧盟的声明："美国不再只是简单地保护我们，但欧洲必须把自己的命运掌握在自己的手中，这是未来的任务。"[19] 法国总统马克龙总结到，这给了欧洲一个选择，"掌握我们自己的命运"，还是"放弃我们自己的战略，与其他力量结盟"。[20] 但欧盟内部的分歧，在外交和防务政策上缺乏集中决策能力的情况下，又一次拖慢了欧洲的步伐。欧盟新生的大战略并没有得到所有欧盟成员国的认可，甚至没有得到所有欧盟机构的认可，也没有被贯彻到欧盟所有的相关政策中。因此，尽管欧盟在关键问题上表明了自己的立场，但欧盟往往缺乏将其立场转化为共同行动的能力。例如，贸易往来支持工具（INSTEX）未能维持伊核协议的有效性，而已经启动的国防一体化新机制也尚未发挥多少作用。

这样一来，欧盟可能最终陷入一种永久的矛盾境地：它不是美国的卫星国，但也不是一个真正独立的大国。欧盟已经采取了足以激怒美国的措施，但却并不是为了获得其寻求的好处：增强自主捍卫欧洲利益的能力，并在大国关系中扮演"稳定器"的角色。这种三心二意的立场在吸引对手的同时，也可能会疏远欧洲的盟友和伙伴。

★ ★ ★ ★

欧盟希望所有大国在一套共同商定的基本规则内共存，以防止自然竞争升级为系统性对抗，这可能是多极世界能够实现的最佳结果。即使欧盟是一个真正的大国，志在全球，并能据此采取行动，但是仅靠欧盟自己也实现不了这一结果，更不要说欧盟现在不是，而且很可能在未来一段时间内也不会成为这样一个具有全球野心的真正大国。然而，我们有理由感到乐观，并且这些理由一直都在。这并不是因为各个大国会突然以另一种视角看待世界，而是因为它们自身的利益可能会让它们避免将竞争升级到让自己后悔的程度。在不放弃自身生活方式或不否定其大战略核心原则的情况下，当前所有大国都有可以采取的措施。

结论

大国要保持接触

"大洋国正在与欧亚国作战：大洋国一直在同欧亚国作战。此刻的敌人总是代表着绝对的邪恶，因此，无论过去还是未来，都不可能与其达成任何协议。"[1]乔治·奥威尔的《1984》一书的读者都知道，大洋国实际上此前曾与书中提到的第三大国东亚国发生过战争，而且联盟关系此前可能已经发生过几次转变。但是，对大洋国政权来说，敌人是谁并不重要，重要的是为了让老大哥的独裁合法化，要有一个作为战争对象的恶魔。这场战争不是为了胜利，因为发动永久性战争本身就是目的。

21 世纪的大国政治尚还不符合这种模式。但是已经出现的因素，可能会催生一种无法控制的动态，导致大国之间永久性的对抗。苏联于1991 年解体，冷战结束，但新的竞争出现在了俄罗斯、美国和欧盟之间。事实上，甚至美国与欧盟之间也会出现紧张局势，比如当美国认为欧盟在某些领域获得了过多的权力和独立性时。国内政治体系的和谐显然不足以防止大国之间的自然竞争滑向对抗。出现长期竞争的风险，并不是因为大国的生活方式不同，而是它们不能接受同级别的竞争对手在全球所有领域追求合法利益。

　　拥有同级别的竞争者将使得一个大国不得不付出更大的努力来保持自身的竞争力。然而，如果一个同级别竞争者的存在被视为一种威胁和对抗，那么这种对抗是没有办法以有意义的方式去"赢得"的。只有当"对手"大国自愿放弃其全球野心，或由于军事失败、经济崩溃或革命和内战而不再是一个大国时，对抗才会结束。美国、中国、俄罗斯或欧盟短期内都不太可能出现上述情况，如果这四个国家不能接受彼此作为大国存在，将会形成一种长期系统性对抗的局面，这是切实存在的风险。随着时间的推移，某些国家可能会接受这样的情况：与一个永远存在的竞争对手对抗。政府需要拥有支持本国权力结构与战略机构地位的合法性。大国也可以用这一点来保持对盟友和伙伴的领导地位。最终，对抗会被认为是国际政治的自然状态。并且由于人们不再期待能赢得这场永恒的战争，到了最后，一个国家可能不会再在乎对手是谁，也不会在乎它的生活方式。因此，尽管生活方式不同，某些美国战略家现在也可以考虑与冷战时期的对手俄罗斯结盟，对抗中国，为此甚至可能以牺牲欧洲的安全利益为代价。出人意料的是，在那些鼓吹这种不太可能的伙伴关系（美俄）的人中，有一些是 20 世纪 80 年代最激烈的"冷战分子"。长期的竞争导致了这种犬儒主义。人们不禁要问，这些犬儒主义者是否还相信美国生活方式的内在价值及其对民众的好处。如果答案是否定的，那么在他们看来，除了让掌权者继续掌权，大战略还有什么意义呢？的确，在一个以永久竞争为特征的世界里，价值观常常遭到践踏。[2]

长期的对抗意味着长期的战争风险。在核威慑面前，任何大国都不希望发生直接交锋。但多年来，几个大国在中东和北非的军事存在，以及它们对东欧的军事干预，意味着发生军事事件的风险永远都在，并有升级的风险。如果某些或所有大国之间的对抗变得系统化和全面化，发生战争的风险就会飙升。如果战争真的爆发了，谁又能说一定不会升级为核战争呢？但是与以往的战争不同，即使是大国之间的非核战争，大国本土也不可能毫发无损，希望各国战略机构中的鹰派人士能考虑到这个问题。

不过，21 世纪的大国政治并不一定会导致永久的对抗。在本章，我提出了大战略的四个原则，据此，美国、中国、俄罗斯和欧盟都可以在不放弃各自的生活方式或全球野心的情况下，避免紧张局势升级。首先，大国必须接受彼此作为同级别竞争对手，并将接触而不是对抗视为它们之间关系的默认模式。其次，它们必须寄希望于国际秩序，遵守它们共同商定的规则。再次，必须尊重所有国家的主权，不谋求专属的利益领域。最后，每个国家都必须加强自己的主权，以此作为与其他国家接触的先决条件。如果四个大国的大战略能够遵循这些指导方针，摩擦就能得到控制，也就有很大机会建立建设性的关系。

★ ★ ★ ★

第一个原则，也是避免无休止的（最终，没有目的的）对抗的关键，是接受一个国家会有同级别的竞争对手。多极化，或者说几个大国并存，是国际政治史上最常见的状态。如果不发生内部崩溃，当前的大国将永远是大国。自欺欺人只会导致失望和对抗。准确地说，美国、中国、俄罗斯和欧盟应该认识到它们本身都是大国的事实，应该认识到中国的崛起本身并没有问题：它们都有正当的全球利益，并有权以正当的方式追求这些利益。自然，这将导致对市场、资源和影响力的竞争，但这是国际政治的内在特征。合作也是国际政治的内在特征，因为在许多情况下，不同国家的利益是相互重叠的。将另一个参与者定义为竞争对手会关闭这些合作的自然途径，从而带来不必要的恐惧。一个大国在与其他大国进行合作并寻求双赢解决方案时，当然也可以讨价还价。无论如何，使用强硬的战术并不等同于追求零和目标。

因此，每个大国都应该遵循接触的逻辑，而不是对抗的逻辑：与其他大国保持动态合作关系，在利益一致时寻求合作，只有在受到另一个大国直接针对时才采取直接的反制措施。总而言之，在可能的时候合作，在必要的时候反击。当一个大国从自然竞争转向有意识对抗，并利用它的力量以非法的方式（通过颠覆、胁迫或侵略）追求自身利益时，另一个大国可以合理地予以反击，甚至必须予以反击来维护其生活方式，这是国家战略界对民众的责任。一个国家是不会希望被认为是能够容忍颠覆行为的。因此，接触不应等同于"绥靖"。相反，当另一个大国威胁到自己的切身利益或打破了国际秩序的核心规则时，想要保持接触的逻辑，就必须予以反击。否则，如果那些违反规则的国家发现其行为不会有任何后果，受到鼓励的它们势必将坚持其咄咄逼人的战略，接触最终将让位于全面对抗。然而，为了防止局势升级，反制措施必须是对等的。因此，关系"分块儿"仍然至关重要，即在一个问题上合作，并同时在另一个问题上存在分歧的能力。但是，要清楚地表明，在一个领域违反规则的情况越严重，其他领域受到反制措施的影响就越大。例如，倾销等不公平的经济行为为经济反制提供了理由，但通常不会导致其他领域的反应。相比之下，在另一个大国的领土上造成人员伤亡可能导致有关大国在政治、经济和安全关系等方面出台一系列的反制措施。

如果有国家威胁到世界和平与安全，例如核武器的扩散，大国也可以共同反击。大国经常利用这一点来实现自己的目的：一些国家在对抗违规国家的同时，而另一些国家则联合起来支持它。后者这样做往往只会对前者造成滋扰。相反，如果大国能够进行有效合作，预防或制止最终可能对所有大国构成威胁的事件，这将是在它们之间建立相互信任的有力工具。尽管过程十分艰难，伊核协议就是一个所有大国共同发力的范例。但特朗普政府上台后，放弃了该协议，破坏了这种脆弱的合作。在 2020 年美国总统竞选期间，拜登宣布他将重新加入伊核协议，但在任何情况下，重新建立必要的信任并使其再次发挥作用都需要时间。

接触的逻辑是指当利益一致时，一个大国可以与任何其他大国合作。这意味着独立：当一个大国与另一个大国结成伙伴关系或联盟时，不应成为它与第三个大国进行合作的障碍。否则，这实际上将破坏接触的逻辑，形成两个集团：美国和欧盟对抗中国和俄罗斯。当然，与另一个大国合作的目的，一种是在与自己的伙伴或盟友保持密切联系的同时挑拨其与伙伴或盟友的关系，另外一种是在具有共同利益的问题上真正地合作。两者之间很难区分，但这两种动机都可以很好地推动政策发展。以孤立某一个大国为目的结成新的联盟，也与接触的逻辑相违背：孤立中国并不能强化国际秩序。因此，为保证国与国之间接触的机会，每个大国都应该在精神上足够独立，以探索合作的各种可能。

接触并不意味着与所有国家保持同样的距离。欧洲和美国在生活方式上，相似之处远远大于差异，因此两国利益虽不完全重合，但在很大程度上有重叠。同时，美国和欧盟认为自己在国际政治中扮演着不同但互补的角色。因此，在任何情况下，欧盟和美国之间的关系，都可能比它和俄罗斯或中国的关系要近得多。前提是，它们的角色和随之而来的大战略不发生矛盾。如果美国只是为了保持大国地位而有意选择与中国对抗的战略，欧盟不太可能简单地有样学样。

大国之间的生活方式仍将存在差异，接触并不一定是赞同或支持。一个国家并不一定需要喜欢其他大国，但即使我们谴责它们生活方式的某些方面，我们也要认识到它们是具有合法利益的大国，并予以尊重。大战略应该由理性驱动，而不是由情感驱动。我们不应该把国际政治定义为文明的对抗。[3]大战略的目标是维护本国的生活方式，而不是改变其他大国的生活方式。为实现这一目标，期待能影响其他大国在

国际政治中的行为是合理的。如果一个国家一开始就以改变
另一个国家的生活方式为目标，并雄心勃勃地为此积极干预
其国内政治，那么实质性的接触是不可能的，对抗将不可避
免地随之而来。然而，如果一个国家"接受了一种更加复杂
的秩序，并接受了随之而来的一些艰难的妥协"，那么它最终
可能比在一个被对抗撕裂的世界中更能发挥强大的影响力。[4]

★ ★ ★ ★

第二条原则是，大国必须寄希望于有效的多边主义。所
有大国都需要一个正常运转的国际秩序：一个具有可执行的
规则和有效的多边组织的稳定框架，使它们得以开展贸易和
投资、应对全球挑战、维持顺畅的政治关系，并保护它们的
利益。尽管出现了新冠疫情，全球经济仍然是全球性的，所
有国家仍然紧密连接在一起。各个大国确实意识到了以规则
为基础的秩序的重要性，这就是它们在多边体系中争夺影响
力，把本国的候选人安排到关键职位并争取选票支持他们，
以便能更好地影响规则制定的原因。但只要手段合法，这是
一种完全合理的追求。但大国也经常破坏规则，因为在符合
自身利益的情况下，它们往往会无视这些规则，绕过多边组
织行事。因为对某个多边组织的局部失灵或其他大国在其中
获得的影响力感到不满而退出该组织，只会使问题更加恶化。

例如，我们这个世界的很多规则是由多边组织制定的（如世界卫生组织），所以美国退出的多边组织越多，中国就越有能力做与美国（和欧盟）利益要求相反的事：加入多边组织，填补美国留下的空缺，然后联合其他国家重新制定规则。仅靠欧盟可能不足以阻止这种情况的发生。同样，创建针对某个特定大国的替代集团，只会激怒这个国家采取同样的报复措施，最终形成两个或更多互相割裂的多边体系。如此一来，有效的全球治理就成了空谈，解决诸如气候危机这样的全球性问题也就变得不再可能。拜登总统的竞选团队明确宣布将重返世界卫生组织，而为了让世界卫生组织能够发挥作用，所有大国必须完全接受多边主义。

所有大国对其一定程度的认可和它们之间一定程度的合作，既是多边主义发挥作用的先决条件，也是多边主义的胜利成果。事实上，美国和欧盟在重要多边组织中的代表权仍然过高，而考虑到中国在国际政治中的分量，中国的代表权尤其不足。[5]例如，世界银行的行长一般由美国人担任，国际货币基金组织总干事一般由欧洲人担任，这并非是自然规律。为了多边主义的未来，纠正这一点必须是任何"大协议"的一部分。[6]不过，与大多数其他国家相比，包括关键的地区大国，中国在这个系统中已经有了很大的"股权"。近年来它成功地动员了很多国家在各个国际组织中为争取高级职位的中国候选人投票，这在类似组织中是正常现象。当然，"大协议"的另一个方面是，拥有最大代表权的国家必须在维护规则方面发挥模范作用。接受中国在多边体系中日益增长的影响力不符合其他大国的利益，除非中国能让它们相信自己会遵守核心规则，否则还将大费周章。

维护和平稳定的大国关系的核心规则是和平、互惠和非排他性。第一，所有大国都不应以军事或非军事手段威胁或强迫其他国家来谋求自己的利益。一个大国非法使用武力的后果，应该在其与所有其他大国的关系中得到体现，从而发出一个明确的信号，即侵略是不能容忍的，即使与其最亲近的国家也不能容忍。第二，大国必须在遵守规则方面以身作则，尤其是在经济关系方面。然而，为迫使其他大国实行互利互惠政策而威胁使用或使用关税等制裁手段，可能会造成比原本想要解决的问题更严重的问题。相反，大国可以促成一种动态的"积极互惠"：明确未来向某个大国开放经济的程度，前提是该国在所有现有经济关系中实施完全互利互惠的政策。像特朗普政府所做的那样，断绝现有的关系，应该是最后手段，而不是第一步。第三，大国也应该在其他国家建立一个公平的经济竞争环境，这样它们就可以在任何地方按照同样的规则做生意。这将防止正常的经济竞争升级为地缘政治竞争和建立专属势力范围的竞赛。

如果能够遵守这三条核心规则，大国不仅可以避免竞争走向失控，还可以为涉及所有国家利益的全球挑战建立良好的合作基础。进入全球公域（海洋、太空、大气空间和网络空间[7]）的自由、气候危机、（核）不扩散、全球开放经济、人工智能，当然还有新冠病毒和全球健康问题，这些都是需要多边治理的优先事项。没有大国的积极参与，多边主义很难取得实质性成果，但是，如果没有其他国家的支持，仅靠大国也无法解决上述全球性问题。[8]没有多边合作，大国政治很容易陷入竞争，但是，如果这种合作不包含当今所有大国，多边主义就可能成为一些大国牟利的工具，而另一些国家则会试图去破坏它。考虑到大国的分量，以及包容和接受其他国家的必要性，大国应该在多边组织中共同发挥带头作用。它们可以在多边主义的框架下，协调发挥大国的作用。[9]

★ ★ ★ ★

第三条原则是，大国必须尊重所有其他国家的主权。任何建立排他性势力范围和支配另一个国家的企图都可能事与愿违：这将引发其他大国的怀疑，并推动目标国家寻求其他大国的保护。最终，这些相互竞争的互联互通计划和互相竞争的势力范围只会导致对立集团的产生。与此同时，互联互通对全球经济的运行至关重要，对每个大国也都是如此。因此，大国应承诺在各方同意的情况下建立连接：它们可以诱导但不能强迫他国将本国经济与该大国的经济联系起来，它们也不能以任何方式阻止他国与其他大国发展同样深刻的联系。

新冠病毒引起的危机可能会刺激大国放弃强制，寻求一致。新冠病毒引发的经济衰退，对大国和目标国家的资源都产生了严重影响。大国间有平行的互联互通计划，每一个都有自己的旗舰投资项目，但是，每一个计划都参与对于目标国来说越来越没有经济意义。与其这样，不如从目标国的利益出发，决定哪些项目是优先项目，与投资国共同努力，确保这些国家"被连接到了联通性上"[10]。此外，涉及在疫情期间保证旅行和交通安全的问题时，为了确保人员、商品、服务和资本流动的顺畅运行，统一规范和标准符合所有国家的利益。大国自然会继续为了能够影响规范和标准而竞争，但新冠病毒带来的巨大共同挑战应该至少也起到了一些协调作用。

★ ★ ★ ★

第四个也是最后一个原则是，每个大国都必须保护自己的主权，并保持足够的与其他大国进行接触的实力基础。即使是接触战略也需要实力，一个弱势的大国显然没有能力去对抗另一个大国，一个弱势的大国也不能以建设性的方式去接触另一个大国，因为这样做可能会招致过度的干涉。一个感觉自己会受到伤害的国家，不会有信心主动与其他国家接触并向其开放。因此，为了能够相互接触，在多边体系内协调一致并建立联通性，大国必须保持独立于其他大国的自主决策能力，以及根据这些决定采取行动并捍卫自己利益的能力。

主权和互利互惠的连通性可以结合在一起：在将连通性作为一般规则的情况下，每个大国都可以识别出其特殊限制或排斥外国参与的敏感经济部门，以防止任何其他大国滥用其存在进行颠覆活动。这些主权问题应该得到明确界定。以模糊的安全担忧为借口阻碍自然的经济竞争（例如，特朗普宣称美国进口汽车威胁到了国家安全）[11] 会破坏互信和互联互通，并有招致自我毁灭的风险。此外，主权当然不意味着闭关自守，一个国家的经济与另一个世界主要经济体脱钩将造成严重破坏，不仅对直接相关的两个大国，而且对全球经济整体都是如此。为了维护主权，至关重要的是每个国家在关键技术上要实现足够程度的自主，以便在经济中真正敏感的领域不必依赖外国供应商。除了传统的武器和军事装备领域，人工智能、量子计算、生物技术、可再生能源和 5G 都是重要的例子。从逻辑上讲，每个大国都需要有军事自卫的能力。新冠疫情也证明了卫生部门充分自主至关重要。与此同时，新型冠状病毒疫苗也是一项公共产品。第一个研制出有效疫苗并为本国人民接种疫苗的国家确实具有优势：在国内，它能比其他国家更早地恢复社会的正常功能；在国际上，它首先与盟国和合作伙伴分享疫苗。但是，由于每个国家都依赖与世界其他地区的联系，因此在全球范围内都能获得疫苗对每个国家都有好处，否则连通性将永远受到严重阻碍，更不用说新的病毒变异株会不断地持续传播。

主权还有赖于国内公众的支持：一个由民众全心全意支持其在国际政治中扮演角色的国家才是一个强大的国家。通常情况下，政府会通过参与知名的国外行动，将公民的注意力从国内问题上转移开来。在一些大国，公众在某种程度上甚至愿意牺牲国内投资和个人财富，以换取国家强大的武装力量和国际声望。然而，世界各地的人们最终还是需要足够的繁荣来充分参与到社会生活中去。国家可以通过社会保障来解决国民之间的不平等问题，也可以通过培养乐观情绪和"尽管目前情况还不太好，但一切都会好起来"的信念来缓和这种不平等。然而，人们最终会意识到，不是其他国家，而是他们自己的政府在有意识地限制着他们的发展，并因此寻求选举其他领导人，这就是 2020 年拜登赢得了美国普选的原因。国内平等能够促进国内团结，这就是它能成为主权支柱的原因。

每一个大国在维护自己主权的同时，也应该承认其他国家的主权，不应该有任何颠覆他国的企图。这将我们带回了本部分的起点：一个稳定的世界的首要条件是大国接受同级别竞争者的存在，并承认彼此都有权以合法方式追求自己的合法利益。自世纪之交以来，尽管发生军事事件的风险和局势升级的可能性仍然很高，但大国之间并没有发生直接的军事对抗，只是卷入了代理人战争。但是，还有很多大国试图推翻其他大国政治决策的例子，有些甚至是基于准永久性的策略，特别是通过干预他国的选举过程。也许大国可以正式承诺不干预他国内政，无论是在日常决策方面还是在未来领导人选举方面。这样一个"互不侵犯条约"并不需要赞同其他大国的生活方式，大国可以在文化、学术和政治领域保持双向开放，严格以合法的方式宣传自己的生活方式。但所有大国都要先接受这样一个事实：唯一能够合法改变另一个大国生活方式的是它自己的人民。

遵守了这四个原则，然后它们就可以自信地相互接触了。

★ ★ ★ ★

　　一般来说，国家之间的关系，特别是大国之间的关系，永远不可能完全没有对抗的成分。即使所有大国都将上述原则纳入其大战略，也无法解决所有悬而未决的问题。但如果能从这些原则出发，未来的对抗可以保持在可控的范围内。第一步是要认识到，主动对抗不同于自然竞争，包括同级别竞争对手在内，所有国家都有自己的合法利益。因此当这些利益出现重叠时，合作的机会自然就会出现。充分利用这些机会，同时抑制发生突发事件和局势升级的风险，可以作为所有大国制定大战略的指导原则，从而实现保持自己生活方式和追求全球利益这两个目标。21 世纪的大国政治面临的挑战是如何维持一个完整的世界，建立起一个所有国家都能参与的国际秩序。并且，在这个秩序中，所有国家都有机会与任何其他国家建立稳定和互利的关系。各个大国在强大的多边组织中和谐地发挥主导作用。大国应该谨记约瑟夫·奈的话："领导力和支配权是不一样的，领导力需要被分配下去。"[12] 另一种选择是让世界再次分裂为敌对和相互排斥的集团，这将对全球经济造成破坏性影响，并让多边机制陷入瘫痪，气候危机等紧迫的全球挑战将不可能得到有效应对。

　　对一些人来说，我的议题可能有些幼稚。然而，预测战争是很容易的，大国战争也是如此。与之相反，人们不能预言和平，和平只能去构建。欧洲从一群敌对的帝国主义国家转变为一个渴望在国际政治中扮演调停角色的欧盟，不就证明了积极变革是可行的吗？

与西方和东方合作，根据需要与一方或另一方缔结必要的联盟，不接受任何形式的依赖……将莱茵河、阿尔卑斯山脉和比利牛斯山脉周边的各个国家在政治、经济和战略上联合起来。使该组织成为世界三大强国之一，并在必要时成为苏联和盎格鲁—撒克逊两大阵营之间的仲裁者。[13]

戴高乐总统在 1959 年为欧洲勾勒的前景，正是欧盟今天可以在美国、俄罗斯和中国之间扮演的角色。

这本书最后提出的国际政治理想状态，实际上完美地体现在了欧盟"多样性中的统一"（unity in diversity）这一宣言中。欧盟要扮演好这一角色并不容易，甚至要在这一问题上达成内部共识也不容易。戴高乐与丘吉尔的战时关系证明，即使是战友之间，关系往往也并不融洽。但是，丘吉尔做出了最后的结论："政治家的职责不在于解决简单的问题。这些问题往往会自行解决。当权力平衡被动摇、国力对比晦暗不明，需要做出拯救世界的决定时，才需要政治家。"[14]

参考文献

前言

1. Dwight D. Eisenhower, *Crusade in Europe*. New York, Doubleday, 1948, p 256.

2. 'Les bons diners font des bons dépêches'. Quoted in: Emmanuel de Waresquiel, *Talleyrand. Le prince immobile*. Paris, Fayard, 2006.

3. Alasdair Roberts, 'Grand Strategy Isn't Grand Enough'. In: *Foreign Policy*, 20 February 2018.

4. Hugh Trevor-Roper, *One Hundred Letters. Edited by Richard Davenport-Hines & Adam Sisman*. Oxford, Oxford University Press, 2014, p 139.

5. Michael J. Green, *By More than Providence-Grand Strategy and American Power in the Asia Pacific since 1783*. New York, Columbia University Press, 2017, p 170.

6. Harold Nicolson, *Peacemaking 1919*. London, Constable, 1933, pp 7–8.

7. Steven Runciman, *A History of the Crusades. Volume 1: The First Crusade*. Cambridge, Cambridge University Press, 1951, p xii.

引言　为什么大战略和大国依然重要

1. Mark B. Smith, *The Russia Anxiety. And How History Can Resolve It.* London, Allen Lane, 2019.

2. Michael Pillsbury, *The Hundred-Year Marathon: China's Secret Strategy to Replace America as the Global Superpower.* New York, Henry Holt, 2015.

3. Alastair Iain Johnston, 'Shaky foundations: The "intellectual architecture" of Trump's China policy'. *Survival*, 61(2), 2019, pp 189–202.

4. Andrew A. Michta, 'The building-blocks of a China strategy'. *The American Interest,* 7 May 2020.

5. François Heisbourg, *Le Temps des Prédateurs. La Chine, les États-Unis, la Russie et Nous.* Paris, Odile Jacob, 2020.

6. Herbert R. MacMaster, 'How China sees the world'. *The Atlantic,* May 2020.

7. Graham Allison, *Destined for War. Can America and China Escape Thucydides's Trap?* Boston, MA, Houghton Miffl in Harcourt, 2017, p 10.

8. Hanns W. Maull, 'The once and future liberal order'. *Survival*, 61(2), 2019, pp 7–32, on pp 21–22.

9. Winston S. Churchill, *The Second World War. Volume I: The Gathering Storm.* London, Cassell, 1948, p 353.

10. Joseph S. Nye, 'The Rise and Fall of American Hegemony from Wilson to Trump'. *International Affairs*, 95(1), 2019, pp 63–80 on p 75.

11. European Commission, *EU-China —A Strategic Outlook*. Brussels, European Commission, 12 March 2019.

12. UN News, *COVID-19: UN chief calls for global ceasefire to focus on 'the true fight of our lives'*. New York, United Nations, 23 March 2020.

13. Maull, 'The once and future liberal order', p 19.

14. François Heisbourg, 'From Wuhan to the world: How the pandemic will reshape geopolitics'. *Survival*, 62(3), 2020, pp 7–24.

15. Daniel W. Drezner, Ronald R. Krebs and Randall Schweller, 'The end of grand strategy. America must think small'. *Foreign Affairs*, 99(3), 2020, pp 107–117.

16. Lucas Kello, *The Virtual Weapon and International Order*. New Haven, Yale University Press, 2017.

17. André Barrinha and Thomas Renard, 'Power and diplomacy in the post-liberal cyberspace'. *International Affairs*, 96(3), 2020, pp 749–766.

18. Maull, 'The once and future liberal order', p 20.

19. Krishan Kumar, *Visions of Empire. How Five Imperial Regimes Shaped the World*. Princeton, Princeton University Press, 2017, p 19.

20. Michael Howard, *Captain Professor. A Life in War and Peace*.

London, Continuum, 2006, p 208.

21. Hew Strachan, 'Strategy in theory; Strategy in practice'. *The Journal of Strategic Studies*, 42(2), 2019, pp 171–190 on p 171.

22. Harold Nicolson, *Peacemaking 1919*. London, Constable, 1933, p 137.

23. Graham Allison, *The US-China Strategic Competition: Clues from History*. Washington, Aspen Institute Paper, February 2020, p 2.

24. Allison, *The US-China Strategic Competition*, p 2.

25. Peter Rudolf, *Der amerikanisch-chinesische Weltkonflikt*. Berlin, Stiftung Wissenschaft und Politik, Studie No. 23, October 2019, p 10.

26. Xuetong Yan, *Leadership and the Rise of Great Powers*. Princeton, Princeton University Press, p 14.

27. Dwight D. Eisenhower, *Crusade in Europe*. New York, Doubleday, 1948, p 475.

28. Georgy Zhukov, *The Memoirs of Marshal Zhukov*. London, Jonathan Cape, 1971, p 631.

29. Ana Swanson, 'A new red scare is reshaping Washington'. *The New York Times*, 20 July 2019.

30. Committee on the Present Danger: China, 'The Mission of the Committee'.

31. Hal Brands, 'The Chinese century?'. *The National Interest*, 154, 2018, pp 35–45 on p 37.

32. Hal Brands, 'China rivalry may put the US back in the coup business'.

New York, Bloomberg, 12 May 2020.

33. Joshua R. Itzkowitz Shifrinson, 'Partnership or predation? How rising states contend with declining great powers'. *International Security*, 45(1), 2020, pp 90–126.

34. Stephen M. Walt, 'Europe's future is as China's enemy'. *Foreign Policy*, 22 January 2019.

35. Lawrence Freedman, 'The rise and fall of great power wars'. *International Affairs*, 95(1), 2019, pp 101–117 on p 102.

36. Christopher Coker, *Can War Be Eliminated?* Cambridge, Polity, 2014, p 7.

第1章 简单：但并不容易

1. Carl von Clausewitz, *On War*. London, Penguin Classics, 1984 (translated by J. J. Graham).

2. 'Aber im Kriege erweist sich häufig gerade das Einfachste als das Schwerste. Nicht in dem Entschluß and sich, sondern in seiner unbeirrten Durchführung liegen zumeist die wahren Schwierigkeiten.' Erich von Manstein, *Verlorene Siege*. Bonn, Athenäum Verlag, 1955, p 405.

3. 'La politique devait être l'action au service d'une idée forte et simple.' Charles de Gaulle, *Mémoires de Guerre. L'appel 1940–1942*. Paris, Plon, 1954, p 219.

4. Lawrence Freedman, *Strategy*. Oxford, Oxford University Press,

2013, p 614.

5. Dominique Enright, *The Wicked Wit of Winston Churchill*. London, Michael O'Mara, 2011.

6. Andrew Roberts, *Masters and Commanders. How Roosevelt, Churchill, Marshall and Alanbrooke Won the War in the West*. London, Allen Lane, 2008.

7. Freedman, *Strategy*, p 141.

8. Office of the Historian, *Kennan and Containment, 1947*. Washington, State Department, 2016.

9. Edward Luttwak, *The Grand Strategy of the Byzantine Empire*. Cambridge, MA, Belknap, 2009, p 409.

10. Colin S. Gray, *Strategy and Politics*. London, Routledge, 2016, p 29.

11. Alasdair Roberts, 'Grand strategy isn't grand enough'. *Foreign Policy*, 20 February 2018.

12. Daniel W. Drezner, Ronald R. Krebs and Randall Schweller, 'The end of grand strategy. America must think small'. *Foreign Affairs*, 99(3), 2020, pp 107–117.

13. Koen Troch and David Manunta, 'Sir, Did you say strategy? Our answer: Foresight!' *Belgisch Militair Tijdschrift −Revue Militaire Belge*, 10(20), 2020, pp 1–12.

14. Colin S. Gray, *Fighting Talk: Forty Maxims on War, Peace and Strategy*. Westport, CT, Praeger Security International, 2007.

15. Andrew Ehrhardt and Maeve Ryan, 'Grand Strategy is no silver

bullet, but it is indispensable'. *War on the Rocks*, 19 May 2020.

16. Drezner et al, 'The End of Grand Strategy'.

17. 'Fort bien, mais a-t-il de la chance?' Quoted in: Jean Tulard, *Napoléon Chef de Guerre*. Paris, Tallandier, 2012.

18. Colin S. Gray, *Strategy and Politics*. London, Routledge, 2016, p 25.

19. Freedman, *Strategy*, p 611.

20. Freedman, *Strategy*, p ix.

21. Richard K. Betts, 'The grandiosity of grand strategy'. *The Washington Quarterly*, 42(4), 2019, pp 7–22 on p 8.

22. Christian Hartmann, Thomas Vordermayer, Othmar Plöckinger and Roman Töppel, *Hitler, Mein Kampf. Eine kritische Edition*. Munich, Institut für Zeitgeschichte, 2016.

23. Colin Gray, *Strategy and History. Essays on Theory and Practice*. London, Routledge, 2016.

24. Ian Morris, *War: What is it Good for? The Role of Conflict in Civilisation, from Primates to Robots*. London, Profile Books, 2014, p 342.

25. Guy Verhofstadt, *The United States of Europe*. London, The Federal Trust, 2006.

26. Walter Scheidel, *Escape from Rome. The Failure of Empire and the Road to Prosperity*. Princeton, NJ, Princeton University Press, 2019.

27. Betts, 'The grandiosity of grand strategy', p 7.

28. Dominic Lieven, *Towards the Flame. Empire, War and the End of*

Tsarist Russia. London, Allen Lane, 2015, p 367.

29. Josep Borrell, Speech at the Raisina Dialogue 2020 in New Delhi. Brussels, European External Action Service, 16 January 2020.

30. Richard Aldous, *Schlesinger —The Imperial Historian*. New York, Norton, 2017, p 342.

31. Arthur Harris, *Bomber Offensive*. London, Collins, 1947, p 42.

32. Winston S. Churchill, 'The sinews of peace'. Speech delivered at Fulton College, Westminster, Missouri, 5 March 1946.

33. Vladimir Putin, Speech and the Following Discussion at the Munich Conference on Security Policy. Moscow, The Kremlin, 10 February 2007.

34. Ronald Asmus, *A Little War That Shook the World: Georgia, Russia, and the Future of the West*. London, St. Martin's Press, 2010.

35. Federica Mogherini, *Shared Vision, Common Action: A Stronger Europe. A Global Strategy for the European Union's Foreign and Security Policy*. Brussels, European External Action Service, 28 June 2016.

36. The Kremlin, *National Security Strategy*. Moscow, The Kremlin, December 2015.

37. Olga Oliker, *Unpacking Russia's New National Security Strategy*. Washington, Center for Strategic and International Studies (CSIS), Commentary, 7 January 2016.

38. Gregory Carleton, *Russia. The Story of War*. Cambridge, Belknap,

2017, p 34.

39. Hillary Clinton, 'America's pacific century'. *Foreign Policy*, 11 October 2011.

40. The White House, *National Security Strategy of the United States of America*. Washington, The White House, December 2017.

41. Stephen M. Walt, 'The myth of American exceptionalism'. *Foreign Policy*, 11 October 2011.

42. Stockholm Peace Research Institute, *Global military expenditure sees largest annual increase in a decade*. Stockholm, SIPRI, 27 April 2020.

43. Thomas G. Mahnken, *Forging the Tools of 21st Century Great Power Competition*. Washington, Center for Strategic and Budgetary Assessments, 2020, p 4.

44. Javier Solana, *A Secure Europe in a Better World. European Security Strategy*. Brussels, Council of the EU, 12 December 2003.

第 2 章　竞争：每个国家都有自己的战略

1. Quoted in: Richard Toye, *The Roar of the Lion. The Untold Story of Churchill's World War II Speeches*. Oxford, Oxford University Press, 2013, p 18.

2. Bernard Law Montgomery, *The Memoirs of Field-Marshal Montgomery*. London, Collins, 1958, p 191.

3. Edward N. Luttwak, *The Grand Strategy of the Roman Empire from*

the First Century AD to the Third. Baltimore, MD, Johns Hopkins University Press, 1976.

4. Francis Fukuyama, *The End of History and the Last Man*. New York, Free Press, 1992.

5. Charles Krauthammer, 'The unipolar moment'. *Foreign Affairs*, 70(1), 1991, pp 23–33.

6. Paul Kennedy, *The Rise and Fall of the Great Powers. Economic Change and Military Conflict from 1500 to 2000*. London, Unwin Hyman, 1988, p xxi, p 413.

7. Barry Gewen, *The Inevitability of Tragedy. Henry Kissinger and his World*. New York, Norton, 2020, p 338.

8. Hal Brands and Eric Edelman, 'The upheaval'. *The National Interest*, 150, 2017, pp 30–40.

9. Hanns W. Maul, 'European policies towards China and the United States: Can they support a strategic triad?' *European Foreign Affairs Review*, 21, Special Issue, 2016, pp 29–46 on p 31.

10. Kerry Brown, *China's World. What Does China Want?* London, I.B. Tauris, 2017, p 35.

11. Josep Borrell, Speech at the Raisina Dialogue 2020 in New Delhi. Brussels, EEAS, 16 January 2020.

12. Mark Leonard, Jean Pisani-Ferry, Elina Ribakova, Jeremy Shapiro and Guntram Wolff, *Redefining Europe's Economic Sovereignty*. Brussels, Bruegel, Policy Contribution No. 9, June 2019, p. 9.

13. Paul Stronski and Richard Sokolsky, *The Return of Global Russia. An Analytical Framework*. Washington, Carnegie, December 2017, p 30.

14. Erik Brattberg and Philippe Le Corre, *The Case for Transatlantic Cooperation in the Indo-Pacific*. Washington, Carnegie, 18 December 2019, p 3.

15. Lee Hsien Loong, 'The endangered Asian century. America, China, and the perils of confrontation'. *Foreign Affairs*, 4 June 2020.

16. Xuetong Yan, *Leadership and the Rise of Great Powers*. Princeton, NJ, Princeton University Press, p. 199.

17. Evan A. Feigenbaum, 'China and the world. Dealing with a reluctant power'. *Foreign Affairs*, 96(1), 2017, pp 33–40 on p 39.

18. Fidel Sendagorta, *The Triangle in the Long Game. Rethinking Relations Between China, Europe, and the United States in the New Era of Strategic Competition*. Cambridge, MA, Harvard Kennedy School, Belfer Center Report, June 2019, p 57.

19. Xuetong Yan, *Leadership and the Rise of Great Powers*, pp 88–90.

20. Hanns Günther Hilpert, 'Values and orders: Ideological conflicts and challenges'. In: Barbara Lippert and Volker Perthes (eds), *Strategic Rivalry Between United States and China. Causes, Trajectories, and Implications for Europe*. Berlin, Stiftung Wissenschaft und Politik, Research Paper No. 4, April 2020, pp 35–38 on p 35.

21. Nele Noesselt, 'The European Union and China's multidimensional diplomacy: Strategic triangulation?'. *European Foreign Affairs*

Review, 21, Special Issue, 2016, pp 11–28 on p 14.

22. John Maynard Keynes, *The Economic Consequences of the Peace*. New York, Harcourt, Brace and How, 1920, p 11.

23. Odd Arne Westad, 'The sources of Chinese conduct. Are Washington and Beijing fighting a new cold war?'. *Foreign Affairs*, 98(5), 2019, pp 85–95.

24. Hal Brands and Zack Cooper, 'After the responsible stakeholder, what? Debating America's China strategy'. *Texas National Security Review*, 2(2), 2019, pp 68–81 on p 77.

25. Giovanni Grevi, *The Interpolar World: A New Scenario*. Paris, EU Institute for Security Studies, Occasional Paper No. 79, June 2009.

26. Norman Angell, *Europe's Optical Illusion*. London, Simpkin, Marshall, Hamilton, Kent & Co., 1909.

27. Graham Allison, 'The new spheres of influence. Sharing the globe with other great powers'. *Foreign Affairs*, 99(2), 2020, pp 30–40.

28. Thomas G. Mahnken, *Forging the Tools of 21st Century Great Power Competition*. Washington, Center for Strategic and Budgetary Assessments, 2020.

29. Joseph S. Nye, 'The rise and fall of American hegemony from Wilson to Trump'. *International Affairs*, 95(1), 2019, pp 63–80.

30. Derek Grossman and John Speed Meyers, 'Minding the gaps: US Military strategy toward China'. *Strategic Studies Quarterly*, 13(4), 2019, pp 105–121.

31. Brands and Cooper, 'After the responsible stakeholder, what?', p 69.

32. Gregory Carleton, *Russia. The Story of War*. Cambridge, MA, Belknap Press, 2017, p 22.

33. Dmitri Trenin, 'Russia has grand design for the international order'. *Moscow Times*, 26 October 2017.

第 3 章 理性：理性高于意识形态和情感

1. Winston S. Churchill, *The Second World War. Volume III: The Grand Alliance*. London, Cassell, 1950, p 536.

2. Geoff rey Parker, *The Grand Strategy of Philipp II*. New Haven, CT, Yale University Press, 2000.

3. Stephen G. Fritz, *The First Soldier. Hitler as Military Leader*. New Haven, CT, Yale University Press, 2018.

4. Herbert P. Bix, *Hirohito and the Making of Modern Japan*. New York, Harper Collins, 2000.

5. 'L'optimisme va bien à qui en a les moyens.' Charles de Gaulle, *Mémoires de Guerre. L'unité 1942–1944*. Paris, Plon, 1956, p 237.

6. Herbert R. McMaster, *Dereliction of Duty. Lyndon Johnson, Robert McNamara, the Joint Chiefs of Staff and the Lies that Led to Vietnam*. New York, HarperCollins, 1997.

7. Robert S. McNamara, *In Retrospect. The Tragedy and Lessons of Vietnam*. New York, Times Books, 1995.

8. Rik Coolsaet, *Anticipating the Post-Daesh Landscape*. Brussels,

Egmont Institute, Egmont Paper No. 97, October 2017.

9. Churchill, *The Second World War. Volume III*, p 536.

10. Robert Person, *Four Myths about Russian Grand Strategy*. Washington, Center for International and Strategic Studies (CSIS), 22 September 2020.

11. Lawrence Freedman, *The Future of War. A History*. London, Allen Lane, 2017, p 225.

12. Eugene Rumer, Richard Sokolsky, Paul Stronski and Andrew S. Weiss, *Illusions vs Reality. Twenty-Five Years of US Policy Toward Russia, Ukraine, and Eurasia*. Washington, Carnegie, 2017, p 36.

13. Michael J. Mazarr, 'Rethinking restraint: Why it fails in practice'. *The Washington Quarterly*, 43(2), 2020, pp 7–32.

14. George Orwell, *Notes on Nationalism*. London, Penguin Classics, 2018.

15. William Slim, *Defeat into Victory*. London, Cassell, 1956, p 182.

16. Athanassios G. Platias and Constatinos Koliopoulos, *Thucydides on Strategy. Grand Strategies in the Peloponnesian War and Their Relevance Today*. London, Hurst, 2010, p 125.

17. Snyder, *The Road to Unfreedom*, p 79.

18. Gregory Carleton, *Russia. The Story of War*. Cambridge, The Belknap Press, 2017, p 235.

19. Nadezhada Arbatova, 'Three faces of Russia's neo-Eurasianism'. *Survival*, 61(6), 2019, pp 7–24 on p 19.

20. Peter Rudolf, *Der amerikanisch-chinesische Weltkonflikt.* Berlin, Stiftung Wissenschaft und Politik, SWP Studie No. 23, October 2019, p 14.

21. Graham Allison, *Destined for War. Can America and China Escape Thucydides's Trap?* Boston, New York, Houghton Mifin Harcourt, 2017, p 10.

22. Christopher R. Hill, 'What does Washington want from China? Pique is not a policy'. *Foreign Affairs*, 11 May 2020.

23. Tony Judt, *Postwar. A History of Europe Since 1945.* London, Penguin, 2005, p 793.

24. Harold Nicolson, *Peacemaking 1919.* London, Constable, 1933, p 193.

第4章 结盟：一个国家需要盟友，但并不总是能自由选择

1. Alex Danchev and Daniel Todman (eds), *Field Marshal Lord Alanbrooke. War Diaries 1939–1945.* London, Phoenix, 2002, p 680.

2. Steve Coll, *Directorate S. The CIA and America's Secret Wars in Afghanistan and Pakistan.* New York, Penguin, 2018.

3. Abigail Green, 'Prophetic chronoscape'. *London Review of Books*, 42(6), 2020, pp 13–14.

4. Yauheni Preiherman, *Unsettled Union: The Future of the Belarus-Russia Relationship.* London, European Council on Foreign Relations, Commentary, 21 January 2020.

5. Xuetong Yan, *Leadership and the Rise of Great Powers*. Princeton, Princeton University Press, 2019, p 41.

6. Brian G. Carlson, *Vostok- 2018: Another Sign of Strengthening Russia-China Ties*. Berlin, Stiftung Wissenschaft und Politik, Comment No. 47, November 2018.

7. Ian Bond, *The EU, the Eurasian Economic Union and One Belt, One Road. Can They Work Together?* London, Centre for European Reform, March 2017, p 7.

8. Bradley Jardine and Edward Lemon, *In Russia's Shadow: China's Rising Security Presence in Central Asia*. Washington, Wilson Center, Kennan Cable No. 52, May 2020.

9. Valbona Zeneli and Nataliia Haluhan, 'Why China is setting its sights on Ukraine'. *The Diplomat*, 4 October 2019.

10. Giorgio Caffi ero, *China Plays the Long Game on Syria*. Washington, The Middle East Institute, 10 February 2020.

11. Andrey Kortunov, *Will Russia Return to Europe?* Moscow, Russian International Affairs Council, 6 November 2018.

12. Sergey Karaganov, 'The new cold war and the emerging Greater Eurasia'. *Journal of Eurasian Studies*, 5(2), 2018, pp 85–93 on p 86.

13. Dmitri Trenin, *How Russia Can Maintain Equilibrium in the Post-Pandemic Bipolar World*. Moscow, Carnegie, 1 May 2020, p 1.

14. Bobo Lo, *A Wary Embrace. What the China-Russia Relationship Means for the World*. Sydney, Penguin –Lowy Institute, 2017, p 60.

15. Sergey Lukonin, 'Redefining Russia's pivot and China's peripheral diplomacy'. In: Lora Saalman (ed), *China-Russia Relations and Regional Dynamics. From Pivots to Peripheral Diplomacy.* Stockholm, Stockholm International Peace Research Institute, March 2017, pp 3–7 on p 3.

16. Trenin, *How Russia Can Maintain Equilibrium,* p 1.

17. Bobo Lo, *A Wary Embrace.*

18. Winston S. Churchill, *The Second World War Volume IV: The Hinge of Fate.* London, Cassell, 1951, p 120.

19. 'Rester alliés avec les Etats-Unis, mais pas nécessairement alignés'. Michel Barnier, *L'affirmation stratégique des européens. Discours à la Sorbonne.* Paris, 21 January 2019.

20. Mark Leonard, Jean Pisani-Ferry, Elina Ribakova, Jeremy Shapiro and Guntram Wolff, *Redefining Europe's Economic Sovereignty.* Brussels, Bruegel, Policy Contribution No. 9, June 2019, p 9.

21. Hal Brands and Evan Braden Montgomery, 'One war is not enough: Strategy and force planning for great power competition'. *Texas National Security Review*, 3(2), 2020, pp 80–92.

22. Douglas Barrie, Lucie Béraud-Sudraeau, Henry Boyd, Nick Childs, Bastian Giegerich, James Hackett and Meia Nouwens, *European Defence Policy in an Era of Renewed Great-Power Competition.* London, International Institute for Strategic Studies, February 2020, p 1.

23. Brands and Montgomery, 'One war is not enough', p 85.

24. Bernard Law Montgomery, *The Memoirs of Field-Marshal Montgomery*. London, Collins, 1958, p 512.

25. Douglas Barrie, Lucie Béraud-Sudraeau, Henry Boyd, Nick Childs, Bastian Giegerich, James Hackett and Meia Nouwens, *European Defence Policy in an Era of Renewed Great-Power Competition*. London, International Institute for Strategic Studies, February 2020, p 17.

26. Jolyon Howorth, *Autonomy and Strategy: What Should Europe Want?* Brussels, Egmont, Security Policy Brief No. 110, April 2019.

27. Barry Posen, *Restraint: A New Foundation for US Grand Strategy*. Ithaca, NY, Cornell University Press, 2014.

28. Kathleen H. Hicks, Joseph P. Federici, Seamus P. Daniels, Rhys McCormick and Lindsey Sheppard, *Getting to Less? The Minimal Exposure Strategy*. Washington, Center for Strategic and International Studies, February 2020.

29. Lawrence Freedman, *Ukraine and the Art of Strategy*. Oxford, Oxford University Press, 2019, p 16.

30. Luis Simón, Alexander Lanoszka and Hugo Meijer, 'Nodal defence: The changing structure of US alliance systems in Europe and East Asia'. *Journal of Strategic Studies*, 43(2), 2019, pp 1–29.

第 5 章　全面：硬实力、软实力、巧实力——都是国家实力

1. 'La diplomatie, sous des conventions de forme, ne connaît que les

réalités.' Charles de Gaulle, *Mémoires de Guerre. L'unité 1942–1944*. Paris, Plon, 1956, p 186.

2. Joseph S. Nye, *The Future of Power*. New York, PublicAffairs, 2011.

3. Thomas E. Ricks, *Fiasco. The American Military Adventure in Iraq*. London, Allen Lane, 2006, p 128.

4. Bernard Barrera, *Opération Serval. Notes de guerre, Mali 2013*. Paris, Éditions du Seuil, 2015.

5. Isaiah Wilson Ⅲ and Scott Smitson, 'Solving America's gray-zone puzzle'. *Parameters*, 46(4), 2016, pp 55–67.

6. Geoffrey Gertz and Miles M. Evers, 'Geoeconomic competition: Will state capitalism win?' *The Washington Quarterly*, 43(2), 2020, pp 117–136.

7. Lawrence Freedman, *The Future of War. A History*. London, Allen Lane, 2017, p 225.

8. Jean- Vincent Holeindre, *La Ruse et la Force. Une Autre Histoire de la Stratégie*. Paris, Perrin, 2017.

9. Lucas Kello, *The Virtual Weapon and International Order*. New Haven, Yale University Press, 2017, p 199.

10. Geraint Hughes, 'War in the grey zone: Historical reflections and contemporary implications'. *Survival*, 62(3), 2020, pp 131–158.

11. Dmitri Trenin, *It's Time to Rethink Russia's Foreign Policy Strategy*. Moscow, Carnegie, 25 April 2019, p 2.

12. Richard K. Betts, 'From Cold War to hot peace: The habit of

American force'. *Political Science Quarterly*, 127(3), 2012, pp 353–368 on p 354.

13. Robert Gates, 'The overmilitarization of American foreign policy'. *Foreign Affairs*, 99(4), 2020, pp 121–132 on p 122.

14. Robert D. Blackwill and Jennifer M. Harris, *War by Other Means. Geoeconomics and Statecraft.* Belknap Press, Cambridge, MA, 2016, p 230.

15. James B. Steinberg, 'What went wrong? US-China relations from Tiananmen to Trump'. *Texas National Security Review*, 3(1), 2020, pp 119–133.

16. Markus Brunnermeier, Rush Doshi and Harold James, 'Beijing's Bismarckian ghosts: How great powers compete economically'. *The Washington Quarterly*, 41(3), 2018, pp 161–176.

17. Alessandro Nicita, *Trade and Trade Diversion Effects of United States Tariffs on China.* Geneva, United Nations Conference on Trade and Development, UNCTAD Research Paper No. 37, 2019.

18. Tom McTague, 'The decline of the American world'. *The Atlantic*, 24 June 2020.

19. Alex Danchev, *Alchemist of War. The Life of Basil Liddell Hart.* London, Weidenfeld & Nicolson, 1998, p 65.

20. Karen E. Smith, 'The end of civilian power Europe: A welcome demise or a cause for concern?' *The International Spectator*, 35(2), 2000, pp 11–28.

21. Hew Strachan, *The Direction of War. Contemporary Strategy in Historical Perspective*. Cambridge, Cambridge University Press, 2013, p 127.

22. Jolyon Howorth, 'The EU as a global actor: Grand strategy for a global grand bargain?' *Journal of Common Market Studies*, 48(3), 2010, pp 455–474.

23. Christophe Gomart, *Soldat de l'ombre. Au cœur des forces spéciales*. Paris, Tallandier, 2020, pp 158–159.

24. Ian Manners, *Europe and the World*. London, Palgrave, 2009.

25. Anu Bradford, *The Brussels Effect. How the European Union Rules the World*. Oxford, Oxford University Press, 2020.

26. Abdolrasool Divsallar and Marc Otte, *Reviving the Security Function: EU's Path to Save the JCPOA*. Brussels, Egmont Institute, Security Policy Brief No. 113, July 2019.

27. Bernard Law Montgomery, *The Memoirs of Field-Marshal Montgomery*. London, Collins, 1958, p 524.

28. Elie Perot, *The Aachen Mutual Defence Clause: A Closer Look at the Franco-German Treaty*. Brussels, Egmont Institute, Security Policy Brief No. 105, February 2019.

29. Lawrence Freedman and Jeffrey Michaels, *The Evolution of Nuclear Strategy. Fourth Edition*. London, Palgrave MacMillan, 2019, p 678.

第 6 章 创新：是科学，也是艺术

1. Jeffrey W. Meiser, 'Ends + ways + means = (bad) strategy'. *Parameters*, 46(4), 2016, pp 81–91.

2. William Slim, *Defeat into Victory*. London, Cassell, 1956, p 295.

3. Winston S. Churchill, *The Second World War Volume III: The Grand Alliance*. London, Cassell, 1950, p 236.

4. Hew Strachan, *The Direction of War. Contemporary Strategy in Historical Perspective*. Cambridge, Cambridge University Press, 2013, p 103.

5. Carl von Clausewitz, *On War*. London, Penguin Classics, 1984 (translated by J. J. Graham).

6. Bernard Law Montgomery, *The Memoirs of Field-Marshal Montgomery*. London, Collins, 1958, p 38.

7. François Heisbourg, 'The emperor vs the adults: Donald Trump and Wilhelm II '. *Survival*, 59(2), 2017, pp 7–12.

8. Edward Luttwak, *The Grand Strategy of the Byzantine Empire*. Cambridge, Belknap, 2009, p 415.

9. André Beauffre, *Le Drame de 1940*. Paris, Perrin, 2020.

10. Benn Steil, *The Marshall Plan: Dawn of the Cold War*. Oxford, Oxford University Press, 2018.

11. 'Comme cela est humain, l'idéalisme y habille la volonté de puissance.' Charles de Gaulle, *Mémoires de Guerre. L'unité 1942–*

1944. Paris, Plon, 1956, p 238.

12. Hal Brands and Eric Edelman, 'The upheaval'. *The National Interest*, 150, 2017, pp 30–40.

13. Hanns W. Maull, 'The once and future liberal order'. *Survival*, 61(2), 2019, pp 7–32 on p 11.

14. Robert Tombs, *The English and their History*. London, Allen Lane, 2014, Chapter 14.

15. Mark Leonard, Jean Pisani-Ferry, Elina Ribakova, Jeremy Shapiro and Guntram Wolff, *Redefining Europe's Economic Sovereignty*. Brussels, Bruegel, Policy Contribution No. 9, June 2019, p 7.

16. Henry Nau, 'What Trump gets right about US foreign policy'. *The National Interest*, 30 April 2020.

17. G. John Ikenberry, 'The next liberal order. The age of contagion demands more internationalism, not less'. *Foreign Affairs*, 99(4), 2020, pp 133–142 on p 134.

18. Amit Gupta, 'Global strike vs. globalization: the US-China rivalry and the BRI'. In: Francisco Leandro and Paulo Duarte (eds), *The Belt and Road Initiative. An Old Archetype of a New Development Model*. Singapore, Palgrave MacMillan, 2020, p 46.

19. Steven Runciman, *A History of the Crusades. Volume III: The Kingdom of Acre*. Cambridge, Cambridge University Press, 1954, p 248.

20. Jasper Roctus, *Remolding China's 'Empty' Belt and Road Initiative:*

An Opportunity for the EU. Egmont Institute, Brussels, Security Policy Brief No. 128, June 2020.

21. Tanguy Struye de Swielande and Dorothée Vandamme, 'The new silk roads: Defining China's grand strategy'. In: Leandro and Duarte (eds), *The Belt and Road Initiative*, pp 6–7.

22. Thomas P. Cavanna, 'Unlocking the gates of Eurasia: China's Belt and Road Initiative and its implications for US grand strategy'. *Texas National Security Review*, 2(3), 2019, pp 10–37 on p 16.

23. Mikko Huotari, Jan Gaspers, Thomas Eder, Helena Legarda and Sabine Mokry, *China's Emergence as a Global Security Actor. Strategies for Europe.* Berlin, MERICS, Papers on China No. 4, July 2017, p 73.

24. Evan A. Feigenbaum, 'China and the world. Dealing with a reluctant power'. *Foreign Affairs*, 96(1), 2017, pp 33–40 on p 39.

25. Jisi Wang, *'Marching Westwards': The Rebalancing of China's Geostrategy.* Beijing, Peking University, International and Strategic Studies Report, 7 October 2013.

26. Timothy Snyder, *The Road to Unfreedom. Russia, Europe, America.* New York, Tim Duggan Books, 2018, p 82.

27. Nadezhada Arbatova, 'Three faces of Russia's neo-Eurasianism'. *Survival*, 61(6), 2019, pp 7–24 on p 20.

28. Ian Bond, *The EU, the Eurasian Economic Union and One Belt, One Road. Can They Work Together?* London, Centre for European

Reform, March 2017.

第 7 章　灵活：决策，实践，再决策

1. 'Kein Operationsplan reicht mit einiger Sicherheit über das erste Zusammentreffen mit der feindlichen Hauptmacht hinaus.' Helmuth von Moltke the Elder, *Militärische Werke. Volume 2.* Berlin, Mittler & Sohn, 1900, p 291.

2. William Slim, *Defeat into Victory.* London, Cassell, 1956, p 295.

3. Winston S. Churchill, *Great Contemporaries.* London, Thornton Butterworth, 1937, p 130.

4. Hal Brands, Peter Feaver, William Inboden and Paul D. Miller, *Critical Assumptions and American Grand Strategy.* Washington, Center for Strategic and Budgetary Analysis, 2017, pp 2–3.

5. Winston S. Churchill, *The Second World War. Volume I: The Gathering Storm.* London, Cassell, 1948, p 107.

6. Dwight D. Eisenhower, *Crusade in Europe.* New York, Doubleday, 1948, p 36.

7. Alex Danchev and Daniel Todman (eds), *Field Marshal Lord Alanbrooke. War Diaries 1939–1945.* London, Phoenix, 2002, p 581.

8. Bernard Law Montgomery, *The Memoirs of Field-Marshal Montgomery.* London, Collins, 1958, p 521.

9. Dwight D. Eisenhower, *Crusade in Europe.* New York, Doubleday, 1948, p 48.

10. Alex Danchev and Daniel Todman (eds), *Field Marshal Lord Alanbrooke*, p 306.

11. David Stahel, *The Battle for Moscow*. Cambridge, Cambridge University Press, 2015.

12. Volker Ullrich, *Adolf Hitler. Die Jahre des Untergangs*. Frankfurt am Main, Fisher, 2018, p 671.

13. Winston S. Churchill, *The Second World War Volume I: The Gathering Storm*, p 107.

14. Jolyon Howorth, *Security and Defence Policy in the European Union. 2nd Edition*. Basingstoke, Palgrave, 2014, p 69.

15. Daniel W. Drezner, Ronald R. Krebs and Randall Schweller, 'The end of grand strategy. America must think small'. *Foreign Affairs*, 99(3), 2020, pp 107–117.

第 8 章　勇敢：敢于承担，敢于放弃，敢于坚持

1. Thomas E. Ricks, *The Gamble. General Petraeus and the Untold Story of the American Surge in Iraq, 2006–2008*. London, Allen Lane, 2009, p 92.

2. 'C'est un mot métaphysique et politique qui signifie à peu près la même chose qu'intervention.' Emmanuel de Waresquiel, *Talleyrand. Le Prince Immobile*. Paris, Fayard, 2006, p 576.

3. Winston S. Churchill, *The Second World War Volume II: Their Finest Hour*. London, Cassell, 1949, p 102.

4. Edward Spears, *Assignment to Catastrophe. Volume I. Prelude to Dunkirk July 1939 –May 1940*. London, William Heinemann, 1954, p 29.

5. Churchill, *The Second World War Volume II* , p 477.

6. Winston S. Churchill, *The Second World War Volume I: The Gathering Storm*. London, Cassell, 1948, p 438.

7. Lawrence Freedman, *Ukraine and the Art of Strategy*. Oxford, Oxford University Press, 2019, p 168.

8. Athanassios G. Platias and Constatinos Koliopoulos, *Thucydides on Strategy. Grand Strategies in the Peloponnesian War and Their Relevance Today*. London, Hurst, 2010, p 128.

9. Geoff rey Parker, *Emperor. A New Life of Charles V*. New Haven, NJ, Yale University Press, 2019, p 496.

10. David G. Chandler, *The Campaigns of Napoleon*. London, Weidenfeld and Nicolson, 1966.

11. Barry Gewen, *The Inevitability of Tragedy. Henry Kissinger and his World*. New York, Norton, 2020.

12. Theo Farrell, *Unwinnable. Britain's War in Afghanistan 2001–2014*. London, Bodley Head, 2017.

13. 'Vous êtes un homme! Car vous savez dire: "J'ai eu tort".' Charles de Gaulle, *Mémoires de Guerre. L'unité 1942–1944*. Paris, Plon, 1956, p 213.

14. Colin S. Gray, *Strategy and Politics*. Abingdon, Routledge, 2016, p 77.

15. Christopher Coker, *Rebooting Clausewitz. 'On War' in the Twenty-First Century*. Oxford, Oxford University Press, 2017, p 40.

16. Hew Strachan, 'Strategy in theory; Strategy in practice'. *The Journal of Strategic Studies*, 42(2), 2019, pp 171–190 on p 176.

17. Donald Stoker, *Why America Loses Wars. Limited War and US Strategy from the Korean War to the Present*. Cambridge, Cambridge University Press, 2019, p 8.

18. Halford J. MacKinder, 'The geographical pivot of history'. *The Geographical Journal*, 23(4), 1904, pp 421–444 on pp 428–429.

19. Rupert Smith, *The Utility of Force. The Art of War in the Modern World. 2nd Edition*. London, Penguin, 2019, p 425.

20. Beatrice Heuser, *The Evolution of Strategy. Thinking War from Antiquity to the Present*. Cambridge, Cambridge University Press, 2010, p 505.

21. Basil H. Liddell Hart, *Strategy. Second Revised Edition*. London, Faber & Faber, 1967.

22. Sean McFate, *Goliath. Why the West Doesn't Win Wars. And What We Need to Do about it*. London, Michael Joseph, 2019.

23. Kishore Mahbubani, *Has the West Lost It? A Provocation*. London, Allen Lane, 2018, p 91.

24. Mikko Huotari, Jan Gaspers, Thomas Eder, Helena Legarda and Sabine Mokry, *China's Emergence as a Global Security Actor. Strategies for Europe*. Berlin, MERICS Papers on China No. 4, July

2017, p 28.

25. Nikolay Kozhanov, *Russian Policy across the Middle East. Motivations and Methods.* London, Chatham House, Research Paper, February 2018, p 8.

26. Paul Stronski and Richard Sokolsky, *The Return of Global Russia. An Analytical Framework.* Washington, Carnegie, December 2017, p 27.

第 9 章　肮脏：大国都能独善其身吗

1. Jean- Michel Veranneman de Watervliet, *Belgium in the Second World War.* Barnsley, Pen & Sword Books, 2014.

2. Henry Kissinger, *World Order.* New York, Penguin, 2015, pp 235–236.

3. Christopher R. Hill, 'What does Washington want from China? Pique is not a policy'. *Foreign Affairs*, 11 May 2020.

4. G. John Ikenberry, 'The end of liberal international order?' *International Affairs*, 94(1), 2018, pp 7–23 on p 9.

5. Joseph S. Nye, 'The rise and fall of American hegemony from Wilson to Trump'. *International Affairs*, 95(1), 2019, pp 63–80 on p 74.

6. John Lewis Gaddis, *George F. Kennan. An American Life.* New York, Penguin, 2011, p 417.

7. 'Tout peut, un jour, arriver, même ceci qu'un acte conforme à l'honneur et à l'honnêteté apparaisse, en fin de compte, comme un bon placement politique.' Charles de Gaulle, *Mémoires de Guerre. Le*

Salut 1944–1946. Paris, Plon, 1959, p 73.

8. Harold Nicolson, *Peacemaking 1919*. London, Constable, 1933, p 193.

9. John Bew, *Realpolitik: A History*. Oxford, Oxford University Press, 2016.

第 10 章　主动：战略指导行动

1. Quoted in Chris Wrigley, *A.J.P. Taylor. Radical Historian of Europe*. London, I.B. Tauris, 2006, p 143.

2. Karl-Heinz Frieser, *Blitzkrieg-Legende. Der Westfeldzug 1940*. Munich, Oldenbourg, 2012.

3. Athanassios G. Platias and Constatinos Koliopoulos, *Thucydides on Strategy. Grand Strategies in the Peloponnesian War and Their Relevance Today*. London, Hurst, 2010, p 132.

4. Barry Eichengreen, 'Versailles: The economic legacy'. *International Affairs*, 95(1), 2019, pp 7–24 on p 8.

5. Winston S. Churchill, *The Second World War Volume VI: Triumph and Tragedy*. London, Cassell, 1954, p 183.

6. Galeazzo Ciano, *Journal Politique 1939–1943. Volume I*. Neuchatel, Editions de la Baconnière, 1948, p 21.

7. Joseph S. Nye, 'What is a moral foreign policy?' *Texas National Security Review*, 3(3), 2019, pp 96–108 on pp 107–108.

8. Paul Kennedy, *The Rise and Fall of the Great Powers. Economic*

Change and Military Conflict from 1500 to 2000. London, Unwin Hyman, 1988, p xviii.

9. Joseph S. Nye, 'The rise and fall of American hegemony from Wilson to Trump'. *International Affairs*, 95(1), 2019, pp 63–80 on p 74.

10. Jisi Wang, 'China's search for a grand strategy. A rising great power fifinds its way'. *Foreign Affairs*, 90(2), 2011, pp 68–79 on p 77.

11. Evan A. Feigenbaum, 'China and the world. Dealing with a reluctant power'. *Foreign Affairs*, 96(1), 2017, pp 33–40 on p 33.

12. Zakaria, 'The new China scare', p 61.

13. Winston S. Churchill, *The Second World War Volume V: Closing the Ring*. London, Cassell, 1952, p 494.

14. Henrik Larsen, *Neo-Containment: A Strategy Toward Russia*. Zürich, Centre for Security Studies, ETH Zürich, Policy Perspectives No. 1, January 2020.

15. Athanassios G. Platias and Constatinos Koliopoulos, *Thucydides on Strategy. Grand Strategies in the Peloponnesian War and Their Relevance Today*. London, Hurst, 2010, p 53.

16. Andrew Osborn, 'Putin, Extending Russian Footprint, Approves New Naval Facility in Sudan'. In: *Reuters*, 16 November 2020.

17. Dominic Lieven, *Towards the Flame. Empire, War and the End of Tsarist Russia*. London, Allen Lane, 2015, p 367.

18. Gregory Carleton, *Russia. The Story of War*. Cambridge, MA, Belknap Press, 2017, p 79.

19. Angela Merkel, *Speech at the Ceremony Awarding the International Charlemagne Prize to French President Emmanuel Macron*. Aachen, 10 May 2018.

20. 'Une reprise en main de notre destin ou celui, renonçant à toute stratégie propre, d'un alignement sur quelque puissance que ce soit.' Emmanuel Macron, *Discours du Président sur la stratégie de défense et de dissuasion devant les stagiaires de la 27ième promotion de l'Ecole de Guerre*. Paris, 7 February 2020.

结论　大国要保持接触

1. George Orwell, *1984*. London, Secker and Warburg, 1949, p 119.

2. Michael J. Boyle, 'America and the Illiberal Order after Trump'. In: *Survival*, 62(6), 2020, pp 510–76.

3. JeffRathke and Yixiang Xu, *A Transatlantic China Policy Can Succeed Where the US and Europe Would Fail Separately*. Washington, AICGS, 13 February 2020.

4. Michael J. Mazarr, 'The once and future order. What comes after hegemony?' *Foreign Affairs*, 96(1), 2017, pp 25–32 on p 30.

5. Barry Eichengreen, 'Versailles: The economic legacy'. *International Affairs*, 95(1), 2019, pp 7–24 on p 23.

6. Mark Leonard, Jean Pisani-Ferry, Elina Ribakova, Jeremy Shapiro and Guntram Wolff, *Redefining Europe's Economic Sovereignty*. Brussels, Bruegel, Policy Contribution No. 9, June 2019.

7. Chuanying Lu, 'Forging stability in cyberspace'. *Survival*, 67(2), 2020, pp 125–136.

8. Hanns W. Maull, 'Die internationale Ordnung: Bestandsaufnahme und Ausblick'. *Sirius –Zeitschrift für Strategische Analysen*, 4(1), 2020, pp 3–23 on p 17.

9. Pamela Aall, Chester A. Crocker and Fen Osler Hampson, 'A New Concert? Diplomacy for a Chaotic World'. In: *Survival*, Vol. 62(6), 2020, pp 77–94.

10. Anita Prakash, 'Connecting the connectivities: It's time for regional initiatives to work together'. In: Shada Islam (ed), *Rethinking Global Governance*. Brussels, Friends of Europe Discussion Paper, Winter 2020, pp 18–21.

11. David Shepardson, 'Trump declares some auto imports pose national security threat'. *Reuters*, 17 May 2019.

12. Joseph S. Nye, 'The Rise and Fall of American Hegemony from Wilson to Trump'. *International Affairs*, 95(1), 2019, pp 63–80 on p 75.

13. 'Collaborer avec l'Ouest et l'Est, au besoin contracter d'un côté ou bien de l'autre les alliances nécessaires, sans accepter jamais aucune espèce de dépendance. … Amener à se grouper, aux points de vue politique, économique, stratégique, les États qui touchent au Rhin, aux Alpes, aux Pyrénées. Faire de cette organisation l'une des trois puissances planétaires et, s'il le faut un jour, l'arbitre entre les deux